A MÃO E A LUVA

Alberto Carlos Almeida
e Tiago Garrido

A MÃO E A LUVA
O QUE ELEGE UM PRESIDENTE

2ª edição

EDITORA RECORD
RIO DE JANEIRO • SÃO PAULO

2022

EDITOR-EXECUTIVO
Rodrigo Lacerda

GERENTE EDITORIAL
Duda Costa

ASSISTENTES EDITORIAIS
Thaís Lima, Caíque Gomes
e Nathalia Necchy (estagiária)

PREPARAÇÃO DE ORIGINAL
Claudia Ribeiro Mesquita

REVISÃO
Renato Carvalho

DIAGRAMAÇÃO
Myla Guimarães (estagiária)

CIP-BRASIL. CATALOGAÇÃO NA PUBLICAÇÃO
SINDICATO NACIONAL DOS EDITORES DE LIVROS, RJ

A444m

Almeida, Alberto Carlos
   A mão e a luva: o que elege um presidente / Alberto Carlos Almeida, Tiago Garrido. – 2. ed. – Rio de Janeiro: Record, 2022.

   ISBN 978-65-5587-457-0

   1. Eleições - Brasil. 2. Partidos Políticos - Brasil. 3. Voto - Brasil. I. Garrido, Thiago. II. Título.

21-76124
                          CDD: 324.63
                          CDU: 324.8(81)

Gabriela Faray Ferreira Lopes – Bibliotecária – CRB-7/664372

Copyright © Alberto Carlos Almeida e Tiago Garrido, 2022

Todos os direitos reservados. Proibida a reprodução, armazenamento ou transmissão de partes deste livro, através de quaisquer meios, sem prévia autorização por escrito.

Texto revisado segundo o novo Acordo Ortográfico da Língua Portuguesa.

Direitos exclusivos desta edição reservados pela
EDITORA RECORD LTDA.
Rua Argentina, 171 – Rio de Janeiro, RJ – 20921-380 – Tel.: (21) 2585-2000.

Impresso no Brasil

ISBN 978-65-5587-457-0

Seja um leitor preferencial Record.
Cadastre-se em www.record.com.br
e receba informações sobre nossos
lançamentos e nossas promoções.

Atendimento e venda direta ao leitor:
sac@record.com.br

Para Aline Santos e Caetano, jovens que verão muitos encontros entre a mão e a luva.

"O Grande Caminho não é difícil,
para aqueles que não têm preferências.
Se queres ver a verdade,
então não tenhas opiniões a
favor ou contra coisa alguma."

Versos sobre a fé na mente, Jianzhi Sengcan
(529-606), 3º patriarca da tradição Zen

Sumário

Apresentação	11
A nossa heroína	19
1989: a mão que se moldou à luva da entropia	45
1994: a luva com nome próprio	63
1998: a luva da inflação sob controle	79
2002: a luva do desemprego	95
2006: a luva do acesso	113
2010: a luva do consumo	133
2014: a luva rasgada pela inflação	151
2018: o soco-inglês no sistema	173
2022: a luva da inflação e do desemprego	209
A luva de Occam	241
Notas	259

Apresentação

Este livro toma emprestado o título de um clássico da literatura brasileira, *A mão e a luva*, de Machado de Assis. Seu segundo romance, publicado originalmente em forma de folhetim no jornal *O Globo*, de Quintino Bocaiúva, transcorre no Rio de Janeiro, no bucólico bairro de Botafogo, ainda repleto de chácaras, e tem como protagonista uma mulher, Guiomar, algo comum em sua obra. Ela tinha se tornado órfã muito jovem e tivera a sorte de ter ido morar com a madrinha, uma baronesa rica e cheia de posses que era viúva e perdera sua única filha. O romance se desenrola em torno de uma situação típica da vida das mulheres do século XIX, o papel central representado por um bom casamento. Guiomar, considerada pela baronesa a filha que ela havia perdido, tinha três pretendentes: Estêvão, figura calorosa, apaixonada e afável, o romântico clássico, que cogitou até mesmo tirar a própria vida depois que a protagonista o rejeita; Jorge, sobrinho da baronesa, nascido em berço rico, porém acomodado, sem gosto pelo trabalho e apreciador do ócio aristocrático; e Luís Alves, advogado da madrinha e vizinho de chácara. Guiomar acreditava que a baronesa preferia que ela se casasse com Jorge. Mas a palavra final cabia à protagonista.

Machado de Assis constrói o famoso romance descrevendo o ambiente e a época em que vivem, mas, principalmente, os personagens e seus traços de caráter. Luís Alves era resoluto e ambicioso, e isso foi mais importante para Guiomar do que as posses de Jorge e seu parentesco com a baronesa. No capítulo final, há uma barganha mais que explícita quando Guiomar afirma que a ambição de Luís Alves não é defeito e pergunta a ele o que ela ganhará ao se casar, se um lugar na Câmara ou um cargo de ministro, ao que o futuro esposo responde que lhe dará o "lustre do meu nome", e as duas ambições se ajustam como uma luva feita para aquela mão. É assim que ocorre nas eleições presidenciais: há vários pretendentes, mas só um se encaixa na luva da opinião pública, que tem a palavra final.

Você escolhe o presidente da República com mais de 100 milhões de brasileiros, incluindo os autores e editores deste livro. Vamos todos às urnas motivados pela visão daquilo que é importante para nós mesmos, para nossos familiares, amigos, colegas de trabalho, conhecidos e para o Brasil. Há os que votaram somente em candidatos do PT: os mais velhos, em Lula, Dilma Rousseff e Fernando Haddad; os mais jovens, apenas em Haddad. Há também os que sempre escolheram candidatos não petistas — considerando-se apenas os mais votados —, Fernando Collor de Mello, Fernando Henrique Cardoso, José Serra, Geraldo Alckmin, Aécio Neves e Jair Bolsonaro. Há ainda os eleitores que mudaram de voto, foram eles que permitiram a alternância no poder, ora rejeitando o PT, como em 1989, 1994, 1998 e 2018, ora levando seus candidatos a vencer entre 2002 e 2014. Aliás, se considerarmos as vitórias do PT e de seus adversários, o placar foi de quatro a quatro neste período. Cada eleitor fez parte de um destes três grupos, não importa qual, e viveu um período histórico que influenciou a sua visão sobre o governo do momento e os candidatos que almejavam dar continuidade ou mudar a forma como a nação vinha sendo administrada.

O resultado da eleição presidencial, quem vence e quem perde, é condicionado pela situação do país. Momentos de aumento do consumo beneficiam a candidatura governista, foi assim em 1994, 1998, 2006 e 2010. Por outro lado, as situações de crise marcadas por desemprego elevado e inflação crescente acabam por levar à vitória da oposição, como foi em 2002.[1] O que acontece na economia é experimentado de maneira diferente por cada eleitor. Quando se afirma que a inflação

APRESENTAÇÃO 13

está descontrolada, isso só faz sentido se for percebido assim pelos que mudam de voto. De modo geral, as percepções do eleitor médio estão em consonância com o mundo da economia real. Ao fim e ao cabo, a opinião pública é a peça-chave de qualquer eleição e ela varia em função do que ocorre no país, em particular devido às flutuações do bem-estar individual e familiar.

Os resultados de 2018 no Brasil, não apenas da disputa presidencial, mas também dos pleitos para os governos estaduais, Senado e Câmara dos Deputados, deixaram a impressão de que se aplica às eleições o ditado que se refere ao futebol: uma *caixinha de surpresas*. Será? Outra possibilidade é a de que o nosso entendimento sobre este fenômeno seja incompleto e que, caso continuemos a estudá-lo com afinco, o que hoje consideramos surpresa, amanhã será plena ou parcialmente compreendido. Como se diz corriqueiramente acerca de um fenômeno raro: *é preciso que muitos estudiosos se dediquem a estudá-lo, muitos livros ainda serão escritos sobre isso*. Há também a possibilidade de que o fenômeno seja considerado raro apenas na aparência. É por isso que este livro aborda todas as eleições diretas para presidente no Brasil, ocorridas de 1989 até 2022. A partir do início da Nova República (1985 aos dias de hoje), não menos do que 49% da população brasileira esteve habilitada a votar. No período democrático anterior (1946 a 1964), a eleição que mais incorporou votantes foi a de 1960, quando somente 18% da população estava alistada para ir às urnas. A democracia de massas da história recente do Brasil trouxe com ela a necessidade de compreendermos de maneira sistemática a opinião pública, o que a influencia e como ela condiciona o voto. Este livro é mais um esforço nesta direção.

Albert Einstein afirmou que "na medida em que nossas proposições sejam confiáveis, elas nada dizem sobre a realidade, e na medida em que elas digam alguma coisa sobe a realidade, elas não são confiáveis".[2] As proposições da matemática são inteiramente confiáveis, já as científicas são permanentemente passíveis de refutação. Mesmo sabendo que a certeza acerca da realidade é inalcançável, será sempre possível melhorar a qualidade de nossas afirmações sobre o mundo desde que sejamos persistentes na aplicação das regras da inferência científica. Todo conhecimento sobre o mundo é parcial e imperfeito, mas também é possível aprimorá-lo continuamente com o pensamento racional disciplinado.

A ciência se limita a descrever e a explicar o mundo. Um dos autores deste livro publicou *O voto do brasileiro* (Record, 2018), que descreve o padrão de votação de nossa sociedade em eleições presidenciais. Nesse trabalho, descreveu-se o comportamento do eleitor com base nos votos efetivamente depositados nas urnas. Dentre as várias conclusões, uma delas é a de que o padrão de votação do eleitorado brasileiro em nada difere do padrão de outros países, como Espanha, Itália, França, Reino Unido, Alemanha e Estados Unidos. Com dados abundantes de todas essas nações — os partidos podem variar de país para país, os eleitores falam línguas díspares, as votações ocorrem em datas distintas —, ficou claro que há regularidades importantes, dentre elas que as áreas mais pobres votam em partidos de esquerda, e as áreas mais ricas, em partidos de direita. Como todo trabalho científico, o livro separa o aleatório — as referidas diferenças — do sistemático — o mesmo comportamento eleitoral que acaba por estruturar o conflito entre esquerda e direita. Como toda inferência científica, em *O voto do brasileiro* se faz uso de informações do real para aprender algumas coisas sobre fatos que ainda não tinham sido observados. Por isso, quem leu foi capaz de entender e prever a configuração de todos os mapas eleitorais das eleições seguintes nas nações tratadas no estudo e em outras que apresentam a divisão entre regiões mais ricas e mais pobres.

No caso do Brasil, o livro permitiu compreender que, em 2018, Bolsonaro venceu porque o eleitorado do PSDB foi inteiramente transplantado para a sua candidatura, com a adição de eleitores que votaram no PT nas eleições anteriores, particularmente nos estados do Rio de Janeiro e Minas Gerais. Isso ocorreu município por município, uma vez que o estudo lida com resultados eleitorais em cada uma destas unidades administrativas. Somou-se à descrição do comportamento eleitoral uma explicação sucinta do voto: partidos de esquerda no Brasil e no mundo recebem proporcionalmente mais votos de eleitores que estão na metade inferior da pirâmide social e partidos de direita, de eleitores que estão na metade superior. Esta afirmação foi demonstrada pelos mapas eleitorais e também por pesquisas de opinião realizadas após a votação, que permitem cruzar a classe social de quem as responde com o voto efetivamente colocado na urna. Além disso, inspirado na conhecida frase de um dos maiores filósofos do Ocidente, David Hume, na qual o expoente do iluminismo escocês diz que "um homem sábio faz com que sua crença seja proporcional à evidência", o autor daquele opúsculo inadvertidamente intuiu que a disputa presidencial de 2018 tenderia a ocorrer entre PT e PSDB. Tratava-se não de uma inferência descritiva, mas de uma inferência causal, ou seja, aprender alguma coisa sobre os efeitos causais a partir dos dados observados.

Com metade da previsão correta e acompanhado de praticamente todos os observadores da eleição de 2018 ao considerar que o candidato do PSDB caminhava para disputar o segundo turno, o autor de *O voto do brasileiro*, ciente da máxima de Einstein de que afirmações sobre a realidade não são confiáveis, mas que sempre podem ser aperfeiçoadas, decidiu continuar os estudos eleitorais lançando mão de outro tipo de evidência: não os resultados da urna, mas sim as pesquisas de opinião que antecedem o pleito. *A mão e a luva* é um livro sobre opinião pública que complementa *O voto do brasileiro*. No estudo publicado em 2018 estão as evidências que ajudam a compreender a estruturação da disputa política entre o PT, na esquerda, e Bolsonaro, e o PSDB antes dele, na direita. Os mapas da distribuição de votos presidenciais em cada município, incluindo 2022, tendem a repetir o que foi estabelecido em 2006 e reeditado em 2010, 2014 e 2018. Em *A mão e a luva* é dado um passo adiante buscando-se responder à seguinte questão: em função dessa estruturação da disputa, qual candidato tem mais chances de vencer? A resposta só pode ser encontrada na opinião pública.

Entenda-se aqui opinião pública como as visões que as pessoas têm sobre temas relacionados ao governo e às questões públicas em contraste com os assuntos privados, isto é, qual tipo de carro os indivíduos preferem ou qual gênero musical vende mais. Nesses casos, as empresas contratam pesquisas de mercado para mensurar o que os consumidores pensam sobre o que é ofertado. Quando o tema é público e tem relação com os governos, são as pesquisas de opinião que medem como pensam os cidadãos.[3] Uma opinião pode ser contra ou a favor e se refere sempre a um objeto, pessoa, fato, acontecimento ou algo semelhante. Quando se mensura a avaliação de um governo, por exemplo, o objeto são as políticas públicas por ele adotadas e seu impacto na vida de quem opina. A tradicional escala que vai de ótimo a péssimo não passa de uma gradação entre o contra e o a favor. É sempre importante lembrar que todas as pessoas têm uma opinião, que elas variam e que estão baseadas em crenças, valores e emoções. Resultado: o mundo das opiniões é irredutivelmente plural.

Assim como os autores deste livro, há quem considere que a diversidade de visões é o principal fator de melhoria de sociedades, grupos, empresas, escolas e, por que não dizer, de estudos.[4] É por isso que agradecemos aqui a pessoas de diversas áreas que leram as primeiras versões deste trabalho e deram valiosas sugestões, estudiosos e profissionais da ciência política, economia, publicidade, demografia, jornalismo e também da política: Alan Lacerda, André Bello, André Sak, Charles Pessanha, Fabiano Santos, João Paulo Viana, Luciana Santana, Luciana Veiga, Luiz Paulo Vellozo Lucas, Marcos Paulo Campos, Paulo Bernardo, Renato Pereira e Samuel Pessôa. Inúmeras sugestões foram de grande valia para o aperfeiçoamento deste livro. Há organizações que ajudaram com a cessão de dados de opinião pública, como a empresa de pesquisas Ipsos, por cujas informações agradecemos ao diretor executivo no Brasil, Marcos Calliari, e a consultoria Eurásia, por meio de Christopher Garman. Ambos foram imensamente atenciosos e prestativos. Agradecemos a Maurício Costa Romão, que nos disponibilizou a sistematização de vários dados de pesquisas realizadas em 2021, e a José Eustáquio Diniz Alves, que nos ajudou a não errar na apresentação e no tratamento de informações demográficas.

Agradecemos a Bianca Assis, esposa de um dos autores, por ter sido fundamental na primeira revisão geral dos manuscritos, e ao apoio familiar, que permitiu a redação de parte deste livro. Registramos nosso agradecimento especial a Roberta Machado, vice-presidente da Editora Record, e ao editor-executivo Rodrigo Lacerda, ambos muito acolhedores à proposta deste trabalho. Além disso, Lacerda esteve sempre disponível a conversar de forma atenciosa sobre as etapas de sua execução. Sem a equipe de profissionais técnicos da Editora Record, nada disso teria sido possível, por isso, fica aqui o nosso abraço para Duda Costa, Thaís Lima, Beatriz Ramalho, Caíque Gomes, Nathalia Necchy, Leticia Quintilhano e Claudia Mesquita.

A nossa heroína

A heroína deste livro seleciona aquele que lhe oferece um futuro promissor. Tal como no romance de Machado de Assis, ela não é adepta de sentimentalismos, tampouco é frágil ou insegura; busca invariavelmente unir o útil ao agradável, o racional ao emocional, o tangível ao abstrato. Ela jamais é escolhida, mas, sim, molda e condiciona as ações, falas e atos de seus pretendentes; no final da história, sempre é ela quem escolhe, devido à sua natureza prática e calculista. Ela tem valores profundamente arraigados e rejeita liminarmente todos que não compartilhem de suas crenças e visões de mundo. Ela sabe exatamente o que deseja, mas raramente é transparente para quem a observa e analisa. A protagonista de Machado em *A mão e a luva* — Guiomar — pode facilmente se encaixar nesta descrição: ela está para Luís Alves, Estêvão e Jorge assim como a opinião pública está para os candidatos a presidente.

Nicolau Maquiavel, em uma afirmação considerada hoje profundamente machista, disse que a *fortuna* era mulher e que, por isso, para alcançá-la era preciso ser firme e forte: "a sorte é mulher e, para dominá-la, é preciso bater-lhe e contrariá-la".[1] O filósofo florentino se referia às características que o líder precisava ter — *virtù* — para enfrentar com sucesso o acaso ou tudo que estivesse fora de seu controle. A opinião pública está fora do controle dos candidatos a presidente. Neste sentido, ela se assemelha à *fortuna* de Maquiavel e também à protagonista machadiana frente a seus três pretendentes. Aliás, em certo sentido o próprio Machado de Assis não divergia muito de Maquiavel ao escrever que "a vontade e a ambição, quando verdadeiramente dominam, podem lutar com outros sentimentos, mas hão de sempre vencer, porque elas são as armas do forte, e a vitória é dos fortes".[2] Vence uma eleição o mais forte, que é quem obtém mais votos. Paradoxalmente, tem mais votos o candidato que melhor se adéqua aos desejos de nossa heroína, a opinião pública.

GOSTAMOS DA SENSAÇÃO DE CONTROLAR A REALIDADE

Mano Brown fez um discurso em um comício do PT no Rio de Janeiro, faltando apenas cinco dias para o segundo turno da eleição de 2018, no qual afirmou que o partido tinha de perder mesmo, pois havia deixado de falar a língua do povo. O renomado rapper foi além em seu discurso, cumprindo o papel de especialista em comportamento eleitoral, ao dizer que a comunicação, a alma do relacionamento com a sociedade, tinha falhado, daí a derrota inevitável que se aproximava. Passados menos de três anos daquele evento, todas as pesquisas indicavam a vitória folgada de Lula sobre Bolsonaro caso a eleição ocorresse em 2021. Não há nenhuma evidência de que a recomendação de Mano Brown quanto ao diálogo do PT com a sociedade tenha se alterado neste intervalo, mas uma coisa mudou muito, a opinião pública. O rapper caiu na tradicional ilusão de que é possível controlar a realidade, inclusive indo contra o que dizem inúmeras de suas canções.

Considerar a opinião pública a protagonista de resultados eleitorais não é nada popular, pois bate de frente com a nossa psicologia do controle. Os seres humanos preferem imaginar que Lula venceu em 2002 porque fez a "Carta aos brasileiros", que foram as *fake news* e a facada que viabilizaram a vitória de Bolsonaro, ou que Dilma teria ganhado em 2010 porque os eleitores estavam esperando a indicação de um líder carismático. As pessoas se esquecem que Fernando Henrique venceu em 1994 apesar do então ministro da Fazenda do governo Itamar Franco, Rubens Ricupero, ter uma declaração vazada em 1º de setembro daquele ano na qual afirmava quanto ao Plano Real: "Eu não tenho escrúpulos; o que é bom a gente fatura, o que é ruim a gente esconde." Esquece-se que Fernando Henrique foi reeleito em 1998 mesmo tendo afirmado que os que se aposentavam antes de 50 anos de idade eram vagabundos; que a vitória de Lula em 2002 aconteceu apesar de ele ter dito, dois anos antes, que a cidade de Pelotas, no Rio Grande do Sul, era um polo exportador de veados; que Dilma venceu em 2010 mesmo acometida por uma doença em 2009 que poderia ter impresso nela a imagem de vulnerável, e que Bolsonaro chegou à presidência depois de fazer todo tipo de declaração machista, homofóbica e preconceituosa durante a campanha.

Ignorar a importância da opinião pública para entender e explicar o resultado de uma eleição leva o senso comum a explicar a vitória de um candidato lembrando e valorizando a influência dos acontecimentos favoráveis e esquecendo completamente os desfavoráveis; o oposto é feito para explicar o desempenho dos derrotados. Se Fernando Henrique tivesse sido derrotado em 1994, por exemplo, a explicação teria recaído na declaração de Ricupero; caso Dilma não tivesse ganhado em 2010, muitos diriam até hoje que tal fato teria ocorrido porque os eleitores preferiram não votar em alguém com risco de recidiva de uma doença perigosa. Contudo, seria muito mais racional apenas admitir que em cada ano eleitoral há um clima de opinião pública que favorece determinado candidato e que ele caminha para vencer quaisquer que venham a ser os microacontecimentos de cada campanha. Porém, crer no poder de tais acontecimentos é parte da nossa psicologia do controle.

Faz todo sentido imaginar que controlamos a realidade que nos cerca, isso tem a ver com a noção de autoestima. Entramos em pânico com frequência quando há uma leve turbulência em um voo, mas temos total confiança ao dirigir, levemente embriagados, um automóvel. Sentimo-nos bem em controlar nossas vidas ou, ao menos, com a sensação de que o controle está em nossas mãos. Sabe-se que a chance de sobrevivência nos campos de concentração nazistas foi maior para aqueles que controlavam algumas dimensões de seu dia a dia, e que o bem-estar e a longevidade de idosos em um asilo são condições mais prováveis aos que exercem algum tipo de controle sobre sua realidade em comparação a idosos que não têm essa capacidade.[3] Todavia, dar declarações felizes e infelizes em uma campanha eleitoral são eventos aleatórios, todos os candidatos o farão, talvez, nas mesmas proporções, e admitir que são aleatórios é o mesmo que dizer que não temos controle sobre a situação.[4] Há aqui um conflito entre a nossa necessidade de ter a sensação de controle e a nossa capacidade de reconhecer que existe aleatoriedade no mundo. É por isso que, frequentemente, consideramos ser habilidade aquilo que na verdade não passou de sorte, ou julgamos ser ato de genialidade algo que não foi mais que ação sem propósito definido.

A política é um terreno fértil para o cultivo da quimera do controle, inclusive acalentada pelos próprios atores: ninguém votaria em políticos que não controlassem o mundo em que vivemos, posto que não executariam o que prometem quando estão em busca de votos. A ilusão do controle se manifesta em campanhas eleitorais quando um candidato é derrotado e, em vez de atribuirmos o desfecho às circunstâncias, à profusão de acontecimentos que caracterizam uma campanha, à situação do partido ou da opinião pública, decidimos atribuí-lo ao próprio candidato, ao que falou ou deixou de falar, ao que realizou ou se absteve de fazê-lo, à suposta falta de carisma ou ao eventual deslize em um debate. A política é algo de enorme complexidade: se passa em um ambiente no qual dezenas de variáveis econômicas com impacto decisivo sobre o humor da opinião pública estão inteiramente fora do controle dos protagonistas; depende de decisões dos adversários, sobre as quais nada pode ser feito. Em muitos casos, talvez na totalidade deles, o candidato de um determinado partido seria derrotado quem quer que fosse ele. Na eleição de 2010, por exemplo, o desejo de continuidade expresso por nossa heroína, a opinião pública, era tão avassalador que nenhum candidato de oposição tinha chance de derrotar a candidatura governista. Fernando Henrique teria ganhado em 1994 mesmo se Rubens Ricupero tivesse dado várias declarações semelhantes à do escândalo da parabólica.[5] A ilusão de controle que temos sobre o mundo tende a ser maior quando um acontecimento é precedido por uma fase de planejamento estratégico, quando há o envolvimento ativo de um grande número de pessoas, e sempre que existe competição. Tudo isso marca a política e as disputas eleitorais. Só há uma maneira de enfrentar a ilusão do controle: é estar ciente dela. Este livro vai ajudá-lo nesta tarefa.

A *fortuna* é para Maquiavel tudo o que não depende da vontade humana; há a famosa analogia do rio impetuoso que, irritado, alaga planícies, derruba árvores, destrói casas e arrasta terras de um lado para o outro. Os homens podem tomar providências a fim de evitar a repetição de tais eventos: utilizando-se de sua *virtù*, eles erguem diques e barreiras, cavam canais de drenagem. Quando o rio volta a se irritar, é contido pela previdência humana. A opinião pública é, para os políticos, a *fortuna* de Maquiavel. Durante todo o primeiro semestre de 1994, Lula liderou a corrida presidencial. A opinião pública estava a seu favor. A contenção da inflação, propiciada pelo Plano Real e efetivada com a troca da moeda em 1º de julho daquele ano, mudou completamente o humor do eleitorado e as pesquisas de opinião captaram isso; o governo Itamar Franco passou a ser crescentemente bem avaliado e a intenção de voto em Lula caiu. Nada poderia ter sido realizado pelo candidato do PT para conter o rio impetuoso, tratava-se de uma situação inteiramente fora do controle dele e de seu partido e de todos os militantes que estavam ativamente envolvidos na busca de votos. A enchente foi resultado do controle da inflação e arrasou uma casa cuidadosamente planejada e construída, a candidatura de Lula. Ainda que ele, assim como Castruccio Castracani — descrito por Maquiavel — fosse de origem humilde, tivesse passado por toda sorte de provações e mostrasse grande capacidade de conquista em função de seus feitos e realizações, o Plano Real — a *fortuna* — o abateu, tal como se passou com Castruccio de forma mais dramática ainda, pois ele veio a falecer por se expor ao vento gélido do rio Arno.[6] A má sorte foi inimiga da glória de ambos.

A nossa heroína é calculista e prática. Enquanto o governo Itamar Franco não atendia seu interesse e não melhorava sua vida, ela optava pelo mais conhecido candidato de oposição. Porém, ela não titubeou diante do repentino avanço do bem-estar, o poder de compra aumentou e ela passou a votar naquele que considerava o responsável por isso. Desde 1986, a opinião pública premiou todos os que reduziram a inflação. Em função do Plano Cruzado, instituído em fevereiro, o PMDB elegeu todos os governadores de estado, com exceção de apenas um, mais de 50% dos deputados e quase 80% das cadeiras de senadores em disputa. A nossa heroína muda de lado, mas não abandona seu objetivo e o fio condutor de suas decisões; ela é como Guiomar, deseja melhorar de vida e escolhe o pretendente que julga ser o mais adequado para assegurar tal finalidade. O governo Sarney teve muito sucesso na eleição de 1986, porém terminou de maneira melancólica diante da opinião pública justamente porque a inflação voltou a ficar inteiramente fora de controle. A mesma opinião pública que o aprovou no início de seu mandato, escorraçou-o no final, em 1989. Nenhum ator político jamais poderá argumentar que não conhecia a obsessão da opinião pública em melhorar a vida e do papel reservado ao controle da inflação para atingir este objetivo.

A SAPIÊNCIA DA OPINIÃO PÚBLICA

O mundo de quem acompanha intensivamente as questões públicas é profundamente enviesado. Políticos, jornalistas, empresários, cientistas políticos e militantes vivem em um universo paralelo repleto de notícias, sabem os mínimos detalhes do que acontece em Brasília, leem de forma incessante notinhas sobre política, acompanham com assiduidade canais de YouTube e contas de Twitter que tratam do tema. É possível que esta seja a realidade de no máximo 1 milhão de eleitores. Todavia, sejamos menos conservadores e suponhamos que 5 milhões façam isso. Esse número precisa ser comparado com um eleitorado registrado de praticamente 150 milhões de pessoas e mais de 100 milhões de votos válidos. A grande maioria dos eleitores — a opinião pública — dedica o seu tempo quase exclusivamente à vida privada, o seu sustento não depende do noticiário político e de empregos diretos gerados neste mundo.

Há no Brasil 70% de domicílios formados por arranjos familiares com filhos.[7] Imagine o dia a dia dos responsáveis que, em sua grande maioria, são também eleitores. Eles precisam sustentar a família e o expediente é longo, ainda mais quando somado ao deslocamento de ida ao trabalho e volta para casa; os cuidados com os dependentes são inúmeros, a orientação das lições escolares, o monitoramento das notas, o zelo em relação à saúde das crianças, o acompanhamento em consultas e exames, a preocupação com o lazer e com o que fazer no tempo livre, em evitar que os filhos se envolvam com más companhias, apoiá-los em suas atividades, hobbies, esportes e ajudá-los de maneira geral a fim de que alcancem uma vida melhor. O tempo, a energia e o pensamento dedicado a tudo isso é imensamente maior do que o reservado para o noticiário político. O grande equívoco de todos aqueles muito envolvidos com temas públicos é supor que os milhões de brasileiros e brasileiras que vão às urnas fazem o mesmo.

Tomemos o exemplo de uma Comissão Parlamentar de Inquérito (CPI). Quando a Câmara dos Deputados ou o Senado instituem uma CPI, é quase sempre contra o governo federal. As sessões são transmitidas pelo sistema de TV da casa legislativa que a estabeleceu e são acompanhadas e comentadas nas redes sociais por políticos, jornalistas e quem vive na bolha da política. Falas de senadores se transformam em *memes*, grupos de WhatsApp discutem o desempenho dos parlamentares, há quem auxilie os inquiridores enviando informações e perguntas pelas mídias sociais. O acompanhamento pormenorizado pelos que se dedicam à política e a simples divulgação dos detalhes do que se passou em tais sessões não levam para 100 ou 120 milhões de eleitores o mesmo tipo de informação; essas pessoas têm coisas mais importantes a fazer do que acompanhar uma CPI. Eventualmente, elas poderão vir a saber que "há uma coisa chamada de CPI que está mostrando que existe corrupção no governo", ou ainda que "tudo indica que o governo não cuidou como deveria do problema da saúde". Em suma, o eleitor médio, a opinião pública, não tem o mesmo interesse e o mesmo nível de informação política que têm todos os que se dedicam aos temas públicos. Porém, a opinião pública tem valores e informações que possibilitam identificar e apoiar aquele que mais alinhado está com seus interesses.

A experiência prática é a principal fonte de informação da opinião pública. É com ela que os eleitores aprendem que a economia — inflação e desemprego — é atribuição do governo federal. As pessoas acabam por assimilar com a vida que prefeitos e governadores não tomam decisões que influenciam a situação da economia tal como ocorre com o presidente da República. A experiência compartilhada ensina que quase a totalidade dos empregos é provida pela iniciativa privada e ela, por sua vez, depende de inúmeras condições proporcionadas por Brasília para florescer e gerar empregos: o nível dos juros, o valor do dólar em relação ao real, o comércio com outros países, o aumento de preços ao consumidor e os investimentos em obras de infraestrutura. A evidência mais cabal de que a inflação é vista como um problema da alçada do governo federal foi a vitória de Fernando Henrique em 1994 por ter sido considerado o responsável por seu controle. Outra evidência bastante eloquente de que o desemprego também é considerado pela opinião pública um problema da esfera de Brasília foi a vitória de Lula em 2002 com a proposta de gerar 10 milhões de empregos. Prefeitos e governadores não são reeleitos ou derrotados por causa destes dois problemas, mas sim por questões como saúde, educação ou segurança pública. A sapiência da opinião pública é caracterizada por informações mínimas acerca de qual instância de governo tem os instrumentos para lidar com qual problema. É suficiente para quem tem familiares e o dia a dia abarrotado de afazeres privados ser capaz de julgar o desempenho de qualquer governo.

A opinião pública sabe quem é governo e quem é oposição e sente na pele se a vida financeira individual e familiar melhorou ou piorou. Nada além disso é necessário para escolher o pretendente ao cargo de presidente que melhor atenda o seu interesse. O que a opinião pública não sabe é o nome do líder do governo na Câmara ou no Senado, o nome do presidente do Banco Central, o que significa genocida ou fascista, o que é a nova matriz econômica, o que é o tripé macroeconômico, qual deputado proferiu uma declaração antidemocrática, quantos votos o Centrão tem no Congresso, quem preside o Supremo Tribunal Federal (STF), o que é insegurança jurídica e tantos outros conceitos abstratos e informações detalhadas que apenas ocupariam um espaço precioso reservado para preocupações com a família. No genial filme de animação *Divertida Mente* (Disney/Pixar, 2015), que se passa dentro do cérebro da menina Riley Andersen, há um momento em que é liberado espaço na memória, antes reservado para os números de telefone. Isso só foi possível por causa do aparelho celular. O mesmo se passa com o eleitor: não é necessário ocupar espaço de memória com tantas informações e tão detalhadas para escolher alguém que melhore sua vida, há dezenas de coisas mais importantes para ele.

Os políticos são os maiores especialistas em construção de narrativas persuasivas. É verdade também que eles contam com seguidores predispostos a acreditar nos enredos que elaboram. Os seres humanos aceitam com facilidade histórias que confirmam aquilo em que acreditam, é o caso de militantes partidários à esquerda e à direita. Adversários do PT creditam o sucesso de Lula durante os oito anos em que presidiu o Brasil ao chamado superciclo de *commodities*, o aumento dos preços internacionais de produtos como minério de ferro, trigo, soja e milho, responsável por derramar no país um volume de recursos internacionais sem precedentes. Nesta versão da história, que retira de Lula o mérito de seu sucesso como presidente, é possível adicionar o longo período de juros norte-americanos baixos que levou investidores a procurar países com taxas mais atraentes, como era o caso do Brasil. Diante de um cenário tão benigno, diriam os opositores do PT, nada de muito relevante poderia ter sido creditado a Lula. A narrativa é certamente atraente para os militantes de direita, mas em nada sensibiliza a opinião pública. Para o eleitor médio, Lula foi eleito dizendo que melhoraria sua vida e melhorou. Então, fazia todo sentido reelegê-lo e eleger quem ele indicou e asseverou que daria continuidade a seu governo. Não importa se Lula foi beneficiado por variáveis externas, o que vale é que ele era o presidente quando a economia avançou.

No caso do governo Dilma, ocorreu o oposto. Abateu-se sobre o país uma crise que combinou inflação e desemprego crescentes com consequências mais que previsíveis sobre o bem-estar da maior parte do eleitorado. Mais uma vez, surgiram os políticos, desta vez, apoiadores do PT para elaborar uma narrativa que retirasse a responsabilidade daquela que conduzia o país. Dilma não teria culpa alguma na crise, mas sim as pautas-bomba de aumentos de gastos propostas e aprovadas sob os auspícios do então presidente da Câmara, o deputado Eduardo Cunha. Ele contara com o apoio das raposas do Centrão, que, diante do avanço da Operação Lava Jato, lutaram com sucesso para estabelecer um acordo amplo envolvendo dezenas de importantes políticos com a finalidade de retirar Dilma da presidência. A soma de crise econômica com crise política, toda ela engendrada à revelia das ações da presidente, teria sido responsável por sua debacle. O enredo é aceito e aplaudido por militantes que apoiam o PT, mas em nada seduz a opinião pública. Para ela, não importa se Dilma foi prejudicada por ações de deputados e senadores, o que vale é que foi eleita dizendo que iria melhorar a vida do povo e acabou por acontecer o inverso. A opinião pública é implacável: os que estão na política sabem onde pisam, não são ingênuos, por isso não faz sentido o governante transferir a responsabilidade de seu fracasso para os adversários. Afinal, quando o governo é um sucesso, o presidente jamais afirmará que a bonança se deveu a fatores que não sejam o próprio mérito e de seus apoiadores.

Os políticos educam a opinião pública a enxergá-los como principais responsáveis pelo que melhorou e pelo que é bom quando tudo vai bem. Não deveria surpreender, portanto, que a opinião pública também os veja como responsáveis quando as coisas pioram. Afinal, se não fosse assim, a oposição dificilmente ganharia uma eleição.

As histórias contadas pelos políticos para defenderem o seu lado em uma disputa são complexas, ambíguas e sujeitas a infindáveis controvérsias. Por exemplo, é possível sustentar que se Lula não fosse competente não teria aproveitado o ciclo de preços elevados das *commodities*, ou ainda que se os políticos do Centrão não estivessem envolvidos em malfeitos eles não teriam agido para derrubar a presidente. Diante disso, faz sentido para a opinião pública ignorar as causas do sucesso ou do fracasso de um governo, pois, além de exigir muita atenção ao noticiário político, demanda dedicação ao processamento de informações que, ao fim e ao cabo, se prova inútil: as controvérsias acerca da verdade são tão disseminadas que é impossível estabelecer consenso sobre o que realmente teria ocorrido. Ou seja, faz mais sentido apenas atribuir diretamente àquele que ocupa o cargo de presidente a responsabilidade pela melhoria ou piora de seu bem-estar e de sua família. Eis a sapiência da opinião pública.

Os valores da opinião pública

Apesar de a opinião pública ter sido tratada até aqui como uma coisa única, sabemos que a sociedade é dividida, que há eleitores de esquerda, centro e direita. O pluralismo do mundo é irredutível. Não apenas existem duas formas básicas de lidar com as prioridades na economia como também há duas grandes moralidades predominantes que orientam os eleitores.[8] No caso da economia, é sabido que governos de esquerda conferem prioridade à redistribuição de renda, gastos com saúde e educação, políticas sociais e geração de emprego, ao passo que governos de direita enfatizam medidas que geram eficiência econômica como privatizações, desregulamentação do mercado, combate à inflação e obras de infraestrutura. É evidente que direita e esquerda fazem um pouco de tudo, a diferença está na prioridade conferida ou à redistribuição de renda ou ao fomento da eficiência econômica.

No que tange às duas grandes vertentes morais que estruturam o voto e a disputa política, é possível deixar de lado temporariamente a economia e enfocar apenas valores que vêm sendo úteis às mais diversas sociedades na história. De um lado, a busca da proteção dos mais fracos, algo particularmente relevante no longo período em que a humanidade teve de lidar com as elevadas taxas de mortalidade infantil, e, de outro, a necessidade de estabelecer hierarquias e ações coletivas confiáveis, mesmo que para isso seja necessário punir duramente os recalcitrantes.[9] Do ponto de vista da análise, não há uma moralidade que seja superior a outra. É evidente que as pessoas de direita irão considerar a sua moralidade superior à da esquerda e vice-versa. Porém, as duas grandes construções morais vêm sendo igualmente úteis para permitir que as sociedades sobrevivam no tempo. Sem proteger os mais fracos é possível que a maioria de nós viesse a perecer, e sem hierarquias e regras estruturadas e cumpridas reinaria o caos e o mesmo poderia acontecer.

Assim, são de esquerda os que dão prioridade aos que sofrem e são vítimas de instituições injustas, repressivas e opressivas. Eles consideram que há muito a ser mudado no Brasil no que se refere à desigualdade de renda, exploração dos mais pobres e, ocasionalmente, ao tradicionalismo comportamental profundamente arraigado em nossa cultura. A luta pela construção da boa sociedade, em que os indivíduos são iguais e livres para perseguir a felicidade individual e coletiva, em particular quando é dada prioridade aos excluídos e aos mais pobres, é a única missão para a qual vale a pena dedicar uma vida inteira e, como não poderia deixar de ser, direcionar o voto em uma eleição presidencial. São pessoas que buscam sempre defender os mais fracos e exigir que todos sejam tratados com justiça e de maneira equânime. Muitos têm como objetivo realizar a utopia de uma sociedade sem classes, sem oprimidos e opressores, sem miseráveis nem ricos; neste sentido, cada política pública adotada e implementada hoje é vista como um pequeno passo em direção a esse mundo. Não surpreende, portanto, que haja uma grande porcentagem de pessoas de esquerda — que expressam sua preferência votando no PT e em Lula — nos segmentos mais pobres do eleitorado e em regiões que concentram tais grupos. Mas há pessoas de esquerda nos segmentos mais ricos e elas também são partidárias desta moralidade.

São de direita os que acham que há uma enorme burocracia municipal, estadual e federal que algema a livre iniciativa dos empreendedores. Além disso, eleitores de direita consideram que é preciso exigir que as pessoas trabalhem para ganhar o seu sustento e que deveria se cobrar menos impostos para sustentar viciados em drogas, condenados por crimes e todo tipo de beneficiário nada merecedor dos recursos públicos da assistência social. Todos eles deveriam trabalhar a fim de arcar com o custo que suas escolhas impuseram à sociedade. Aliás, no que diz respeito aos criminosos, não faz sentido tentar compreender seu ponto de vista, o que se deve fazer é simplesmente puni-los. Querer entender as razões dos criminosos é colocá-los acima das vítimas, nada além disso. Eleitores de direita conferem prioridade à defesa dos valores da família, da responsabilidade individual e da religião, opõem-se ao aborto, ao casamento gay e à agenda feminista, que embaralha e subverte os papéis familiares tradicionais. Para quem é de direita, o respeito à autoridade e a lealdade ao grupo são valores fundamentais, daí a valorização da hierarquia, expressa pela corporação militar, e da pátria, simbolizada pela bandeira do país e por outros símbolos nacionais. A pureza e a decência são também importantes; tendem a ser de direita aqueles que utilizam como critério para julgar um ato errado o fato de não ser natural, já que os atos puros e decentes são naturais. A moralidade de direita afirma que o grande problema do Brasil é a desordem e a crise de valores. Pessoas que pensam assim são mais facilmente encontradas nos segmentos de renda mais elevados do eleitorado e votaram nos candidatos a presidente do PSDB até 2014 e em Bolsonaro em 2018. Mas há também pessoas de direita nos segmentos mais pobres e elas expressam esta mesma visão de mundo.

Cumpre enfatizar que não há um ponto de vista universal que permita afirmar a superioridade de uma moral em face da outra e vice-versa. Não há um Deus que diga que a moralidade de esquerda é melhor do que a de direita, ou que a moralidade de direita é mais efetiva do que a de esquerda para a obtenção das finalidades humanas. O que se sabe é que as duas moralidades vêm sendo relevantes para que as sociedades sobrevivam coletivamente. Os valores que têm mais peso para a direita indicam que a ordem social é frágil e pode ruir se quem não seguir as normas não for punido. Para ficar em um exemplo trivial, se o não pagamento de impostos não for punido, as pessoas continuarão a não pagar e logo não haverá como prover os bens públicos fornecidos pelo governo. A direita busca, dentre outras coisas, resolver o que na teoria dos jogos se denomina "problema do carona": beneficiários de uma ação coletiva que não participam dela, o não pagador de impostos é um caso. Se houver muitos caronas, não haverá ação coletiva e toda a sociedade perde. Por outro lado, os valores prioritários da esquerda pressupõem que há pessoas que só poderão subsistir se houver algum tipo de ajuda coletiva. Os mais pobres, os doentes, os imigrantes, as minorias não têm como melhorar de vida se não forem tratados com justiça e se não houver algum tipo de política pública que os proteja. Esse pilar de valores também permite que a sociedade subsista no tempo, pois a inexistência de proteção aos mais fracos pode resultar com frequência em desordem civil e ruína, além da já mencionada incapacidade de sobrevivência destes grupos. Por fim, vale lembrar que se trata de prioridades, de ênfases, esquerda e direita defendem as duas moralidades, mas o peso conferido a cada uma delas é bastante diverso, resultando em dois pilares eleitorais distintos.

O pluralismo é irredutível porque as duas moralidades sempre existiram e existirão para a opinião pública, não apenas no Brasil como nos demais países. O mérito de cada forma de pensar varia apenas em função de quem é seu portador, a moralidade da esquerda é considerada plenamente superior para as pessoas de esquerda e a moralidade da direita é considerada inteiramente excepcional para quem é de direita. A propósito, esta é a principal razão que torna tão difícil a persuasão mútua, cada moralidade torna aquele que a defende cego para a moralidade do adversário político.

É possível ancorar os dois extremos da opinião pública imaginando versões puras das duas moralidades. Feito isso, vale considerar que há infinitas possibilidades de misturas dos valores de esquerda e de direita; é graças a isso que existe o eleitor de centro, centro-esquerda, centro--direita e tantos outros mais. O extremista de esquerda irá submeter todos os seus julgamentos acerca do que é certo ou errado em relação à proposta avaliada, à política pública, ao comportamento ou às ideias se estiverem de acordo com a visão de que proteger e assistir aos mais fracos é o valor supremo. Isso explica, por exemplo, a motivação para defender mais gastos direcionados a qualquer política pública que reduza a pobreza ou melhore a situação dos excluídos, mesmo que tais despesas não tenham fonte de receita e resultem em mais déficit público. Com frequência, extremistas de esquerda não veem problema algum em gerar déficits a fim de melhorar a vida da base da pirâmide social. Quem é de centro-esquerda defende os gastos com políticas sociais e de redistribuição de renda, mas tende a valorizar também a manutenção do equilíbrio fiscal.

O extremista de direita vai avaliar o que é certo ou errado à luz da necessidade de manutenção do cimento que une os indivíduos e os faz colaborar e agir coletivamente. É por isso que ele defende o endurecimento das punições aos criminosos e se opõe às penas alternativas. Além disso, ele é favorável aos valores tradicionais representados pela família e pela fé cristã, sempre chamando atenção para o fato de que se as regras de comportamento bíblicas fossem seguidas, o mundo seria muito melhor. A sua finalidade principal é o estabelecimento de uma comunidade moral. Este extremista se preocupa pouco ou quase nada em apoiar os mais pobres, tampouco em ser compreensivo com a situação dos mais fracos, uma vez que considera que a situação de todos seria pior na ausência desta frágil construção humana que é a vida social. Sabe-se que a fiscalização e as punições são cruciais para que as pessoas paguem impostos, cumpram as leis de trânsito com o objetivo de reduzir mortes e colaborem, de modo geral, para que o grupo do qual fazem parte seja fortalecido e todos tenham uma vida próspera e melhor. As pessoas de centro-direita valorizam tudo isso em intensidade menor do que os extremistas, e combinam o respeito às hierarquias, à lei e às tradições com o reconhecimento de que é preciso prover algum tipo de assistência aos desvalidos.

O pilar de direita da opinião pública assegura que um candidato que represente a sua moralidade terá condições de concorrer de forma competitiva na eleição presidencial. O mesmo acontece com o pilar de esquerda: sem ele o PT não teria ido tantas vezes para o segundo turno, tampouco teria sido o segundo colocado duas vezes na disputa com Fernando Henrique no primeiro turno.[10] Direita e esquerda na opinião pública garantem direita e esquerda como candidaturas competitivas. Já o eleitorado de centro é o que assegura a alternância de quem vence.

As diferentes visões de mundo antecedem a avaliação que o eleitorado faz da conjuntura política e econômica.[11] Somos todos socializados em uma destas moralidades, e quando passamos a saber que existe um governo e que ele pode ter desempenho pior ou melhor, posto que o julgamento deste funcionamento depende também de nossa subjetividade, já o percebemos com as lentes do que consideramos certo ou errado. É por isso que pessoas que se guiam pela moralidade de direita sempre avaliaram melhor o governo Bolsonaro do que as que se orientam pela moralidade de esquerda. O inverso aconteceu quando o governo qualificado era capitaneado por Lula: os indivíduos investidos da moralidade de esquerda o avaliaram sistematicamente melhor do que os da moralidade oposta. Dito coloquialmente, o *petista raiz*, o sujeito que avalia como ótimo e bom qualquer governo de esquerda em qualquer cenário, mesmo quando a grande maioria do eleitorado o considera ruim ou péssimo, é aquele que tem a sua moralidade de esquerda como principal guia, talvez o único, de seus julgamentos.

O que a recente história da democracia brasileira nos ensina por meio de informações de pesquisas de opinião é que a *direita raiz* e a *esquerda raiz* totalizam, cada uma, em torno de 10% do eleitorado. Durante aproximadamente um ano, entre março de 2015 e abril de 2016, o governo Dilma — de esquerda — enfrentou a sua pior avaliação em todo o período, com uma média da soma de ótimo e bom que gravitou perto de 11%, atingindo os mínimos de 8% em agosto de 2015 e 13%

em março e abril daquele ano e em abril de 2016.[12] A pior avaliação do governo Fernando Henrique — de direita — foi verificada em setembro de 1999, com a marca de 13% de ótimo e bom.[13] Fernando Collor — também de direita — teve o mínimo de 9% de ótimo e bom às vésperas de seu impeachment.[14] A pior avaliação detectada nos oito anos de Lula foi de 28% de ótimo e bom em outubro e dezembro de 2005,[15] enquanto Michel Temer passou mais de um ano com avaliação abaixo de 10% de ótimo e bom, chegando ao mínimo de 3% em junho de 2018.[16] Todavia, Temer não serve para comparação porque não havia sido eleito, tornando-se presidente devido ao impeachment de Dilma. O que aprendemos na prática com as avaliações de nossos diversos governos até aqui, de esquerda e de direita, é que 10% dos eleitores estão dispostos a ir até o final com ele, haja o que houver, mesmo no caso de o governo de sua preferência ser visto pela grande maioria como muito ruim. Estes eleitores, 10% na esquerda e 10% na direita, garantem a existência de um candidato competitivo em ambos os lados do espectro político; para que isso aconteça basta a adição de mais 15 pontos percentuais de votantes, alcançando-se 25% do eleitorado. Não se trata de algo improvável, considerando que o mínimo de apoio acontece nas raras situações de crise aguda.

O VERDADEIRO CENTRO ESTÁ NA OPINIÃO PÚBLICA

O resultado de qualquer eleição é a soma dos papéis cumpridos por dois grupos: o que não muda de voto e o que muda de voto em função da conjuntura. Graças aos eleitores de direita e de esquerda que não mudam de voto é que existem políticos de esquerda e de direita que não mudam de lado. São estes eleitores que dão forma ao conflito e à disputa política, eles são a âncora e os pilares da política. Não fosse a existência de seu apoio firme, praticamente irredutível, mesmo em circunstâncias muito desfavoráveis aos políticos que os representam, não haveria pluralismo. Aliás, a existência destes dois grupos teimosos em seu voto e apartados por suas respectivas moralidades é a própria irredutibilidade do pluralismo. Quem deseja acabar com os políticos de esquerda e de direita precisa antes extinguir os eleitores que garantem sua sobrevivência, o que é impossível.

A opinião pública que muda de voto é que constitui o verdadeiro centro da política nacional, ela possibilita a alternância dos que exercem o poder.[17] Sem o eleitor de centro, nenhum país veria a direita e a esquerda se revezando indefinidamente no poder e tomando decisões acerca do rumo das nações. O eleitor de centro não permite que um país seja eternamente governado por apenas uma força política. Isso significa que tanto as pessoas de direita quanto as de esquerda irão, de tempos em tempos, se sentir representadas por um determinado governo. Da mesma maneira, quando o governo que lhes agrada for desalojado do poder, elas se sentirão pouco ou nada contempladas pelos que comandam o país. Imagine como seria opressiva e sem sentido a vida de pessoas de esquerda em uma nação indefinidamente governada pela direita; o mesmo aconteceria com os eleitores de direita que não vissem no horizonte nenhuma possibilidade de retirar a esquerda do poder. O revezamento entre esquerda e direita, viável apenas graças à existência do eleitor de centro, cumpre vários papéis: um deles é permitir que a pluralidade existente seja atendida pela alternância de seus representantes.

Ser um eleitor de centro é estar a meio caminho no contínuo que liga o extremo à direita ao extremo à esquerda. Há vários estilos que podem ser assumidos por este eleitor, todos eles demandam que a moralidade de um dos lados não seja predominante vis-à-vis à moralidade oposta. Isso pode ocorrer porque as duas são igualmente valorizadas ou ainda porque há indiferença em face de ambas. O resultado final é que este eleitor não tem dificuldade em mudar de voto, ele já votou em Lula em 2006 e em Bolsonaro doze anos mais tarde e foi capaz de justificar racionalmente as duas escolhas lançando mão de argumentos conjunturais e circunstanciais. A opinião pública de centro não cultiva o apego por políticos de esquerda ou de direita, mas prioriza a afeição temporária e passageira por quem lhe der mais esperança de dias melhores. Ele é como o técnico de futebol que retira do time o centroavante que fica dois jogos, no máximo três, sem fazer gols: desempenho é tudo.

O APARENTE PARADOXO DO TRÊS EM UM

Há um evidente paradoxo em apresentar uma heroína que tem várias personalidades. Toda analogia tem limites que, bem compreendidos, não a invalidam. A propósito, um herói ou heroína pode muito bem ser bipolar, ter duas personalidades em conflito, ainda que não seja o caso da nossa. Considerar a opinião pública como um ente único é o mesmo que desejar saber como é a cabeça do brasileiro, qual é o humor predominante do eleitorado, o que a sociedade espera do próximo presidente. São visões majoritárias, de um humor predominante. É por isso que se afirma com frequência que a eleição de 2018 foi pautada por uma opinião pública contrária a todo o sistema político, os brasileiros queriam mudança, com alguém que representasse de forma cristalina um rotundo *não* aos partidos e aos políticos que predominaram nos anos e décadas anteriores. É inquestionável que as pesquisas mostraram ser esse o estado majoritário da opinião pública naquele ano e nos anteriores. Porém, não é menos verdade que sempre existem diferenças entre subgrupos em um mesmo país. Os jovens podem querer mudanças mais radicais do que os idosos, as mulheres tendem a pensar de maneira diversa dos homens, a região Nordeste e Sul do país apresentam padrões distintos de avaliação de uma determinada política pública. É neste sentido que a opinião pública se revela como heroína complexa, marcada por uma personalidade com várias nuances.

Considerando três perfis de eleitores — esquerda, direita e centro —, podemos dizer que uma única heroína é portadora de três diferentes personalidades. Na prática, sabemos que há muitas mais, existem tantas características de caráter quantos forem os subgrupos nos quais é possível dividir o eleitorado. Não obstante, para compreender os resultados eleitorais e o mundo político em que vivemos, basta imaginar a opinião pública constituída de três partes dessemelhantes, eventualmente de tamanhos equivalentes. Quando um humor geral se abate sobre toda a opinião pública, acaba por influenciá-la inteira — umas partes mais e outras menos, mas nenhuma fica imune ao peso de fatores externos abrangentes e marcantes. Tome-se a inflação e a consequente perda do poder de compra: ambas atingem de maneira desigual os grupos sociais, porém, muito dificilmente alguém fica inteiramente imune a tais fenômenos, considerando que estamos tratando de grandes números, pois é evidente que um ínfimo percentual do eleitorado pode não senti-las, mas se trata de um microssegmento que não tem influência no resultado final de uma corrida presidencial. Por isso é que é possível falar de um fenômeno único — o país está sofrendo com a inflação — ao mesmo tempo que se admite que uns padecem mais que outros.

Uma eleição de mudança é aquela na qual a nossa heroína levará o país a ficar com um candidato oposicionista, ainda que uma fatia relevante do eleitorado vote na candidatura governista. Por outro lado, quando uma eleição é de continuidade, equivale a afirmar que a opinião pública prefere reeleger quem ocupa a presidência ou quem tem o apoio do governo, mas isso não impede que uma parcela ao mesmo tempo grande e minoritária da sociedade vote em quem melhor encarna a mudança. Não há na sociedade apenas uma forma de avaliar um governo ou perceber as circunstâncias; há, sim, uma visão predominante que acabará por ser crucial para formar maioria circunstancial e tornar um candidato vencedor. Mesmo que o candidato vitorioso apresente pontos fortes e fracos, expressos concretamente pelo voto nele e em seu principal opositor, haverá a decisão final em favor do escolhido. É como se a Guiomar de Machado de Assis ponderasse acerca de seus três pretendentes e colocasse em uma balança virtudes e defeitos, que todos terão, para, no final, selecionar o mais adequado ao seu coração e objetivos de vida. Assim, nossa heroína expressa sua predileção nas urnas, mas deixa claro não se tratar de uma escolha unânime e, portanto, como no caso de Guiomar, uma decisão típica de uma personalidade complexa.

A PROPAGANDA POLÍTICA SE CURVA À OPINIÃO PÚBLICA

Ter uma personalidade intricada não quer dizer, todavia, que suas visões e valores variem facilmente ao sabor do que os outros dizem sobre as circunstâncias da vida e mesmo sobre seus pretendentes. Ainda que sejam muitos os candidatos ao cargo de presidente, a visão majoritária da opinião pública sobre a situação do país dificilmente é moldada pela mídia, pelo noticiário ou mesmo pelo que os candidatos dizem de si e de seus adversários. A vitória de Dilma Rousseff em 2010 é o exemplo mais persuasivo de como a opinião pública não é modificada pela propaganda política da campanha eleitoral. Durante 2009, o Datafolha realizou quatro pesquisas de avaliação do governo Lula; na primeira delas, feita no início da segunda quinzena de março, o ótimo e bom cravou 65%, uma proporção cinco pontos percentuais mais baixa do que na última pesquisa do ano anterior, de novembro, quando Lula obteve 70% de avaliação positiva. Em maio, agosto e dezembro de 2009, os percentuais de ótimo e bom foram respectivamente 69, 67 e 72%.[18] Ou seja, durante os doze meses que antecederam o ano eleitoral de 2010, a avaliação positiva média de Lula foi de 69%, oscilando para cima e para baixo praticamente dentro da margem de erro. Neste mesmo período, a pesquisa de intenção de voto indicava a liderança folgada de José Serra, do PSDB. Aliás, Serra foi líder de voto até abril de 2010, quando Lula exibia um ótimo e bom de 73%. Dilma e Serra empataram entre maio e julho e o candidato tucano foi ultrapassado apenas em agosto de 2010.

Havia aí, no mínimo, um enigma: como é possível o principal candidato de oposição a um governo muito bem avaliado liderar as pesquisas de intenção de voto? Era algo que não fazia o menor sentido.

No mesmo período, uma pesquisa coordenada por um dos autores deste livro investigou a intenção de voto no segundo turno confrontando duas opções: Dilma apoiada por Lula *versus* Serra com Aécio Neves como vice. Diante de tais opções, que antecipavam uma informação que cedo ou tarde os eleitores teriam — a de que o governo Lula apoiaria uma candidatura do PT —, em julho de 2009, a intenção de voto em Dilma com apoio de Lula era de 48%, contra 35% na possível chapa tucana, que teria força total, uma vez que seria encabeçada por um ex-governador de São Paulo tendo como companheiro o ex-governador do estado com o segundo maior colégio eleitoral do país.

A comparação entre os resultados de duas pesquisas de intenção de voto com opções de respostas distintas — uma que não informou ao eleitor quem seria o candidato do governo e outra que passou esta informação — acabou por mostrar que o papel da propaganda política em uma campanha eleitoral é mais limitado do que muitos imaginam; nesse caso, ela apenas possibilitou que o eleitor adequasse o seu voto à avaliação do governo. Por mais que Serra e seus marqueteiros tenham tentado desconstruir o que Lula realizara em oito anos, sua campanha não teve o condão de modificar a avaliação já existente do desempenho do governo. A visão dos eleitores sobre a administração petista era sólida, como é em relação a qualquer governo e, por isso, não é passível de modificações ao sabor desta ou daquela peça publicitária. A opinião pública não é boba, os eleitores não são facilmente ludibriados, eles vivenciam os resultados concretos positivos ou negativos das iniciativas do governo e formam a avaliação do desempenho presidencial a partir de sua moralidade predominante ou, quando se trata de eleitores de centro, simplesmente devido a seu pragmatismo.

Em março de 2018, o Instituto Brasilis repetiu essa metodologia de pesquisa e apresentou aos entrevistados uma cartela de intenção de votos para o primeiro turno com as seguintes opções: Bolsonaro, que é candidato a presidente pela primeira vez; Jaques Wagner do PT, que é do Nordeste, tem apoio de Lula e foi governador da Bahia; Luciano Huck, que é apresentador de programa de TV na Globo; Geraldo Alckmin do PSDB, que foi governador de São Paulo; e Marina Silva, que foi candidata a presidente em 2014. O resultado antecipou em seis meses o segundo turno da eleição: Bolsonaro liderou a simulação, atingindo 27% das intenções de voto, seguido pelo candidato do PT, com 21%.[19] A pesquisa forneceu para os eleitores, em março, uma informação que só passaria a ser disseminada a partir de setembro daquele ano. Mais uma vez, o papel da campanha eleitoral foi o de deixar claro para o eleitor que um dos candidatos advindo do mundo político jamais tinha pleiteado a presidência da República, ele era o candidato antissistema. Nenhuma campanha eleitoral teve o poder de modificar o humor antipolítico da opinião pública. Não faltou ao PT e ao PSDB tempo de televisão e rádio para cumprirem a tarefa, mas ela era impossível, pois já estava muito bem-estabelecida entre o eleitorado a crença de que o melhor para o Brasil era eleger alguém que não tivesse participado de nenhum dos governos anteriores.

O que estes dois casos atestam é que as crenças da opinião pública que importam na decisão final do voto não estão sujeitas à influência da propaganda política. Por outro lado, a propaganda política pode admitir que não há nada a ser feito contra as crenças mais permanentes — coisas como a avaliação de um governo, o desejo de mudança ou continuidade, o humor contra o sistema, as posições frente à inflação e ao desemprego — a não ser aproveitar a sua existência e tentar fazer o voto aderir a elas. É aqui que entra a importância da campanha eleitoral e da propaganda política. É por meio dela que os eleitores são informados sobre inúmeras características dos candidatos que os induzem a escolhê-los. A campanha eleitoral foi a responsável por informar os eleitores que avaliavam positivamente o governo Lula que Dilma era a candidata governista; graças a isso, as intenções de voto nela aumentaram e ela venceu. Da mesma maneira, a campanha eleitoral foi a responsável por comunicar ao eleitorado que, comparado a Haddad, Alckmin e Ciro, Bolsonaro era o candidato mais distante do sistema e dos governos anteriores, levando-o a ser eleito. O papel da campanha eleitoral é, portanto, limitado.[20]

Cabe à campanha eleitoral fornecer aos eleitores, em determinado período, informações suficientes para que eles decidam em quem votar.[21] É durante a campanha que os candidatos expressam suas opiniões sobre os temas mais importantes, deixam claro se são governistas ou oposicionistas, enfim, comunicam-se com a opinião pública com o objetivo de mostrar sua posição em face do que influencia o voto. Foi durante a campanha de 2010 que Lula disse ao eleitorado que Dilma daria continuidade ao aumento do consumo experimentado em seu governo; foi durante a campanha de 2018 que Bolsonaro declarou aos eleitores ser contrário ao PT, ao PSDB e a todos os partidos que os apoiaram em seus governos. Nos dois casos, estas posições, de Dilma e de Bolsonaro, foram cruciais para a vitória. Mais relevante ainda foi a visão majoritária do eleitorado de 2010 desejando continuidade e do eleitorado de 2018 querendo a mudança de todo o sistema. É por isso que é possível prever com certa antecedência quem vencerá a eleição. À medida que a campanha transcorre, a opinião pública é esclarecida acerca das posições de cada contendor e se decide em função disso. O ponto central é que as crenças do eleitorado sobre a situação do país — determinantes para o resultado final — já estão postas bem antes do período eleitoral e tendem a mudar pouco no curto prazo. Além disso, e de suma importância, tais crenças não são modificadas pela campanha eleitoral. É por isso que a propaganda política presta reverência à opinião pública.

O modelo de análise política dos jornalistas sobre as eleições é o principal ruído para compreender melhor o jeito de votar do eleitor. Ainda que estes profissionais discordem entre si quando se trata de acompanhar uma campanha e explicar a flutuação das intenções de voto, é possível detectar uma visão predominante de análise. Ela aparece com muita clareza quando os jornalistas interpretam o resultado das pesquisas e o sobe e desce dos candidatos. Para eles, o que mais influencia a decisão de voto são os eventos diários da campanha: a bolinha de papel arremessada na cabeça de um candidato ou a facada desferida contra outro postulante. Esse modelo assume que os eleitores têm uma memória curta e por isso conferem um peso desproporcionalmente grande aos acontecimentos mais recentes para decidirem o voto. O fator explicativo-chave é a última informação disponível que alcança o eleitorado. Nesse sentido, o eleitor é facilmente iludido pelo que os candidatos falam e fazem durante a campanha. A suposição básica deste modelo de análise jornalística é que a opinião pública tem pouco conhecimento e informação sobre as principais questões do país, que ela não leva realmente a sério o seu papel na escolha do presidente e que, com frequência, ela não vota em função de seu interesse pessoal. Os eleitores decidiriam em que votar ao sabor dos traços pessoais dos candidatos, de episódios folclóricos ocorridos na campanha, da aparência física, forma de se vestir, deslizes em debates, e dariam pouca importância aos grandes temas e às respectivas posições de cada candidato em face deles. É curioso que este modelo implícito de análise jornalística resulte em afirmações muito seguras acerca do que teria causado mudanças da intenção de voto nas pesquisas, mas sem estar fundamentado em estudos formais ou protocolos de análise.

De acordo com a abordagem jornalística dos fatores que influenciam o voto, a vitória de Bolsonaro em 2018 só foi possível graças ao episódio da facada e ao apoio de lideranças evangélicas ao candidato, com destaque para o papel de Edir Macedo. Aliás, é por isso que, com frequência, a cobertura midiática da campanha confere muito mais atenção aos eventos efêmeros e passageiros do que à situação da economia. O modelo alternativo, da ciência política e utilizado neste livro, considera que Bolsonaro teria vencido sem a facada ou apoio evangélico graças ao fato de ele se encaixar como uma luva no sentimento de rejeição do eleitorado ao sistema político e os dados de pesquisas mostram que isso já estava evidente desde muito antes do início da campanha eleitoral. O que a campanha fez foi apenas esclarecer ao eleitor qual, dentre os candidatos disponíveis, era o que menos pertencia ao establishment. Retornando ao esquema analítico jornalístico, passada a campanha e observado o resultado final, o vencedor terá sido o que fez a melhor propaganda política, e os derrotados, os que fracassaram neste quesito. Para a ciência política, as campanhas favoritas se equivalem, até porque aqueles que as administram são profissionais experientes liderados por políticos igualmente tarimbados.

Uma campanha cuja cobertura de mídia é pautada pelo modelo jornalístico de análise do voto acaba dando muita importância às pesquisas, mas influenciando pouco o resultado eleitoral final. O papel de fato relevante dos jornalistas para a decisão do voto é levar à opinião pública as informações sobre a posição dos candidatos quanto aos principais temas do país. Infelizmente, quando o foco da mídia são as pesquisas e os eventos irrelevantes de campanha, tempo, energia e recursos estão sendo gastos em notícias que não influenciam o voto. Porém, é assim que o mundo funciona.

Em se tratando de eleições presidenciais, a situação do país é sempre, de longe, o fator mais importante na definição do resultado. O ambiente político e econômico pode favorecer o governo — eleição de continuidade — ou a oposição — eleição de mudança. Se os eleitores estão relativamente satisfeitos com o ambiente nacional, o candidato governista será o favorito, a opinião pública ficará com o *status quo*. Porém, se a insatisfação com a situação do país é predominante, quem representa a mudança tende a vencer. Quando se abordam as circunstâncias nacionais, o fator mais relevante é como os eleitores vivenciam e percebem o desempenho da economia. Quem ocupa a presidência, o governo do momento, é visto como o facilitador (ou não) do aumento de consumo. Há dezenas de indicadores que são utilizados para aquilatar a situação da economia: índices de inflação, taxa de desemprego, crescimento do PIB per capita, aumento do consumo das famílias, ampliação do acesso a determinados bens e serviços, índices de confiança do consumidor na economia, propensão ao endividamento, expectativas em relação às finanças pessoal e familiar. Há outros fatores para além da economia que formam o ambiente nacional e que podem variar a cada ciclo eleitoral, tais como o clima geral acerca da corrupção política, falhas e carências em políticas públicas específicas, como saúde, educação ou segurança. As pesquisas de opinião captam estes elementos por meio de perguntas específicas ou ainda por intermédio da avaliação do desempenho do governo, no caso do Brasil, utilizando as clássicas avaliações da escala que vai de ótimo a péssimo. Assim, o desempenho de um governo acaba sendo uma boa métrica do clima político e econômico doméstico que condiciona o resultado eleitoral.[22]

A opinião pública varia em função do desempenho da economia e da percepção que os eleitores têm acerca disso. É ela, opinião pública, a luva que escolhe o candidato. Vence uma eleição a mão cujas medidas são mais próximas das características e do tamanho da luva.

1989: a mão que se moldou
à luva da entropia

Tancredo Neves cumpriu uma longa e rica trajetória política até ser escolhido para o cargo que nunca assumiu. Em 1935, foi eleito pela primeira vez com 197 votos para vereador de São João del-Rei, em Minas Gerais. Em sua primeira experiência como homem público, viria a ser presidente da Câmara e prefeito interino. Alguns anos mais tarde, tornou-se deputado estadual e, em seguida, deputado federal, cargo para o qual foi reconduzido pelo voto outras quatro vezes até a primeira metade dos anos 1970. Tancredo foi ministro da Justiça, primeiro-ministro na curta experiência parlamentarista republicana, líder do governo Joao Goulart na Câmara dos Deputados, senador e governador. Neste último cargo, ele foi um dos mais importantes líderes da campanha das Diretas Já, protagonismo que compartilhou com outros dois comandantes de governos estaduais, Leonel Brizola, no Rio de Janeiro, e Franco Montoro, em São Paulo. Sem este triunvirato de oposição ao governo militar, dificilmente a campanha teria sido um sucesso, afinal, eles governavam os três maiores colégios eleitorais do país.

A campanha das Diretas Já começou de forma tímida, em 1983, e ganhou força a partir do ano seguinte. Em janeiro de 1984, em Curitiba, Porto Alegre e Salvador, ocorreram as primeiras manifestações com o objetivo de pressionar o regime militar a antecipar a eleição direta para presidente.[1] No dia 25, aniversário da cidade de São Paulo, estima-se que 200 mil pessoas tenham ido à praça da Sé para protestar. No mês seguinte, foi a vez de Macapá, Rio de Janeiro, Belém, Recife e Belo Horizonte. Na capital mineira, 250 mil pessoas ocuparam a avenida Afonso Pena. A emenda constitucional Dante de Oliveira previa que as eleições presidenciais de 1985 ocorreriam pelo voto popular e não mais por meio do colégio eleitoral formado por deputados federais, senadores e delegados de cada Assembleia Legislativa dos estados. Ela estava prevista para ser apreciada pela Câmara dos Deputados no final de abril. Assim, os maiores comícios ocorreram naquele mês: no dia 10, a avenida Presidente Vargas, no Rio de Janeiro, foi tomada por, acredita-se, 1 milhão de pessoas que foram ao Comício da Candelária, como ficou conhecido; no dia 23, centenas de milhares de pessoas participaram do último comício da campanha no vale do Anhangabaú, em São Paulo. A emenda foi votada e rejeitada na noite de 25 de abril, faltaram apenas 22 votos para sua aprovação: 298 deputados foram a favor da antecipação das eleições diretas para presidente, 65 contra, 113 se ausentaram e três se abstiveram. O regime militar havia ganhado a batalha, mas perdera a guerra.

O placar da votação deixou claro para a oposição que os militares não mais controlavam a Câmara. A campanha das Diretas Já não atingira seu objetivo principal, mas abrira uma fenda profunda no apoio parlamentar ao regime, os deputados governistas que votaram a favor da antecipação das eleições diretas para presidente iriam votar, no colégio eleitoral que se reuniria em janeiro de 1985, na chapa de oposição formada por Tancredo Neves e José Sarney. De fato, a vitória da oposição foi acachapante, 480 votos contra apenas 180 dados à chapa Paulo Maluf e Flávio Marcílio. O imenso esforço de mobilização popular para antecipar a eleição direta para presidente ficou muito próximo de alcançar sua finalidade principal, porém, aquele ano inteiro de comícios e protestos impulsionou importantes setores da sociedade contra o regime, o que acabou tendo impacto entre deputados, senadores e demais representantes eleitos em todo o país. A sociedade desejava se ver livre dos governos militares o mais rápido possível, fosse pelo voto popular, fosse pelo antidemocrático colégio eleitoral, como acabou ocorrendo.

A vitória de Tancredo Neves para presidente consagrava a trajetória de um político conservador e conciliador, mas firme em suas crenças e ideias. Ele jamais hesitou em se opor aos militares desde o primeiro momento em que as liberdades democráticas foram suprimidas. Um dos fatos marcantes de sua trajetória foi ter sido o único deputado do antigo Partido Social Democrático, o velho PSD das raposas políticas, a não votar na eleição indireta que colocou na presidência o primeiro militar, o general Humberto Castello Branco. Juscelino Kubitschek, o maior interessado na volta das eleições presidenciais em 1965, porque era o favorito, não agiu com a mesma convicção democrática que Tancredo. Convidado para entrar no partido de apoio ao regime, a Arena, Tancredo optou por fazer oposição moderada aos militares no MDB. Experiente, equilibrado, firme, defensor de princípios básicos, ele tinha um dos perfis mais adequados para ser o presidente que conduziria o país pelos mares revoltos da transição entre uma longa ditadura e o regime democrático que se descortinava. Porém, quis o acaso que ele jamais se tornasse presidente, permitindo que um político até então pouco relevante assumisse o comando do país. Seria ele o responsável por mergulhar a nação no caos e pavimentar o contexto da primeira eleição direta que ocorreria após a que levou Jânio Quadros à presidência.

Anos entrópicos

O governo Sarney ficou marcado como um período de anarquia, bagunça, confusão e desorganização. O presidente era politicamente fraco, além de incapaz de definir um rumo para o país. Ele se tornou presidente por acaso, em função da doença e morte de quem realmente tinha as virtudes para conduzir a nação. Sarney não passava de um vice, e vices são figuras, na maioria das vezes, sem conteúdo e pouco relevantes, ao ponto de permitirem conciliar interesses muito divergentes. Era justamente o seu caso, um prócer do regime militar, mas periférico na política nacional e, portanto, palatável na chapa presidencial que derrotou o candidato do sistema no colégio eleitoral. Sarney era um político menor e sem ideias, alguém que poderia ser classificado como pertencente ao assim chamado baixo clero. Pior, devido ao fortuito desaparecimento de Tancredo, a oposição que derrotara os militares morria na praia, afinal, quem governaria o país não seria alguém que passara mais de duas décadas se opondo à ditadura, e sim um de seus longevos apoiadores. A ausência de rumo de seu governo foi o principal motivo que fez do pleito presidencial de 1989 uma eleição de mudança.

Tudo vai bem quando tudo acaba bem. O governo Sarney exemplifica, ao contrário, a sapiência desta máxima. O primeiro ano de seu governo, 1985, foi marcado por um notável crescimento econômico, o PIB aumentou 7,8%, com a agricultura expandindo 9,6% e a indústria, 8,3%. Tal desempenho teve impacto positivo, como esperado, na oferta de empregos. Havia, porém, um problema já persistente no cenário econômico do país: a inflação. Diferentemente do que ocorreria nos anos seguintes, quando a inflação escapou por completo do controle das políticas governamentais, durante os primeiros meses do novo governo, ela até recuou, ainda que em um patamar alto, ficando abaixo de dois dígitos mensais de abril a junho. Foram três meses de pura ilusão de que a carestia poderia ser facilmente domesticada; em julho, ela voltou a subir e a inflação encerrou o ano em 242,23%, o maior índice da década até então.[2] O crescente aumento de preços combinado com ausência de regras para que os salários acompanhassem a fúria do dragão inflacionário resultou em uma explosão reivindicatória: foram 1.102 greves em todo o governo.[3] Não bastasse o forte ativismo sindical, o primeiro governo civil após mais de vinte anos de presidentes militares teve de enfrentar a agitação social no campo, com conflitos generalizados em todo o território nacional: em 1985, 405 mil famílias se envolveram em conflitos de terras, número que subiu para 594 mil em 1986 e cerca de 667 mil em 1987.[4] Em que pese o forte crescimento

1989: A MÃO QUE SE MOLDOU À LUVA DA ENTROPIA 49

econômico de 1985, já no primeiro ano do governo Sarney estavam presentes todos os ingredientes da entropia, com destaque para a combinação de um presidente sem grande noção dos problemas do país com inflação crescente.

Sarney tinha herdado o ministério negociado e formado por Tancredo Neves. Assim, dois meses antes de completar um ano no cargo, em janeiro de 1986, ele realizou uma ampla reforma ministerial na qual trocou dezessete ministros. A reforma respondia aos resultados da eleição municipal de 1985, na qual a ala mais à esquerda do MDB perdera espaço tanto para os moderados e conservadores do partido quanto para o PFL.[5] No mês seguinte, ele lançou o primeiro grande plano econômico de combate à inflação, o Plano Cruzado, anunciado como resultado de estudos sérios e criteriosos.[6] A consequência imediata foi alvissareira, a inflação despencou e o consumo disparou. Em junho de 1986, na primeira página do jornal O Globo, a manchete estampava que as vendas no varejo haviam crescido 19% nos primeiros quatro meses do ano e a aquisição de veículos tivera um aumento de 36,4%.[7] Por outro lado, a inflação anual em 1986 caiu para 79,66%.[8] Estava-se diante de um experimento, o país saberia anos depois que a queda abrupta da inflação tinha o condão de eleger até mesmo um presidente da República: nas eleições para governador realizadas em novembro de 1986, graças aos benefícios do Plano Cruzado para a população de baixa renda, o MDB de Sarney elegeu 22 dos 23 governadores e teve um desempenho eleitoral avassalador nos pleitos para deputado federal e senador. Sarney finalizou seu segundo ano de governo como um presidente francamente vitorioso.

Ainda assim, os sinais emitidos pela economia não eram bons. Logo após as eleições, em dezembro, a inflação deu um salto, atingindo 11,65% no mês.[9] Segundo o então assessor do Ministério do Planejamento, Carlos Alberto Sardenberg, Sarney tinha sido previamente informado de que o Plano Cruzado não estava suficientemente maduro, que se tratava de uma aposta de alto risco, cujo fracasso era possível e as consequências poderiam ser graves. Sarney preferiu arriscar, pois considerava que a situação não poderia continuar piorando.[10] Antes do lançamento do Plano Cruzado, os empresários tinham como procedimento corriqueiro realizar uma estimativa do índice de inflação a fim de precificar os produtos. Ao longo do mês, de acordo com o comportamento da inflação, eles remarcavam os preços para cima. Com o tabelamento dos preços e o vertiginoso aumento da demanda, as receitas das vendas deixaram de ser suficientes para possibilitar a recomposição dos estoques. O resultado foi o desabastecimento. Ora, se os preços voltassem a subir, os empresários também voltariam a ofertar o que tinha sumido das prateleiras do comércio. Tratava-se de um importante indicativo de que o plano poderia fracassar.

Um dos pilares mais importantes do Plano Cruzado foi o congelamento dos preços. Para mantê-los sob controle, o governo lançou mão da Superintendência Nacional de Abastecimento (Sunab). Tratava-se da mais completa subversão da economia de mercado, na qual os preços são definidos em função da oferta e da procura: o governo estabelecia, por meio da Sunab, os preços dos mais diversos itens e as listas eram divulgadas em jornais de grande circulação. Milhares de pessoas se tornaram *fiscais do Sarney*, utilizando, inclusive, esta identificação em camisetas e *buttons* com o objetivo de conferir se o tabelamento estava sendo cumprido pelo comércio. Aqueles que ignorassem as determinações do governo corriam o risco de serem multados e fechados. Definir preços, fiscalizá-los e punir os recalcitrantes do congelamento se tornou algo muito popular, ajudava até mesmo a vender jornal; a *Folha de S.Paulo* de 18 de julho de 1986 publicou uma matéria sobre uma operação contra supostos sabotadores do Plano Cruzado em dois estados, Rio de Janeiro e Espírito Santo.[11] Na capital fluminense, foram fechados por quatro dias seis supermercados, uma padaria e uma loja de confecção. Já na capital capixaba, a Sunab, nesse caso com o apoio da Polícia Federal, fechou estabelecimentos de um grande atacadista de alimentos e de uma distribuidora de carnes. O fato é, que ao tentar manter o congelamento de preços, o governo perdia o controle sobre os rumos da economia.

1989: A MÃO QUE SE MOLDOU À LUVA DA ENTROPIA   51

A população brasileira estava diante de uma miragem: de longe, avistava-se o oásis do controle de preços, porém, ao se aproximar do mundo real, e com o passar do tempo, o que se via era o deserto, formado por gôndolas de supermercados vazias, desabastecimento e, na melhor das hipóteses, produtos vendidos de forma controlada, o chamado racionamento. O governo recorreu às importações para atender ao consumo crescente, mas não funcionou. Além disso, as greves não davam trégua, resultando em milhões de horas não trabalhadas e redução da produção.[12] Faltava de tudo, desde carne e leite até tampinha para engarrafar cerveja.[13] Um dos autores deste livro lembra da mãe reclamando da qualidade do pãozinho francês, que, ao longo do mês, ia ficando mais leve por ter cada vez menos farinha de trigo em sua composição. Era uma operação de guerra do setor público contra os agentes privados. Vários atos autoritários foram perpetrados em nome da defesa da economia popular e do combate à carestia, é como devem ser compreendidas as operações policiais em padarias para confiscar supostos estoques clandestinos de leite,[14] e as ações da Polícia Federal à caça de boi no pasto,[15] que, aliás, devido à sua popularidade, contou com o apoio de importantes líderes políticos na campanha eleitoral de 1986. Todavia, o voluntarismo governamental foi lentamente sendo derrotado pela economia de mercado. É praticamente impossível controlar de cima para baixo as decisões econômicas de milhões de indivíduos: donos de restaurantes passaram a restringir o que ofertavam nos cardápios, indústrias modificavam o peso ou as características dos produtos para tentar escapar do tabelamento[16] e negócios chegavam a fechar por vários dias consecutivos porque não tinha fluxo de caixa para honrar os pagamentos dos fornecedores.[17] Quanto mais se prolongava a intervenção nos mecanismos do mercado, mais a economia (que era uma economia de mercado) ia se desorganizando.

Sarney e seu partido colheram uma eloquente vitória eleitoral em função do Plano Cruzado, mas o tempo mostrou que se tratou de uma *vitória de Pirro*. O ano de 1987 terminou com inflação cerca de 4,5 vezes maior do que a do ano anterior: 363,41%.[18] O efeito prático do

Plano Cruzado durou pouco, mas foi suficiente para consagrar o MDB nas urnas e carimbar em Sarney a marca do estelionato eleitoral. A oposição bateu na tecla de que a inflação só foi contida para enganar o eleitor e fazê-lo votar no partido do presidente. Ela voltou mais forte e o consumidor teve que conviver com o barulho constante e incômodo das máquinas de etiquetagem de preços. Não era incomum que os consumidores presenciassem a remarcação de preço de um produto já depositado no carrinho de compras no trajeto entre as gôndolas e o caixa do supermercado. Os outros planos que vieram após o Cruzado — Plano Cruzado II (1986), Plano Bresser (1987) e Plano Verão (1989) — foram ainda mais inócuos no combate à inflação, com duração de seus efeitos positivos no controle do aumento de preços em torno de apenas dois meses. Depois da derrocada do Plano Cruzado, houve inflação crescente e aprovação presidencial em queda.

Além da inflação alta e sem controle, o governo Sarney ficou marcado por inúmeras denúncias de corrupção. No regime militar, exatamente por causa de sua característica repressiva, escândalos de corrupção não eram divulgados ou vazavam para o público mais amplo de maneira muito tímida. Não é incomum o argumento de que não havia corrupção durante a ditadura. Na verdade, a única certeza é a de que não havia escândalos que envolvessem malfeitos de figuras públicas, e era assim por causa da repressão. A partir de 1985, com um civil na presidência da República e devido ao desmonte do aparelho repressivo, as denúncias de desvios de recursos levadas a cabo por políticos se tornaram comuns. O primeiro governo civil, portanto, trouxe uma novidade importante: a possibilidade de que a mídia noticiasse, sem receio de censura, denúncias de corrupção que envolvessem políticos. A maior transparência contribuiu para que o público tivesse a impressão de que a corrupção aumentara quando o bastão do comando do país passou de um militar para um civil. É também possível que todos os escândalos ocorridos com políticos de primeiro escalão, mesmo que não fizessem diretamente parte da equipe de Sarney, tenham contribuído para que o carimbo da desonestidade marcasse o então presidente.

1989: A MÃO QUE SE MOLDOU À LUVA DA ENTROPIA 53

Durante o primeiro ano de governo, em agosto de 1985, veio à tona o que ficou conhecido como o "Caso das pedras preciosas". A denúncia envolvia o ex-ministro da Justiça do último presidente militar, o renomado político mineiro Ibrahim Abi-Ackel, que teria supostamente acobertado atividades ilegais de contrabando de gemas brasileiras para os Estados Unidos e outros países.[19] Eis um exemplo claro de que apesar do malfeito poder ter ocorrido no governo anterior, a publicidade envolvendo um político de projeção nacional e durante o governo Sarney acabava por macular a imagem do presidente no cargo. Ainda no primeiro semestre daquele mesmo ano, o governador de São Paulo, Orestes Quércia, teve um de seus mais antigos auxiliares, Otávio Ceccato, envolvido no escândalo do rombo da corretora do Banco do Estado de São Paulo (Banespa), do qual fora diretor e, em seguida, no "Caso da raspadinha", loteria instantânea estadual que se tentou criar sem concorrência pública.[20] Quércia era do mesmo MDB de Sarney.

Em maio de 1987, a *Folha de S.Paulo* denunciou um suposto esquema de corrupção na construção de dezoito lotes da Ferrovia Norte-Sul.[21] Segundo a reportagem, que também antecipou o resultado da licitação, as empreiteiras vencedoras tinham combinado previamente os preços e definido quais lotes cada uma ganharia. A Ferrovia Norte-Sul foi uma das obras mais caras do governo Sarney e a finalidade era ligar o Maranhão a Goiás. Em fevereiro de 1988, o Senado Federal instaurou uma CPI para apurar irregularidades no governo Sarney, que ficou conhecida como a "CPI da Corrupção". A CPI foi motivada por denúncia publicada pela *Folha de S.Paulo* de que o ex-genro e secretário particular do presidente, Jorge Murad, era o intermediador da destinação de recursos públicos a fundo perdido para correligionários no Maranhão, estado de Sarney.[22] Já com a CPI em funcionamento, veio a público, pelas mãos do então ministro das Comunicações, Antônio Carlos Magalhães, um dossiê apontando supostos atos ilícitos cometidos por membros da CPI, inclusive pelo relator, o então senador gaúcho Carlos Chiarelli.

Outro escândalo que ocupou muito a mídia foi o das emissoras de rádio e televisão. As denúncias eram de que o governo tinha feito inúmeras concessões de emissoras a fim de conquistar apoio parlamentar nas votações da Assembleia Nacional Constituinte que redigiu a Carta de 1988. Na época, era prerrogativa do presidente da República a escolha dos concessionários. Ao longo de seus cinco anos de governo, Sarney assinou 1.091 concessões. Apenas no mês que antecedeu a promulgação da Constituição, setembro de 1988, foram autorizadas 257 concessões, e poucos dias antes da aprovação da Constituição, que se deu em 5 de outubro, o *Diário Oficial da União* de 29 de setembro registrou o recorde de 59 novas concessões.[23] Também em 1988, o jornal *Estado de S. Paulo* noticiou a suspeita de que o presidente da BR Distribuidora, amigo de Sarney, general Albérico Barroso Alves, havia designado auxiliares para extorquir banqueiros a fim de que a maior distribuidora de derivados de petróleo do país mantivesse as contas em seus bancos.[24] Todas estas denúncias chegavam muito perto do presidente da República.

Os escândalos das concessões de redes de rádio e televisão faziam parte de um contexto mais amplo e desgastante para o governo. Em janeiro de 1987, Sarney afirmara que iria "governar com os amigos, prestigiando os que me prestigiam".[25] Esta fala ocorreu em meio a negociações para mais uma mudança de nomes que ocupavam ministérios e cargos de escalões inferiores. Na Assembleia Nacional Constituinte, a liderança que Mario Covas exerceu na Comissão de Sistematização, responsável pela primeira formulação da nova Carta, resultou em uma versão considerada muito à esquerda por importantes segmentos do Congresso. Para toda ação há sempre uma reação, que na política pode acontecer com maior ou menor força. Diante disso, parte do MDB se aproximou da ala mais conservadora do Congresso para assegurar modificações nos artigos e parágrafos que julgavam demasiadamente progressistas. O novo bloco político foi batizado de "Centrão".[26] Foi o Centrão que articulou a manutenção do mandato presidencial de cinco anos para Sarney, algo que estava sob ameaça. Depois de formado, passou a ocupar comissões importantes na Assembleia Nacional Constituinte, obteve cargos no governo, teve acesso facilitado

1989: A MÃO QUE SE MOLDOU À LUVA DA ENTROPIA 55

aos recursos do Orçamento, além das já mencionadas concessões de rádio e TV. Eis a origem do que foi batizado pelo deputado Roberto Cardoso Alves, conhecido simplesmente como Robertão, de política do "é dando que se recebe".[27]

De acordo com o Censo de 1990, mais de 83% da população brasileira era católica. Isso tornava a Conferência Nacional dos Bispos do Brasil (CNBB) uma organização muito mais poderosa do que veio a ser no século XXI. No início de 1988, a CNBB emitiu uma nota pública atacando a corrupção no governo Sarney. Nela, os bispos criticavam a suposta conivência do presidente com a corrupção e chamavam a atenção para o sentimento popular de descrença em face da política, das instituições e do governo. A hierarquia da Igreja Católica já estava insatisfeita com o governo devido à demissão de Nelson Ribeiro, indicado por ela para o Ministério da Reforma e do Desenvolvimento Agrário, assim como à proibição da entrada de novos missionários estrangeiros no país. "É dando que se recebe" é um verso da famosa "Oração de São Francisco". Para a Igreja Católica, era a gota d'água que a frase de uma bela e famosa oração se tornasse lema de malfeitos do governo. O presidente Sarney caiu na tentação de responder aos bispos e afirmou, em defesa de seu governo, que a corrupção era algo tão generalizado que nem mesmo o Vaticano estava livre dela.[28]

O cenário era de inflação elevada, escândalos de corrupção e, consequentemente, governo mal avaliado. No último ano da administração de Sarney, o país se encontrava com a economia desorganizada e marcada pela busca incessante, por parte dos trabalhadores, de reposição salarial; os sindicatos estavam sempre correndo atrás do prejuízo. Apenas no primeiro semestre de 1989, foram mais de 2 mil greves.[29] Às vésperas da eleição, o governo Sarney acumulava inflação de 340.000%.[30] À medida que o pleito se aproximava, e também devido ao término dos trabalhos da Constituinte, o Centrão foi se dispersando e seus parlamentares voltaram a dedicar energia e recursos às disputas locais que assegurariam a renovação de seus mandatos.[31] O Sarney fraco que caracterizou o exercício de sua presidência foi substituído, na reta final da campanha, por um Sarney "saco de pancadas", útil apenas para diferenciar o candidato ligado ao governo dos candidatos de oposição e, dentre estes, o que seria realmente aquele que mais expressava o amplo desejo de mudança.

A MÃO QUE SE MOLDOU À LUVA

"Bote fé no velhinho, o velhinho é demais, / Bote fé no velhinho que ele sabe o que faz", dizia o refrão do *jingle* da campanha presidencial de Ulisses Guimarães, do MDB, o mesmo partido do presidente Sarney. O marcante e memorável refrão escondia uma letra dissonante para um candidato ligado ao governo, pois falava em "limpar o Brasil", "acabar com a molecagem", "construir um novo país de verdade" e fazer o Brasil sorrir. A música também dizia que o povo não era bobo, e não foi, Ulisses amargou pífios 4,73% de votos válidos. Em uma pesquisa realizada antes do primeiro turno da eleição, nada menos do que 47% do eleitorado considerava o governo Sarney péssimo, outros 14% o avaliavam como ruim, ou seja, uma avaliação negativa de 61%, foi um recorde que levou mais de duas décadas para ser batido.[32] Por outro lado, apenas 2% diziam que o governo Sarney era ótimo e outros 7% o consideravam bom. A porcentagem de avaliação regular foi de 30%. Não havia como um candidato de governo vencer aquela eleição justamente porque a opinião pública queria mudança. Por mais impoluta, digna e louvável que fosse a trajetória política de Ulisses Guimarães, ele representava a continuidade. Triste ironia para alguém que lutou incansavelmente pelo fim da ditadura militar.

A soma dos votos válidos em primeiro turno dos candidatados que fizeram oposição aberta ao governo Sarney foi de 75,7%: Fernando Collor obteve 30,5%; Lula, 17,2%; Leonel Brizola, 16,5%; e Mário Covas, 11,5%. Ainda que Covas, o candidato tucano, seja retirado desta soma, uma vez que seu partido tinha nascido em 1988 de uma dissidência do MDB, os oposicionistas ficariam com mais de 64% de votos. Lula e Brizola sempre se opuseram tanto ao regime militar quanto ao primeiro presidente que o sucedeu. Já Collor fez uma campanha marcada por duros ataques ao governo Sarney e até mesmo à figura do presidente chamando-o de "o maior batedor de carteiras da história".[33] Coincidentemente, o segundo turno foi disputado pelos candidatos mais jovens dentre os sete primeiros votados: Collor tinha 40, e Lula, 44 anos. Havia mais uma ironia neste desfecho, o *jingle* do candidato governista septuagenário, Ulisses, dizia que "quem sabe faz o novo". O eleitorado acabou por considerar que o novo era também sinônimo de políticos jovens.

Uma pesquisa realizada pelo Datafolha em dez capitais mais de um ano antes da eleição, em outubro de 1988, revelava o quanto a avaliação do governo Sarney foi rígida e também a impossibilidade de vitória de um candidato a ele associado. A soma de ruim e péssimo do governo neste levantamento foi de 64%, o regular cravou 25% e o ótimo e bom, somente 7%. A votação em Ulisses era tão pequena quanto a avaliação positiva do governo: apenas 8% tinham a intenção de votar no senhor Diretas. Igualmente relevante era a correlação entre voto e avaliação de governo: Ulisses abocanhava 15% de votos de quem considerava o governo ótimo e apenas 5% dos que diziam que o governo era péssimo.[34] Na primeira eleição presidencial após quase trinta anos sem o direito de votar para o cargo máximo da nação, a opinião pública já reconhecia o candidato governista e o punia em função do sofrível desempenho do governo. Ulisses acabou tendo menos votos do que os apontados por esta pesquisa. E faz todo sentido, pois é possível que, no decorrer da campanha, muitos eleitores tenham tomado conhecimento de sua vinculação com Sarney e, por avaliarem o governo como ruim ou péssimo, deixaram de votar no velhinho.

A situação do país e a opinião pública indicavam com mais de um ano de antecedência que o candidato de oposição ao governo Sarney seria o vencedor daquela eleição, o desafio era saber qual deles se tornaria o sucessor do primeiro presidente civil após a ditadura, afinal, eram muitos os oposicionistas e cada um deles tinha um ativo de imagem diferente.

Collor foi criado no mundo da política. O avô materno, Lindolfo Collor, exerceu vários mandatos como deputado federal pelo Rio Grande do Sul, participou com destaque da Revolução de 1930 e foi ministro do Trabalho, Indústria e Comércio de Getúlio Vargas. O pai, Arnon de Mello, foi deputado federal, governador de Alagoas e senador. Arnon militou a vida inteira em partidos à direita no espectro político: UDN, apoiou o regime militar na Arena e filiou-se, em 1980, ao PDS, partido nascido da Arena. Arnon de Mello foi um político de confiança dos presidentes militares, chegando, por isso, a ser escolhido senador biônico em 1978.[35] Graças ao governismo do pai, Fernando Collor foi nomeado prefeito de Maceió em 1979, uma vez que durante a ditadura foram suspensas as eleições para capitais de estados e alguns outros municípios considerados áreas de segurança nacional. Em 1982, ele se candidatou e foi eleito deputado federal pelo PDS. Collor acabou sendo um dos dissidentes do partido governista ao votar a favor da Emenda Dante de Oliveira. Em 1985, fazendo jus à tradição governista na qual tinha sido socializado, ele mudou para o MDB e no ano seguinte se candidatou ao governo de Alagoas, cargo para o qual foi eleito no tsunami do Plano Cruzado, que favoreceu imensamente os candidatos de seu novo partido.

Esses breves dados biográficos só são relatados porque um dia Collor se tornou presidente do país. É possível supor que muitos outros políticos nos mais diversos estados e em todas as regiões tenham tido uma criação semelhante à sua, assim como uma trajetória equivalente no mundo público. Porém, somente Collor fez de um limão uma limonada. Até o início de 1989, o governador de Alagoas era um ilustre desconhecido do Brasil e isso acabou sendo uma grande vantagem sobre os demais candidatos. Na época, a lei eleitoral permitia que mesmo partidos muito pequenos tivessem programa de uma hora no rádio e na televisão em rede nacional antes do início do período de campanha. A permissividade da legislação ia além: políticos de um partido poderiam ocupar programas de outros. Foi assim que Collor ocupou inteiramente o tempo de rádio e televisão de três partidos minúsculos: o do Partido da Juventude, em 30 de março; o do Partido Trabalhista Renovador, em 27 de abril, e o do Partido Social Cristão, em 18 de maio. Isso fez com que ele passasse de menos de 10% de intenção de voto, no âmbito nacional, em março para 43% em junho.[36]

Todo o tempo de propaganda disponível teria sido inútil se Collor não tivesse apresentado uma mensagem que se adequasse ao contexto da opinião pública naquele momento. O primeiro e talvez mais importante elemento desta narrativa era ele próprio: alguém jovem e nacionalmente desconhecido, desvinculado, portanto, da elite que governava o país. Note-se que os demais candidatos que se colocavam no início do ano eleitoral — Lula, Brizola, Mário Covas, Paulo Maluf e Ulisses — eram bem mais conhecidos nos maiores colégios eleitorais do que o governador de um dos menores e menos populosos estados do Brasil. Ser de Alagoas era bem melhor do que ter a carreira política vinculada a São Paulo ou Rio de Janeiro. A opinião pública não acompanha detalhes e controvérsias acerca da biografia de cada candidato. Seria inútil afirmar que o pai de Collor tinha sido apoiador do regime militar e que ele próprio se beneficiara disso para assumir seu primeiro cargo público. O que interessava ao eleitor naquele momento era algo mais simples e direto: Collor era novidade.

O segundo elemento do enredo de seus programas eleitorais do início do ano de 1989 tinha a ver com o que acabou ficando conhecido como "o caçador de marajás". Como governador, ele construiu a imagem de alguém corajoso e com pulso forte para combater privilégios e o mau uso dos recursos públicos. Ele requisitou à Procuradoria Geral da República (PGR) que declarasse inconstitucionais algumas leis estaduais que concediam a funcionários públicos vantagens salariais vistas como exageradas.[37] O Supremo Tribunal Federal (STF) concedeu liminar favorável à sua demanda. Porém, no julgamento do mérito, Collor foi derrotado. No capítulo seguinte desta novela, ele se recusou a pagar o que o STF o obrigou a fazer, sofrendo, em seguida, ameaça de intervenção federal no estado, que nunca se efetivou. Além disso, o então governador extinguiu secretarias e órgãos públicos, tomou medidas de enxugamento da máquina administrativa e acabou por demitir dois mil funcionários. Collor afirmava que as ações visavam combater os pilares que comandavam seu estado e eram responsáveis por um governo que não atendia à população: o poder econômico, o sindicato do crime, os desmandos administrativos e a contravenção penal. Para completar a narrativa do político novo e corajoso que lutava contra interesses escusos, ele anunciou que cobraria as dívidas dos donos de usinas de cana-de-açúcar com o Banco do Estado de Alagoas, que totalizavam, à época, 140 milhões de dólares. Tudo isso era divulgado tendo como pano de fundo ataques contínuos e virulentos a Sarney e seu governo.

A combinação entre novidade e coragem formava a mão que se encaixava perfeitamente na luva da rejeição ao que ocorria em Brasília: ausência de rumo da política econômica, corrupção, presidente fraco e refém dos interesses de parlamentares desonestos. Não foi por acaso, portanto, que em uma pesquisa nacional realizada em junho de 1989, cinco meses antes do primeiro turno, 68% de quem votava em Collor afirmava que era por ele representar a renovação política.[38] Exatos 35% de todos os eleitores diziam escolher o presidente seguindo este critério e outros 25% declaravam que era mais importante competência e realizações passadas, quesito esse que Collor tinha o que apresentar. Ainda que se questione o que ele de fato tenha realizado como governador de Alagoas, o estado estava muito distante da maior fatia do eleitorado nacional e, portanto, as informações que chegavam pela mídia eram suficientes para lhe conferir a imagem de realizador, e imagem é tudo. Nada menos do que 32% de seus eleitores achavam que ele tinha feito um bom governo e que tinha competência e experiência.[39] Collor viu uma oportunidade de mercado e se adaptou a ela. Ele sabia que a opinião pública brasileira era francamente contrária ao governo Sarney, e também percebeu que a combinação entre inflação e corrupção abria espaço para alguém que fosse considerado novo e tivesse a coragem de enfrentar os poderosos que sempre se beneficiaram de suas relações com o setor público.

1989: A MÃO QUE SE MOLDOU À LUVA DA ENTROPIA

No segundo turno, Collor derrotou Lula em todos os estados, com exceção do Rio Grande do Sul, Rio de Janeiro, Pernambuco e Distrito Federal. A vantagem final foi um pouco maior do que seis pontos percentuais em votos válidos, a segunda menor dentre todas as eleições ocorridas em dois turnos até 2018. Foi nesta eleição que se estabeleceu a análise, de cunho elitista, segundo a qual Brizola teria transferido seus votos para Lula tanto no estado que recentemente havia governado, Rio de Janeiro, quanto no que governara nos anos 1960, Rio Grande do Sul. A hipótese só poderia ter sido realmente testada se Brizola tivesse apoiado Collor, um candidato cujo perfil estava muito mais distante dele do que o de Lula. A capacidade de transferência dos votos de Brizola seria comprovada se seus eleitores o atendessem apoiando alguém realmente diferente dele. Como se tratou de Lula, o que ocorreu foi algo mais sutil, que apenas a astúcia dos políticos seria capaz de detectar. Brizola sabia que quem o tinha escolhido no primeiro turno acabaria votando em Lula no segundo. Assim, ele antecipou o apoio para eventualmente ficar com os louros da vitória se Lula derrotasse Collor. Os eleitores que votaram em Brizola no primeiro turno votariam em Lula de qualquer maneira no segundo, com ou sem o apoio do velho político gaúcho. Porém, a típica mentalidade elitista de uma sociedade de matriz escravocrata como a brasileira preferiu ficar com a versão jamais comprovada da transferência de votos de Brizola para Lula.

Um elemento do contexto daquela eleição punha Lula nas mesmas condições de Collor: para a opinião pública, ambos representavam a mudança. Eles nada tinham a ver com o governo Sarney e, assim, fazia sentido crer que mudariam tudo ou quase tudo que estava ocorrendo. É possível que a vantagem de Collor sobre o candidato do PT tenha derivado da grande quantidade de reivindicações trabalhistas, greves, e de como tal conjuntura influenciou a avaliação que a opinião pública fazia da situação do país. Nunca saberemos ao certo pelo simples fato de que as pesquisas da época não tinham perguntas como as relacionadas a qual candidato estava mais associado a evitar greves e ocupações de terras, que só vieram a ser aplicadas anos depois. Vale recordar que o governo Sarney foi um período de desordem econômica e ética, com um forte tempero de agitação social. Diante disso e em função da trajetória sindical de Lula, é possível que a pequena vantagem eleitoral de Collor tenha se dado graças ao receio de uma fatia do eleitorado de que Lula não conteria parte da desordem vivida sob aquele governo. Em suma, Collor se aproximava mais da imagem de lei e ordem do que Lula, algo importante no cenário de entropia.

A grande ironia da vitória de Collor tem a ver com uma expressão cunhada por Brizola para caracterizar Ronaldo Caiado, mas que ficou famosa mesmo quando ele se referiu a Paulo Maluf: "filhote da ditadura".[40] Fernando Collor também era um filhote da ditadura, ele fazia parte do grupo de políticos que havia colaborado e se beneficiado com o regime militar e que pulara fora deste barco no início da redemocratização. Todavia, por mais que fosse uma verdade factual, a opinião pública se move e toma decisões em função de imagens, e não foi assim que ela viu o caçador de marajás.

1994: a luva com nome próprio

Imagine um filme no cinema ou uma série em uma plataforma de *streaming* sobre a história recente de uma nação dividida em dois períodos de quinze anos. No primeiro deles, entre 1980 e 1994, este país passara por uma contínua crise política e econômica marcada por governos liderados por cinco presidentes da República, quinze ministros da Fazenda, catorze presidentes do Banco Central, seis moedas diferentes e inflação anual da ordem de 730%. No segundo período de quinze anos, entre 1995 e 2010, o mesmo país conhecera apenas dois presidentes da República, três ministros da Fazenda, cinco presidentes do Banco Central, uma moeda e inflação anual na casa de 7%.[1] Diante destes fatos, seria muito razoável afirmar que o roteirista forçara a mão, uma mudança desta magnitude não caberia nem mesmo nas mais sensacionalistas novelas do horário nobre. Tudo isso aconteceu no Brasil e o que separou os dois períodos foi a eleição presidencial de 1994.

A economia sempre depende da política. Quando a política vai bem, a economia pode ou não caminhar no rumo certo; porém, quando a política vai mal, não haverá economia que ande nos trilhos. O regime militar impôs ao país quase três décadas sem eleições diretas para presidente, a primeira delas depois da que elegeu Jânio Quadros, em 1960, foi a que tornou Collor presidente, em 1989. Tratou-se de uma eleição solteira, na qual o eleitorado foi às urnas para depositar apenas um voto, o de presidente da República. Cinco anos mais tarde, os brasileiros voltariam a escolher o presidente, só que desta vez votando também para deputado federal, senador, governador de estado e deputado estadual. Naquele ano, a disputa ocorreu entre PSDB e PT, o que perduraria até 2014, com os tucanos defendendo uma agenda econômica liberal e, graças a isso, sendo proporcionalmente mais votados pelos segmentos menos pobres da sociedade. Já o PT empunharia a bandeira das políticas sociais e presença ativa do Estado na economia, o que acabou por tornar o partido proporcionalmente mais bem-votado pelos segmentos pobres do eleitorado. Direita e esquerda devidamente representadas em dois partidos políticos competiam acirradamente para governar o país. Foi em 1994 que isto teve início.

O governo liderado pelo presidente Itamar Franco, que assumiu o cargo de mandatário máximo do país devido ao impeachment de Collor, teve muita dificuldade para definir uma política econômica minimamente coerente, que tivesse condições de enfrentar a inflação. Antes que Fernando Henrique se tornasse ministro da Fazenda e elaborasse e implementasse o exitoso Plano Real, ele foi antecedido pelo político pernambucano Gustavo Krause, pelo professor universitário Paulo Haddad e pelo político mineiro Eliseu Resende. Os dois primeiros permaneceram, cada um, 76 dias à frente da Economia e o terceiro ficou um pouco mais, oitenta dias. A dramática instabilidade para os que ocuparam o cargo dedicado a lidar com o problema mais importante do Brasil perdurou de outubro de 1992 a maio de 1993.[2] No mesmo período, a inflação acumulada foi de 550% e a avaliação ótimo e bom do governo Itamar Franco despencara de 36%, em fevereiro de 1993, para apenas 19%, em maio.[3] Diante disso, não é surpreendente que Lula, o principal candidato de oposição, tenha saído do patamar de 30% para 40% nas intenções de voto em primeiro turno.[4] A sólida liderança de Lula — qualquer coisa é sólida até o dia em que deixa de ser — era alimentada, até ali, por um contexto de mudança. A inflação elevada e a dificuldade do governo Itamar Franco em domesticá-la indicavam que Lula tinha a faca e o queijo na mão para se tornar presidente.

O candidato do PT permaneceria na liderança das pesquisas com aproximadamente o dobro das intenções de voto de Fernando Henrique até junho de 1994. Aliás, é possível que o então favoritismo de Lula tenha motivado uma das seis emendas constitucionais aprovadas no primeiro semestre do ano eleitoral, a que reduzia o mandato do futuro presidente de cinco para quatro anos, mantendo-se a impossibilidade de reeleição.[5] Em julho, os brasileiros foram às casas bancárias para trocar a moeda que deixava de ser cruzeiro real e se tornara simplesmente real. Aquela era a data crucial do plano de estabilização econômica que virou o jogo eleitoral: a inflação despencou, puxou para baixo o voto em Lula e fez disparar a preferência por Fernando Henrique; em agosto, as posições já tinham se invertido, era o candidato do governo que tinha o dobro das intenções de voto do candidato da oposição.

A eleição de 1994 foi um ponto fora da curva no que diz respeito a uma característica em particular: foi a única, desde 1989, na qual o favoritismo mudou da água para o vinho faltando poucos meses para o pleito. As condições nacionais que tanto influenciam a opinião pública desfrutam de uma grande inércia, esta é a regra. A primeira vitória de Fernando Henrique para presidente só ocorreu por causa da exceção. A situação de um país e a opinião pública têm muito a ver com a capacidade de manobrar um petroleiro: é uma operação complicada, lenta e difícil. Mudar a direção de um navio de grande tonelagem demanda tempo e paciência. No caso de disputas presidenciais, a direção do contexto e da opinião pública tende a permanecer até mesmo quando se toma como referência o ano anterior à eleição. A reforma monetária foi tão profunda que, em 1994, o que se viu foi a manobra de uma lancha ou mesmo de um jet ski, a direção mudou de forma incrivelmente rápida.

Seis a zero para a inflação no jogo do bem-estar e do consumo

Na cerimônia de posse como ministro da Fazenda, em um discurso de improviso, Fernando Henrique afirmou que o Brasil tinha de resolver três problemas: "O primeiro problema é a inflação, o segundo é a inflação e o terceiro é a inflação."[6] Nos quinze anos compreendidos entre julho de 1980 e julho de 1994, a inflação acumulada foi de 8,6 trilhões por cento.[7] Um desavisado que desembarcasse no Brasil em meados de 1993 poderia achar que se tratava de uma nação habitada apenas por super-ricos, o salário mínimo era de 4,6 milhões de cruzeiros.[8] A magnitude das cifras sob o efeito da inflação galopante derretia tão rápido como sorvete no asfalto quente. Para piorar, as pessoas não tinham noção de valor, ninguém sabia exatamente o quanto deveria custar as coisas: um fogão de brinquedo poderia ser mais caro que um fogão de verdade ou 42 conjuntos de calcinha e sutiã poderiam custar mais que um automóvel zero quilômetro.[9] Em menos de uma década, o Brasil experimentou seis planos econômicos que fracassaram no combate ao dragão da inflação. No esforço de divulgar a nova tentativa de debelar a carestia, o ministro da Fazenda, Fernando Henrique, compareceu, em março de 1994, ao programa de TV *Silvio Santos*.[10] Era uma aparição calculada, pois a audiência era grande e o público era majoritariamente de pessoas pobres, as que mais sofriam com o aumento de preços, e, naquele mês, a inflação anualizada tinha sido de 3.417,39%.[11] Fernando Henrique passou 22 minutos tentando explicar a Unidade Real de Valor (URV), tarefa árdua não apenas por causa da complexidade do assunto, mas também porque ele não tinha o mesmo traquejo de comunicação com o povo que seu anfitrião. A ironia é que o esforço acontecia em um programa no qual o papel-moeda era um dos principais personagens, cédulas eram lançadas à plateia e premiações eram concedidas em barras de ouro, que, segundo Silvio Santos, "valiam mais que dinheiro".

A luta para domesticar a inflação tinha começado com o Plano Cruzado, em 1986. Em fevereiro daquele ano, quando foi lançado, a inflação mensal estava em 12,72%.[12] O plano tinha três pilares: o congelamento de preços, o corte de três zeros da unidade monetária e o à época conhecido gatilho salarial. Tratava-se basicamente de indexar formalmente os salários ao aumento de preços; no momento em que a inflação atingisse determinado patamar, todos os salários eram automaticamente reajustados por aquele valor. O resultado imediato não poderia ter sido melhor, a inflação mensal sofreu uma freada brusca e ficou abaixo de dois dígitos. Mas, como se diz, *alegria de pobre dura pouco*, e o que começou bem no alegre mês do Carnaval, gerando a expectativa de dias melhores, durou apenas até o mês de Finados; em novembro, a inflação voltou à sua assustadora tendência de alta.[13] A inflação marcara o primeiro gol em uma partida que caminhava para a goleada.

Logo após as eleições, no dia 15 de novembro, o governo lançou o Plano Cruzado II. Dentre as principais medidas estavam o aumento de impostos indiretos, os reajustes de preços de bens e serviços, os subsídios para exportações e o expurgo do índice da inflação de produtos classificados como supérfluos. Em dezembro, a inflação mensal de dois dígitos estava de volta. Há quem considere que o fracasso da tentativa de salvar o Plano Cruzado deveu-se principalmente a fatores importantes geradores de inflação que ficaram de fora das medidas, tal como a contínua emissão de moeda para financiar o déficit público, assim como o regime monetário, fiscal e cambial.[14] Exatamente um ano depois de lançado o Plano Cruzado, em fevereiro de 1987, o então presidente suspendeu o pagamento dos juros da dívida externa por tempo indeterminado. O que começou como um combate alvissareiro à inflação terminou como um capítulo da crise da dívida externa. Em abril de 1987, em reunião com líderes sindicais na Granja do Torto, Sarney admitiu ter ficado decepcionado com as consequências do Plano Cruzado II e disse que não sabia que os aumentos de preços autorizados no final do ano afetariam também "a vida dos mais pobres".[15] Dois a zero para a inflação.

Sarney tinha chegado à presidência por meio de uma eleição indireta. Isso não deixou o governo blindado da pressão da sociedade pela resolução do principal problema que a afligia. Assim, em junho de 1987, o Plano Bresser seria uma nova tentativa de conter a alta dos preços. Naquele mês, a inflação estava em 19,71%. Elaborado pelo então ministro da Fazenda, Luiz Carlos Bresser-Pereira, e nomeado de forma personalista, o novo plano abria mão do gatilho salarial e estabelecia o congelamento progressivo de preços e salários. Além disso, foi criado um indexador financeiro com o objetivo de coordenar os reajustes, a Unidade de Referência de Preços (URP). A taxa de juros básica da economia foi mantida em patamares elevados e a moeda nacional foi desvalorizada em aproximadamente 10% com a finalidade de aumentar as exportações e as reservas internacionais. Em julho, a inflação despencou, mas voltou a subir no mês seguinte e em dezembro; quando o ministro que nomeou o plano saiu do governo, ela fechou o ano beirando os 360%. Mais um gol para a inflação no jogo contra o governo e a população pobre do país.

Aproximadamente um ano mais tarde, em janeiro de 1989, quando a inflação mensal havia atingido 37,49%, foi lançado outro plano de combate à inflação, o Plano Verão.[16] Ele estabeleceu uma nova moeda com três zeros a menos, o Cruzado Novo, e o congelamento da taxa de câmbio, de preços e de salários. Os preços administrados foram reajustados em 35% para a telefonia, 15% para a energia elétrica e 20% para os combustíveis. Do lado da promessa de difícil implementação foi proposto um ajuste fiscal amplo com extinção de ministérios, demissão de servidores, privatizações e controle de despesas em regime de caixa, isto é, situação na qual as despesas são contabilizadas somente quando de fato saem do caixa.[17] Os sucessivos planos de controle da inflação não apenas contribuíam para desorganizar a economia e causar frustrações, mas também geravam temor nos agentes empresariais: comerciantes antecipavam o que poderia vir a ocorrer e aumentavam os preços para se proteger; do outro lado, na produção, a indústria diminuía o ritmo de entregas a fim de aguardar o aumento de preços. Em que pese seu nome, Plano Verão, ele durou menos do que uma estação: a inflação ficou abaixo de dois dígitos somente em março e abril.[18] Em maio, o ágio no mercado paralelo de dólares alcançou 200%, tornando inócua a medida que congelou o câmbio.[19] Além disso, as mudanças dos indexadores das cadernetas de poupança realizadas nos Planos Bresser e Verão impuseram severas perdas aos poupadores.[20] Mais um plano fracassado e, desta vez, em pleno ano eleitoral. Quatro a zero para a inflação.

Um novo presidente passaria a lidar com o problema antigo e persistente. Fernando Collor renovava a esperança da opinião pública de que um dia o país se veria livre da inflação. Em março de 1990, já no exercício de seus plenos poderes e diante da inflação mensal de 82,39% foi editado o Plano Collor (1990).[21] Era um plano tão diferente dos anteriores quanto autoritário e antiliberal. Anos mais tarde, Fernando Henrique afirmaria que se tratou do "momento mais baixo de todos".[22] A ideia, resumida pelo próprio Collor, era "dar um tiro de rifle" no dragão, a violência não ficou apenas na linguagem figurada do mandatário máximo da nação.[23] Foi anunciada mais uma troca da moeda — ela voltaria a ser denominada cruzeiro —, o congelamento de preços e salários e, de forma surpreendente, entrava em campo uma medida de fazer inveja a regimes ditatoriais: o confisco (ainda que temporário) de bens. Cadernetas de poupança e contas bancárias até hoje entram na seção "declaração de bens" do Imposto de Renda das Pessoas Físicas. Igualmente surpreendente é que a medida contou com o beneplácito do Supremo Tribunal Federal (STF). O então presidente Collor editou a medida provisória 173, que impedia recursos na Justiça contra o plano que levava seu nome. O Partido Democrático Trabalhista (PDT) ingressou no STF com uma Ação Direta de Inconstitucionalidade e a votação no plenário ocorreu em abril, quando sete ministros votaram a favor do governo e apenas dois aceitaram os argumentos do PDT.[24] Collor recebera carta branca do Poder Judiciário para levar adiante um plano econômico que mexia com um dos princípios basilares do liberalismo econômico, o direito à propriedade. Estima-se que o então chamado "confisco" dos ativos financeiros tenha atingido o equivalente a 30% do PIB da época.[25]

A impossibilidade de as pessoas sacarem os recursos de suas poupanças e contas correntes a partir de um determinado valor resultou em desorientação e desespero. Sonhos e planos muito concretos e que estavam próximos de se realizar, como a viagem programada ou a festa de casamento carinhosamente preparada, simplesmente não se concretizaram. Aumentaram os casos de distúrbios emocionais, cardiológicos e psiquiátricos. Pessoas mais velhas tiraram a própria vida ao imaginar que não teriam mais tempo de se recompor em função do bloqueio de dezoito meses do acesso a seus bens depositados em bancos.[26] A economia foi mais uma vez desorganizada com o cancelamento de encomendas, inadimplência, demissões e adiamento de investimentos. O presidente editou uma medida provisória que possibilitava colocar atrás das grades todos os que, supostamente, boicotassem o plano.[27] O resultado foi, dentre outras coisas, a prisão de gerentes de supermercados e até de diretores da *Folha de S.Paulo*.[28] Por fim, o país estava mergulhado em recessão sem que a inflação tivesse sido controlada. Ao final de 1990, a alta acumulada nos preços era de 1.621%,[29] o PIB ficou em -4,3% e a taxa de desemprego na região metropolitana de São Paulo estava em 10,3%.[30] O tiro de rifle saiu pela culatra. Mais uma frustração nacional e cinco a zero para o dragão da inflação.

Todas as tentativas de conter a inflação não agiam sobre as causas do fenômeno, se limitavam a atuar em seus mecanismos de aceleração. A inflação aumentava lentamente mês a mês e os agentes econômicos se adaptavam a ela; cada plano econômico garantia que não fossem ultrapassados os limites do suportável, como disjuntores de um circuito que desarmava quando a temperatura se elevava demais. Os poucos meses de preços controlados que se seguiam ao início de cada plano não passavam de alívios ocasionais. Não era simples combater o dragão, pois havia interesses materiais organizados que se beneficiavam da carestia.

O sexto e último plano econômico fracassado de combate à inflação viria a ser editado em janeiro de 1991, ainda sob a batuta de Collor; naquele mês, a inflação tinha sido de 20,75%. Era o Plano Collor II.

Insistia-se no já desgastado e combalido congelamento de preços e salários, com o agravante da adoção de uma nova medida que despertou muita insatisfação das classes média e alta: o fim das contas bancárias indexadas de curtíssimo prazo, que eram remuneradas tendo como referência o chamado *overnight*.[31] Foi introduzido um novo indexador, a Taxa Referencial (TR), causando mais perdas nas remunerações dos poupadores. O plano manteve a inflação mensal abaixo de dois dígitos somente nos meses de abril e maio.[32] Paralelamente, o país lutava para sair da recessão. A população se tornara cobaia de várias tentativas frustradas de controle da carestia. Um ano mais tarde, a sociedade começaria a se mobilizar para retirar Collor da presidência. A iniciativa só teve sucesso porque o cenário econômico ruim foi o pano de fundo para escândalos de corrupção que envolviam diretamente o presidente da República. A avaliação do governo despencou e os caras-pintadas foram às ruas para pressionar o Congresso a votar o impeachment de Collor. Nunca é demais enfatizar que dificilmente ele teria sido deposto se a inflação tivesse sido controlada.

Em junho de 1994, faltando menos de um mês para o momento mais importante da implementação do Plano Real sob o ponto de vista da população — a troca das cédulas e o retorno das moedas —, a reportagem do *Jornal da Cultura,* de São Paulo, foi a uma padaria mostrar como seriam os novos preços.[33] O pãozinho com manteiga deixaria de custar 600 cruzeiros reais e passaria a custar 26 centavos de real; o pingado de 1.200 cruzeiros reais passaria a valer 53 centavos de real. Junto com as moedinhas de centavos que estavam de volta ao cotidiano da população, os preços seriam aparentemente reduzidos e deixariam de variar de maneira aleatória. O Plano Real nasceu sem traumas, sem congelamentos ou confiscos, sem gatilhos salariais e sem surpresas. Tudo foi comunicado à população com a maior transparência possível. A nova tentativa de controlar a inflação foi possível, também, devido ao aprendizado com os planos anteriores. Finalmente, os brasileiros e brasileiras começariam a experimentar algo tão fundamental e desejado por gerações: o poder de compra do salário mantido ao longo de todo o mês.

É o Plano Real

A inflação mensal foi crescente desde o mês em que Itamar Franco assumiu a presidência da República até junho de 1994, quando passou da casa de 25% para impressionantes 47%. Porém, como em um passe de mágica, ela despencou para 6,84% em julho, 1,86% em agosto, 1,53% em setembro e, no mês eleitoral, ficou em 2,62%. A intenção de voto em Lula seguiu a mesma trajetória da inflação naqueles meses, despencou: 41% em junho, 32% em julho e 23% em agosto e setembro.[34] Já Fernando Henrique teve trajetória oposta: saiu de 19% em junho para 47% em setembro.

A campanha do PT ficou desnorteada com os efeitos positivos do Plano Real. Em uma entrevista concedida por Aloizio Mercadante para a *Folha de S.Paulo* em 29 de julho de 1994, o recém-escolhido vice-presidente da chapa de Lula, em substituição a José Paulo Bisol, que tinha sido abatido por denúncias de corrupção, admitiu que a população desejava a estabilidade da moeda e que ela tinha um grande valor político e social, mas criticou dizendo que de nada adiantaria controlar a inflação sem que fosse mitigado o conflito distributivo.[35] Maria da Conceição Tavares, a renomada economista que na época influenciava o partido, declarou já em março daquele mesmo ano que o novo plano econômico era "maquiavélico", que era o "Plano Cruzado dos Ricos", deixando implícito na declaração que o Plano Cruzado tinha contido a inflação beneficiando os pobres, o que não aconteceria com o Plano Real.[36] Lula, o PT e todos os seus principais políticos haviam passado a última década atacando duramente a carestia e sua principal consequência, a perda do poder de compra dos trabalhadores. Melhorar a vida de quem dependia de salário sempre tinha sido a principal bandeira do PT, e a inflação, obviamente, a principal inimiga. Até o final do primeiro semestre de 1994, era justamente o cenário de inflação alta e crescente, resultando em piora das condições de vida, que havia alçado Lula ao posto de favorito na eleição. O Plano Real permitiu que Fernando Henrique tomasse a bandeira de Lula e passasse a levantá-la nos três meses que antecediam a ida às urnas.

Em maio de 1994, o Datafolha detectou que 28% do eleitorado considerava o Plano Real ótimo ou bom para o Brasil.[37] Ainda que faltasse mais de um mês para a troca da moeda, episódio simbolicamente importante e economicamente crucial para o controle da inflação, o plano de combate à inflação já tinha sido batizado e ocupava a mídia com inúmeras medidas tomadas a fim de levá-lo a bom termo. Portanto, a avaliação do Plano Real já poderia ser feita pela população por meio de pesquisas de opinião, pois ele era de pleno conhecimento de todos. Em meados de junho, a avaliação ótimo e bom do Plano Real saltou para 41% e na primeira semana de julho foi para 62%, atingindo o máximo em meados de agosto, quando passou a gravitar em torno de 76% de ótimo e bom, uma avaliação positiva que tornava aquele que liderou o plano o favorito para vencer.

Em setembro, 13% dos eleitores estavam indiferentes ao Plano Real, ao passo que 77% o consideravam bom e apenas 10% diziam que era ruim. Como era de se esperar, os votos em Fernando Henrique vinham dos que consideravam boa a estabilização: 56%.[38] Em relação aos indiferentes, a porcentagem de votos de Fernando Henrique caía para 27% e era apenas de 15% junto aos que consideravam o plano ruim. Neste último grupo, Lula e os demais candidatos somados tinham 75% dos votos. Portanto, a grande maioria do eleitorado percebia o Plano Real como algo positivo para o país, indicando a solidez do voto em Fernando Henrique e, como consequência, seu franco favoritismo.

Um dos benefícios da competição partidária para o eleitorado é que ela obriga os políticos a atender a maioria da população. Assim, uma possível interpretação do papel de Lula e do PT na história recente do Brasil está relacionada ao contexto de inflação elevada. Collor tentou debelar a inflação porque sabia que se tratava do principal problema do país e, consequentemente, era a demanda mais importante dos eleitores. O seu fracasso foi um dos motivos que levou à deposição. Fernando Henrique fez o mesmo porque a competição eleitoral era acirrada, Lula caminhava para se tornar o presidente caso a inflação não fosse reduzida. É assim que a oposição — Lula — não governava, mas fazia o governo — Fernando Henrique — governar. O efeito da competição política é bastante salutar para a sociedade: graças ao permanente conflito entre oposição e governo, os políticos que comandam o país são obrigados a tomar decisões que agradem à maioria dos votantes. Sob esta ótica, pode-se afirmar que o favoritismo de Lula em um contexto de inflação alta obrigou o governo a resolver o problema de maneira sustentável. Estava-se diante do funcionamento adequado de uma instituição específica: a competição partidária. Aliás, os seus efeitos não se limitaram ao ano de 1994, mas certamente estiveram presentes, no mínimo, pelos quinze anos seguintes.

Durante a campanha eleitoral, coube a Lula e seu partido cumprirem o papel de oposição. Somente Fernando Henrique tinha como se apresentar como o pai do Plano Real. Restava ao PT relembrar o que havia acontecido no governo Sarney e deixar o eleitorado inseguro quanto às verdadeiras intenções do candidato do PSDB. Naquele já distante ano de 1986, o governo controlou temporariamente a inflação com o Plano Cruzado. Todavia, passado o mês de outubro e tão logo terminada a eleição para deputados federais, senadores, governadores e deputados estaduais, o congelamento de preços, que tinha sido o alicerce da redução da inflação, foi abandonado e o custo de vida voltou a subir de maneira ininterrupta. Relembrar estes fatos seria uma oportunidade para a oposição a Fernando Henrique deixar o eleitor desconfiado. Adicionalmente, a campanha petista enfatizou a história de lutas do partido, seu inquebrantável alinhamento aos interesses dos trabalhadores e sublinhou tudo o que faltava ao país além do controle da inflação. Não obstante, é melhor uma andorinha na mão do que duas voando. A opinião pública prefere um benefício tangível no presente do que a promessa de várias melhorias no futuro. E faz mais sentido acreditar que o político responsável por prover um grande bem no curto prazo é mais capaz de realizar outras coisas positivas nos anos seguintes do que alguém que nada fizera como governante até aquele momento.

Em setembro de 1994, a maioria de quem votava em Fernando Henrique, 33%, fundamentava a escolha em razão da autoria e continuidade do Plano Real; é evidente que essa motivação para o voto em Lula pontuava 0%.[39] Outros 15% diziam que o candidato do governo tinha credibilidade e transmitia confiança; porcentagem idêntica apresentava os mesmos argumentos para o voto em Lula. E 9% afirmavam que Fernando Henrique tinha experiência e capacidade administrativa, ao passo que 3% justificavam o voto em Lula desse modo. O 0% de Lula quanto à realização e continuidade do Plano Real tinha a ver com a maneira que os eleitores estavam acompanhando os fatos políticos, e era isso mesmo, Lula e o PT eram oposição ao governo Itamar Franco. A inflação elevada e crescente constituía-se no principal bônus eleitoral e, após a troca da moeda, tornou-se o grande ônus.

As pesquisas quantitativas nacionais da época mostravam de forma cabal a força eleitoral da estabilização monetária. O então ex-ministro da Fazenda e futuro presidente Fernando Henrique teve uma evidência casual e qualitativa do fenômeno onze dias após o início da troca do papel-moeda, no sertão da Bahia, em um ato de campanha organiza-do pelo todo-poderoso Antônio Carlos Magalhães na cidade de Santa Maria da Vitória. Enquanto se encaminhava para um comício que aconteceria ao meio-dia, as pessoas nas ruas gritavam "Olha o homem do real" e solicitavam que ele autografasse as novas cédulas.[40] Já no palanque, o candidato a presidente viu as pessoas levantarem as notas de real e gritarem "Vale mais que o dólar", mesmo sem nunca terem visto antes a moeda norte-americana. O episódio mostrava a rápida mudança na cabeça das pessoas quanto ao valor do dinheiro, que pas-sava a ser "algo positivo, e não aquela porcaria que vai embora, que se joga fora, que não vale nada".[41] As novas cédulas eram o principal panfleto de campanha de Fernando Henrique, com a vantagem de estarem diariamente nas mãos dos eleitores, permitindo-lhes aumentar o seu poder de compra.

Um dos grandes mitos da política é a noção de que a comunicação tem a capacidade de desconstruir visões do eleitorado. Diálogos entre políticos, analistas, marqueteiros e jornalistas são com frequência pontuados, quando se trata do embate entre partidos ou entre governo e oposição, pelo tema da desconstrução de determinadas crenças assumindo, em geral, a seguinte forma: "É preciso agora desconstruir as realizações do governo", ou ainda "O nosso partido precisa desconstruir o que nosso adversário vem divulgando".

A eleição de 1994 revelou que não é assim que as coisas funcionam. A noção de desconstrução tem como pressuposto um eleitor razoavelmente imbecilizado, incapaz de ter crenças sólidas e, por isso, sujeito ao discurso ou à propaganda mais insistente e sedutora. É uma visão equivocada, distante do mundo real e sem nenhum fundamento em dados e evidências empíricas. Quem pensa que a opinião pública é ingênua, no fundo a desconhece inteiramente. Os eleitores do início dos anos 1990 estavam profundamente insatisfeitos com a inflação, motivados por coisas muito concretas, como o alimento que não tinha sido possível comprar naquela semana ou a conta que teve de ser atrasada em um certo mês. O Plano Real de fato melhorou a vida das pessoas e por isso foi bem avaliado por elas. Em tais circunstâncias, de nada adiantaria atacar a estabilização da moeda com o objetivo de persuadir a maioria de que o Plano Real era ruim, simplesmente as pessoas não iriam mudar de opinião enquanto os preços estivessem sob controle. E não mudaram. Assim, o máximo que poderia acontecer a quem criticava o Plano Real naquela conjuntura era obter a simpatia dos que nunca avaliaram bem, por qualquer razão que fosse, a estabilização da moeda. As crenças dos eleitores são equivalentes a uma muralha, que não é destruída com a artilharia da comunicação. Certamente, isso nunca ocorre no curto prazo. Esta fortaleza só pode ser abalada por acontecimentos muito reais e concretos e, no caso dessa eleição, tais fatos não ocorreram. Desconstruir as crenças dos eleitores é uma tarefa inglória.

A personagem machadiana Guiomar no papel de opinião pública sugere que em 1994 sempre quis a mesma coisa: melhorar de vida com a redução da inflação. Enquanto achou que Lula lhe proveria isso, ele foi o escolhido. Todavia, as circunstâncias sofreram uma mudança tão repentina quanto rara e ela teve todos os motivos para considerar que Fernando Henrique seria melhor do que Lula a fim de alcançar seu objetivo. Delicadamente, ela deixou Lula de lado e seguiu outro caminho. Durante o tempo em que a luva era a da inflação alta e crescente, a mão que melhor se ajustava a ela era a de Lula. Quando a luva passou a ser a da inflação baixa com o nome próprio Plano Real, ainda que pudesse existir alguma insegurança quanto à durabilidade da situação, a mão que passou a se acomodar de forma mais adequada àquela peça do vestuário se tornou a de Fernando Henrique.

1998: a luva da inflação sob controle

Nunca antes na história do Brasil um presidente havia sido reeleito e isso passou a ser viável a partir de 1998. Faltando mais de um ano para a eleição, em janeiro de 1997, a Câmara dos Deputados aprovou a possibilidade de reeleição para o presidente da República. A mudança foi extensiva a governadores e prefeitos e também para diversos outros cargos da administração, como ocorreu com os reitores de universidades públicas federais. Estava-se diante de uma abrangente inovação legislativa, no sentido de uma reforma política de fato, mesmo que não tenha tido este nome de direito. Diferentemente da lei dos Estados Unidos, quem viesse a ser reeleito uma vez e, portanto, governasse por dois mandatos seguidos, poderia voltar a concorrer para o mesmo cargo em eleições seguintes, mas não poderia disputar uma segunda reeleição seguida.

Diz-se que *Deus escreve certo por linhas tortas,* e foi o que realmente ocorreu quando se aprovou no Brasil a possibilidade de reeleição. A reeleição fez com que os prefeitos no exercício do primeiro mandato tivessem um comportamento fiscal mais responsável do que no segundo mandato, e também mais responsável do que os prefeitos que não disputam a reeleição.[1] Quando não havia a possibilidade de reeleição, era comum que os prefeitos gastassem o que tinham e o que não tinham para eleger seus sucessores, legando ao prefeito seguinte um monumental rombo fiscal. Ou seja, o benefício de vencer a eleição era atingido com um imenso custo financeiro. O prefeito seguinte tinha, com frequência, muita dificuldade em prover bons serviços à população devido à maldita herança fiscal. O ciclo se encerrava quando o prefeito que elegera o sucessor voltava na eleição seguinte, graças à catástrofe fiscal, como solução para a péssima administração do sucessor. Neste sentido, a adoção da reeleição foi benéfica ao país, foi o caminho institucional que incentivou os gestores a serem mais responsáveis ao lidar com as finanças públicas. Era simples: já que dava para disputar a reeleição, não fazia sentido gerar um rombo fiscal no primeiro mandato para se afogar nele em um eventual segundo mandato. Na segunda metade dos anos 1990, este inegável benefício público foi alcançado em função da busca de um vício privado: mudar a legislação eleitoral para beneficiar a si mesmo e aos que detinham o mandato.

A cobertura midiática sobre a aprovação da reeleição foi a pior possível, toda ênfase recaiu em denúncias de compra de votos de deputados. Até hoje, caso se deseje pesquisar na internet o debate na época acerca de vantagens e desvantagens da mudança legislativa, pouco ou nada se encontra. Por outro lado, sobram matérias que tratam das supostas negociações visando obter o voto deste ou daquele deputado. Ainda que a compra de votos tenha ocorrido, o apoio à emenda da reeleição foi generalizado: no primeiro turno, 336 deputados votaram pela sua aprovação e no segundo turno, 368 concederam a Fernando Henrique, aos governadores que estavam em seus cargos, assim como aos prefeitos a possibilidade de se reelegerem. No Senado Federal, 79 de 81 senadores votaram e 62 deles acabaram apoiando a reeleição. Fernando Henrique chamaria a atenção para o fato de que a expressiva vantagem dos votos de parlamentares a favor da emenda da reeleição, e o amplo apoio da opinião pública à proposição tornaram politicamente desnecessária a compra de votos de deputados.[2] O mais provável é que este amplo apoio não tenha sido alcançado graças à compra de votos de deputados, mas sim com a utilização da tradicional caixa de ferramentas do presidencialismo de coalizão: os milhares de cargos comissionados e os milhões de reais das emendas de parlamentares do Orçamento da União.

1998: A LUVA DA INFLAÇÃO SOB CONTROLE

Passados mais de vinte anos desde o estabelecimento da reeleição, Fernando Henrique escreveria que se tratara de um erro: "Seria preferível termos um mandato de cinco anos e ponto final."[3] Para o ex-presidente, o instituto da reeleição acabou favorecendo o abuso de poder. Ele demorou em apontar publicamente este problema, talvez já evidente em 1998, e depois não mencionou seus benefícios. É curioso que não tenha reconhecido as virtudes da reeleição no sentido de incentivar a responsabilidade fiscal, ainda mais sabendo-se que em seu governo foi aprovada uma lei cujo objetivo específico era assegurar que os gestores eleitos deixassem de ser imprudentes no trato das receitas e despesas públicas. O fato concreto é que Fernando Henrique tomou a iniciativa de estabelecer a reeleição para si mesmo, para o seu caso, daí ter sido um casuísmo, mas que resultou em benefícios amplos para a sociedade brasileira. Quanto ao possível abuso de poder, haverá quem argumente que era algo previsível, que ocorreria na primeira aplicação da nova lei já em 1998. Dito e feito: dois partidos importantes que lançaram candidatos a presidente em 1994, MDB e PDT, decidiram não lançar nenhum em 1998. O resultado foi a concentração do tempo de propaganda eleitoral gratuita de rádio e televisão em apenas dois candidatos, Fernando Henrique e Lula, algo bastante diferente do que ocorrera quatro anos antes. Em 1994, a aliança que apoiou o tucano para presidente teve sete minutos e 47 segundos no horário eleitoral gratuito; em 1998, esse tempo saltou para onze minutos e 46 segundos. Pode não ser esse o abuso de poder a que Fernando Henrique se referiu em 2020, mas certamente essa simples mudança já indicava um dos efeitos do estabelecimento da reeleição.[4]

Talvez, o maior benefício da reeleição tenha sido o de conceder ao eleitor o direito de manter no poder um governo bem avaliado. No passado, um presidente, governador ou prefeito que fizesse uma boa administração era obrigado a indicar um sucessor que, uma vez eleito, com bastante frequência não se mostrava capaz de dar continuidade ao que estava sendo aprovado. Não fazia o menor sentido privar o eleitor de manter no poder o líder de um governo percebido como bem-sucedido. O *jingle* da campanha vitoriosa do PSDB em 1998, na voz de Dominguinhos, lançava mão desse novo direito com um forte refrão:[5]

> *Levanta a mão e vamos lá*
> *Que o Brasil tá caminhando, ele não pode parar*
> *Quero avançar, seguir em frente*
> *Reeleger Fernando Henrique presidente*

Em qualquer eleição, pode haver vários candidatos de oposição, mas só há um candidato de governo, ainda mais quando ele está habilitado a disputar a reeleição. A campanha de Fernando Henrique, portanto, enfatizou as circunstâncias positivas da economia e do consumo a fim de pedir o voto em favor da continuidade.

CONSUMIR É VIVER

O então presidente, mais de um ano antes de submeter seu nome novamente às urnas, tinha plena consciência sobre a importância de domesticar o custo de vida; segundo ele, "a inflação destruía a esperança, corroía o tecido social e incentivava a esperteza e a corrupção. Os ricos corriam para a especulação financeira. A classe média se socorria da poupança, que apenas atualizava monetariamente suas economias. Só os pobres não tinham como se defender".[6] Em 1994, a inflação fechou o ano em 916,46%; entre janeiro de 1990 e dezembro de 1994, ela foi de 31.475.114,25%![7] No primeiro ano do governo tucano, 1995, como que em um passe de mágica ela foi de apenas 22,41% e permaneceu em trajetória de queda nos anos seguintes: 9,56% em 1996, 5,22% em 1997 e 1,65% em 1998.[8] O impacto da estabilidade monetária na renda dos trabalhadores não poderia ter sido maior. Em janeiro de 1995, o número índice da massa de rendimentos era 111,42, atingindo 148,79 em dezembro de 1998, um aumento de 33,5% neste período.[9] Depois de muitos anos de inflação descontrolada, a sociedade passara a conviver com um índice anual de menos de dois dígitos. Fernando

1998: A LUVA DA INFLAÇÃO SOB CONTROLE

Henrique jamais deixaria de reconhecer que "em outros tempos isso seria a inflação de uma semana".[10]

O custo de vida em queda resultou no aumento de consumo. Por mais incrível que possa parecer para quem é de classe média alta, que desde sempre teve acesso a itens considerados básicos, a manutenção da inflação baixa por alguns anos permitiu que muita gente passasse a comprar mais papel higiênico. O consumo desta mercadoria cresceu a taxas muito elevadas nos anos 1990, cerca de 8,7% ao ano entre 1993 e 1998.[11] Consumir é viver. Dizia-se no passado que *quando o pobre come frango, um dos dois está doente*. A estabilidade monetária transformou o ditado em peça de museu. Em 1994, o brasileiro consumia aproximadamente dezenove quilos de frango por habitante; quatro anos mais tarde, esse número passou para cerca de 26 quilos por pessoa.[12] Em todo o período, o quilo da ave custava pouco mais de um real.[13]

A explosão de consumo foi generalizada no primeiro mandato de Fernando Henrique. Entre 1994 e 1998 houve um crescimento vertiginoso das vendas de iogurte (90,7%), refrigerantes (88,5%), cerveja (65,3%), queijo (53,9%), biscoito (50%), carne suína (33,4%) e carne bovina (29,1%).[14] As guerrilheiras da estabilidade monetária foram os refrigerantes genericamente conhecidos como tubaínas. As marcas desta categoria conquistavam o mercado de forma rápida e flexível, lutando em campos de batalha bem conhecidos para elas, porém contra inimigos bastante poderosos. As tubaínas chegavam às prateleiras dos supermercados por cerca de metade do preço de seus concorrentes tradicionais.[15] Entre 1994 e 1998, a Coca-Cola amargou uma redução de 11% em sua fatia de mercado, enquanto as tubaínas tiveram um crescimento de 53% em sua cota de participação no consumo nacional.[16] A disputa se tornou tão acirrada que, no segundo mandato de Fernando Henrique, a multinacional norte-americana resolveu declarar guerra às tubaínas colocando em prática uma série de medidas para reconquistar o terreno perdido.[17]

Em julho de 1994, o salário mínimo comprava 63% da cesta básica, um ano depois ele adquiria 96% e em 1998 já era capaz de dar acesso a pouco mais de uma cesta básica.[18] O suor do trabalhador estava valendo a pena. As despesas de consumo das famílias aumentaram sem cessar entre o segundo trimestre de 1996 e o último trimestre de 1997. Somente no primeiro trimestre de 1997, o consumo das famílias avançou 8%. No geral, as despesas de consumo das famílias cresceram cerca de 3% em 1996 e em 1997.[19] Consumo em alta resulta em menos pobreza. O percentual de pobres recuou de 43% em 1994 para 33% em 1998, e a população de indigentes diminuiu de 20% para 14%.[20] Em outubro de 1996, Fernando Henrique reconheceu que "aqueles que estão com a barriga cheia se esquecem, muitas vezes, de que um pouquinho mais de frango, de carne, de feijão e de arroz que o real propicia para cada família mais pobre é o que permite a essa família, realmente, ter a esperança do dia seguinte".[21]

Diz a música dos Titãs que "a gente não quer só comida / a gente quer a vida como a vida quer". O controle da inflação permitiu realizar a tão sonhada reforma da casa, o término deste ou daquele quarto de dormir e mesmo a construção do primeiro puxadinho. Entre 1994 e 1998, a produção de cimento saiu de 25 para 40 milhões de toneladas ao ano, um crescimento de 60%.[22] Os bens de consumo duráveis também ficaram mais próximos da população. As vendas de fogões inclinaram para cima, saindo de cerca de 3 milhões de unidades em 1994 para 4,4 milhões em 1996.[23] Em 1994, a indústria vendeu aproximadamente 2,4 milhões de geladeiras, em 1996 esse número cresceu para próximo de 4 milhões.[24] Entre 1994 e 1996, a produção de televisores em cores saltou 70%[25] e a de videocassetes, que muitos faziam até consórcio para adquirir, aumentou 125%.[26] Por fim, a festa do consumo foi parar na garagem. A média mensal de emplacamento de carros em 1994, que era de 94 mil, subiu para 131 mil em 1997.[27] O efeito concreto do controle da inflação na vida das pessoas foi mais alimentos na mesa, uma casa mais confortável, filmes na TV e um automóvel para ser utilizado nos passeios com a família.

Em 1997, o vertiginoso aumento de consumo, resultado do controle da inflação, passou a ter um novo símbolo. Nas palavras de Fernando

Henrique: "Antigamente falavam que o frango foi o herói do real, depois foi o iogurte. Agora, eu acho que é a dentadura. Vai ver os pobres botando dente. Isso não é para rir, isso é um avanço imenso, a pessoa poder cuidar de si. Quer dizer: isso é o Plano Real e isso me comove."[28] A declaração gerou grande polêmica na ocasião e foi acompanhada de manifestações contrárias de entidades de protéticos. O próprio porta--voz da presidência posteriormente explicou que o governo não tinha dados sobre o consumo de dentaduras e que a afirmação se baseava em conversas e observações do presidente. De fato, dados nacionais sobre o consumo de dentaduras não existiam à época, porém, um dado que abarca este período revela que entre 1986 e 2003 o percentual de adultos sem dentes caiu de 29,52% para 18,61%.[29] Segundo a Organização Mundial da Saúde (OMS), o número médio de dentes perdidos, cariados e obturados entre crianças de 12 anos caiu de 4,9% em 1994 para 3,4% em 1998, uma expressiva redução de 30%.[30] Mesmo não existindo dados sobre a produção ou consumo de dentaduras, estas informações atestam que a saúde bucal da população acompanhou a melhora generalizada do consumo das famílias.

No último ano do primeiro mandato de Fernando Henrique, o desempenho da economia piorou bastante. A crise financeira asiática de 1997 se espalhou pelo mundo e contaminou o Brasil. Em 1998, em plena campanha eleitoral, a crise da Rússia se tornou um novo ingrediente de instabilidade mundial da qual nenhum país emergente escapou. O risco país, que ficou abaixo de 400 pontos em alguns períodos de 1997, atingiu quase 1.400 pontos no segundo semestre de 1998, e isto significou evasão de dólares,[31] levando o Banco Central a aumentar a taxa de juros Selic.[32] Ainda que a inflação tenha permanecido sob controle em 1998, a atividade econômica despencou, o PIB ficou estagnado, crescendo apenas 0,3%, e o PIB per capita encolheu 1,2%.[33] Durante o ano da reeleição, o consumo das famílias caiu trimestre após trimestre e fechou com o crescimento negativo de -0,7%.[34] A média mensal de emplacamento de automóveis, que foi crescente a cada ano desde 1995, sofreu uma redução significativa em 1998.[35] Além disso, o desemprego aumentou e ficou acima de 8% na maior parte do ano.[36] Apesar de todas as más notícias advindas da economia, era inegável que a sociedade se beneficiara de uma inflação acumulada de 43,46% entre 1995 e 1998,[37] que contrastava fortemente com a hiperinflação dos anos anteriores.

Só Fernando Henrique venceria aquela eleição, mas Lula ficaria pronto para vencer a seguinte

Um dos autores deste livro residiu por um ano em Londres no início dos anos 1990, antes de a inflação ter sido controlada no Brasil, quando realizava parte de seu doutorado em Ciência Política. Na hora do almoço na universidade, era comum ter sopa como parte da refeição, e ela permaneceu custando uma libra por onze meses.[38] Tratava-se de algo absolutamente chocante para um brasileiro que vivera anos sob a égide de uma inflação descontrolada.

No Brasil da hiperinflação, as pessoas de classe média alta gastavam muito tempo ao telefone em contato com sua agência bancária solicitando a transferência de recursos de aplicações financeiras para a conta corrente. Quem tinha conta em banco, uma parcela minoritária da população brasileira, era capaz de proteger seus recursos da corrosão do aumento de preços. Na época, o Banco Central do Brasil (BCB) não coletava informações sobre os números de correntistas no país.[39] Uma pesquisa de opinião pública realizada na segunda metade dos anos 1990 em nove regiões metropolitanas e em duas cidades de onze estados estimou que apenas 43% da população adulta tinha conta bancária.[40] É evidente que o percentual seria ainda menor se tal pesquisa tivesse sido baseada em uma amostra da população adulta residente em todos os municípios do país. Em que pese a abrangência limitada do levantamento, os dados revelaram que apenas 15% das pessoas mais pobres tinham conta bancária, ao passo que 64% dos menos pobres poderiam proteger o seu dinheiro da inflação.[41] Os miseráveis não contavam com proteção alguma em relação à inflação galopante, ou

1998: A LUVA DA INFLAÇÃO SOB CONTROLE

bem eles gastavam a maior parte do salário mensal nos primeiros dias após recebê-lo, ou seu poder de compra estaria seriamente corroído uma semana mais tarde. Eles sabiam que o que compravam em um dia não poderia ser adquirido na mesma quantidade quinze dias depois. O desconforto que as pessoas de renda mais elevada experimentavam ao ter que ligar para o gerente de seu banco diariamente solicitando transferências entre aplicações e conta não era nada diante do sofrimento da base da pirâmide social ao notar que a cada dia do mês que passava poderia comprar menos bens ou serviços.[42]

A vida com inflação elevada era tão caótica que a melhor poupança para as pessoas remediadas era armazenar alimentos. As famílias pobres que tinham condições de estocar recorriam à compra mensal dos não perecíveis. Adquiria-se uma grande quantidade de arroz, feijão, farinha, leite em pó, óleo de cozinha e tudo mais que coubesse na dispensa e não estragasse. A velocidade do aumento de preços, em uma época sem internet disseminada, não permitia a fácil realização de pesquisas que comparassem os valores cobrados em diferentes supermercados. Havia seções em jornais impressos que divulgavam estas informações, ainda assim o acesso era muito restrito, não atingia a massa dos consumidores. A remarcação dos preços com maquininhas de etiquetagem era febril e contínua, fazendo com que a sorte ou o azar definissem uma despesa final substancialmente menor ou maior. O sortudo que chegasse no mercado antes da remarcação do que planejava comprar poderia acabar adquirindo alimentos por metade do preço. Logo em seguida aos anúncios de reajuste do preço da gasolina, em um período no qual poucos tinham automóvel, organizavam-se imensas filas nos postos de abastecimento. Às vezes, em um mundo que sequer sabia que um dia existiria redes sociais e WhatsApp, o simples boato do aumento já resultava em engarrafamentos nas imediações dos postos. Os consumidores tinham muita dificuldade de comparar os preços, não era incomum que simples brinquedos estivessem temporariamente mais caros do que eletrodomésticos, ou que o preço de roupas estivesse acima de alguns bens duráveis. As pessoas perdiam inteiramente e noção de valor, não havia como planejar o orçamento doméstico, muitas vezes era impossível saber se o que era comprado estava caro ou barato. Naquelas circunstâncias, o controle da inflação propiciava benefícios que iam além do abrupto aumento do poder de compra. Dentre outras coisas, permitiu que as pessoas passassem a ter referência para os preços.

A população pobre sofreu por muitos anos seguidos com a inflação alta e frustrou-se várias vezes com os planos econômicos que temporariamente contiveram o aumento de preços. Diante disso, e também do fato de que nunca se sabe com antecedência se este ou aquele plano econômico irá atingir os objetivos que promete, é evidente que houve desconfiança quando o Plano Real foi lançado. Aliás, essa desconfiança foi utilizada pela campanha oposicionista de Lula sempre relembrando o que tinha acontecido com o Plano Cruzado. O fato é que a reeleição que Fernando Henrique disputou ocorreu após quatro anos de sucesso do controle da inflação. O Plano Real efetivamente entregou para o eleitorado o que prometera e um pouco mais: o aumento do poder de compra e do consumo dos mais pobres.

Não surpreende, portanto, que o ano eleitoral de 1998 tenha sido um céu de brigadeiro para Fernando Henrique, de janeiro até o dia da votação ele jamais perdeu a liderança nas pesquisas, o pior mês foi junho, quando, na primeira semana, a pesquisa do Ibope indicou que ele estava apenas cinco pontos percentuais à frente de Lula: 33% a 28%.[43] No mês anterior, a imagem do governo tinha sido impactada pelo efeito de mídia passageiro em função da superposição de várias notícias negativas: o episódio no qual Fernando Henrique dissera que quem se aposentava antes dos 50 anos de idade era vagabundo; seca, fome e saques a mercados no Nordeste, além da passividade do governo diante de grandes queimadas em Roraima. Passados os fatos, já antes do início do horário eleitoral gratuito, Fernando Henrique ostentava intenção de voto na casa dos 45%, mais que o dobro do candidato do PT. Isso indicava o franco favoritismo do candidato da continuidade.

A campanha do presidente que buscava a reeleição tinha plena consciência da força do Plano Real e do controle da inflação para a opinião pública. Na propaganda eleitoral, foi enfatizado o fato de o Brasil ter lutado por muito tempo sem sucesso contra a inflação, e que a estabilidade monetária recentemente obtida seria apenas o primeiro passo em direção a muitas outras conquistas. O próprio Fernando Henrique afirmou que não foi fácil derrubar uma inflação anual de mais de 4.000% para somente 4%. Ao fazer isso, ele mobilizava os sentimentos de satisfação dos eleitores por terem se livrado do infortúnio da inflação elevada e de felicidade por terem aumentado o poder de compra. O então presidente completava afirmando que quem tinha derrotado a inflação estava pronto para combater o desemprego.[44] Por mais que a atividade econômica tivesse piorado no ano eleitoral, com aumento do desemprego e desaceleração do consumo das famílias, o que a campanha governista fez foi lembrar ao eleitor que os primeiros três anos daquele governo mais que compensavam as adversidades do ano derradeiro. Diante disso, a campanha exortava o eleitor a dar um voto de confiança ao presidente. Sabemos que foi o que acabou acontecendo.

A importância e a força do controle da inflação para a opinião pública estavam claras por meio de pesquisas feitas até mesmo antes da aprovação da emenda da reeleição. Em junho de 1996, uma pesquisa nacional realizada pelo Datafolha apontou que 65% de quem avaliava o governo Fernando Henrique como ótimo ou bom fornecia o Plano Real como justificativa.[45] Como se sabe, ele era sinônimo de inflação baixa e aumento do consumo. Em segundo lugar como justificativa para a avaliação positiva aparecia a "economia", com 6% de menções. Ou seja, era uma referência indireta ao que ocorria de mais importante nesta área, a redução da inflação e sua manutenção em patamares muito mais baixos do que os atingidos nos anos anteriores. A soma de "Plano Real" com "economia" para explicar a boa avaliação do governo naquele momento era, portanto, maior do que 70% e indicava que se o custo de vida permanecesse controlado, a motivação para avaliar bem o governo também persistiria.

Pouco mais de um ano depois, em novembro de 1997, uma pesquisa da Fundação Perseu Abramo identificou que 67% dos eleitores que declaravam voto presidencial em Fernando Henrique o faziam por causa do Plano Real, do controle da inflação e da moeda estável.[46] Na mesma pesquisa, "a continuidade do trabalho do governo" foi mencionada 17% das vezes para sustentar o sufrágio em Fernando Henrique. Fica bastante evidente que tanto em 1996 quanto em 1997, portanto bem antes da reta final da reeleição, a opinião pública recorria ao controle da inflação para fundamentar a avaliação positiva do governo e o voto em quem o tocava. Essa era a grande dificuldade para a candidatura de Lula. O governo não apenas tinha pautado o principal tema do país nos anos anteriores ao pleito — manter a estabilidade da moeda — como também vinha sendo bem avaliado na consecução deste objetivo. Isso colocava o então presidente da República em uma posição muito sólida vis-à-vis seu principal opositor. O que a Fundação Perseu Abramo identificou em 1997 acabou por se manter no ano seguinte: novas rodadas de pesquisas com a mesma pergunta apontaram que em julho de 1998 nada menos que 60% diziam votar em Fernando Henrique por causa do Plano Real, do controle da inflação e da moeda estável; a porcentagem foi de 62% em setembro do mesmo ano. Durante todo o período, a solidez do apoio a Fernando Henrique, seja na avaliação do governo ou na intenção de voto, se deveu à domesticação da inflação.

No início da campanha, em julho de 1998, o Datafolha também perguntou as razões para se reeleger o presidente: 67% disseram aprovar o Plano Real e a política econômica.[47] Tal aprovação foi verbalizada como "baixou e segurou a inflação" por 34%; "dar continuidade ao Plano Real" por 28%; "aumentou o poder de compra" por 16%; e "estabilidade econômica" por outros 9%. Estas eram as muitas denominações do mesmo fenômeno: a satisfação com o controle de um dragão que por muitos anos feriu de morte a capacidade de consumo das famílias. Não custa sublinhar mais uma vez que o então presidente era quem melhor se adequava à ideia de continuidade do Plano Real, não apenas porque tinha dado início a ele, mas também por causa da percepção de que o controle da inflação, depois de tantas tentativas frustradas, vinha funcionando. A máxima futebolística de que não se mexe em time que está ganhando descrevia com perfeição a conjuntura.

A dificuldade eleitoral de Lula ia além do fato de ter o principal tema do pleito pautado pelo presidente que disputava a reeleição. O Plano Real era mais aprovado pelo segmento do eleitorado que o Partido dos Trabalhadores sempre buscara com afinco representar. Considerando todo o eleitorado do país, em setembro de 1998, exatos 59% afirmavam que o Plano Real era bom para o Brasil. O perfil de escolaridade indicava esta avaliação junto a 65% das pessoas com primário incompleto, caindo para 59% com primário completo e ginasial incompleto, 57% com colegial completo e 50% com superior completo.[48] Ou seja, quanto menor a escolaridade maior era a aprovação ao combate à inflação, o que fazia todo sentido, posto que o aumento de preços prejudicava muito mais quem não tinha aplicações financeiras para se proteger. A mesma pesquisa indicou que a porcentagem de votos em Fernando Henrique era maior dentre os mais pobres do que dentre os menos necessitados. Lula e o PT sempre bateram na tecla da defesa dos interesses dos mais pobres, justamente os que mais se percebiam beneficiados pelo governo do PSDB e, consequentemente, mais desejavam sua continuidade.

A opinião pública vinha aprovando o Plano Real e os consequentes resultados desde sua gênese. Fernando Henrique ficou carimbado com a imagem de competência e capacidade administrativa. Foi por esta razão que, diante da crise financeira asiática e russa e de seus impactos na economia doméstica, o eleitorado manteve-se firme, confiando na capacidade do então presidente. Na reta final da campanha, em agosto, 54% consideravam que Fernando Henrique era o candidato mais preparado para enfrentar a crise econômica internacional; Lula ficava somente com 16% das menções e 23% não souberam responder à pergunta ou disseram que nenhum dos candidatos tinha este preparo.[49] Pode-se argumentar que o resultado, ao menos no que se refere a Fernando Henrique, não passou de simples racionalização do voto: as pessoas que já haviam decidido reeleger o presidente jamais afirmariam que ele não era o mais preparado para lidar com a crise. Neste caso, a causalidade seria inversa, primeiro o voto foi decidido e em seguida o presidente passou a ser considerado o mais capaz de lidar com a turbulência econômica. É possível que parte dos eleitores tenha feito esse raciocínio, jamais saberemos com certeza. O fato é que se tratava de uma coisa só, que seguia a seguinte lógica na cabeça do eleitor: "A inflação foi controlada e se manteve baixa, isso foi feito em função das ações de Fernando Henrique, minha vida melhorou e hoje posso consumir mais, o presidente saberá lidar com eventuais crises que vierem a atingir o Brasil, por isso ele merece continuar onde está." Eis a mão e a luva. Por mais capazes que fossem Lula e o PT, ninguém conseguiria derrotar Fernando Henrique naquelas circunstâncias.

No mesmo ano em que ocorreu a primeira reeleição de um presidente na história do Brasil, foram plantadas as sementes da vitória de seu opositor para o pleito seguinte. Vale a pena ressalvar que o plantio não assegura necessariamente o crescimento da árvore, tampouco a produção de frutos doces e apetitosos, como é o caso do sucesso eleitoral, ainda mais em se tratando de presidência da República. Um mês antes de Fernando Henrique ser reconduzido ao cargo, o voto em Lula, para a população adulta das capitais, contou com a justificativa de que ele tinha "compromisso com o povo, os trabalhadores e os pobres" em 41% das menções, ao passo que 34% das justificativas recaíram em "diminuir o desemprego", algo que, como será visto no capítulo seguinte, foi crucial para que o PT ganhasse a presidência pela primeira vez.[50] Nacionalmente, os motivos eram muito semelhantes. Em junho de 1998, o Datafolha atestou que 30% dos que votavam em Lula o faziam porque ele iria combater o desemprego, e outros 27%, porque ele se preocupava com o trabalhador.[51] Essa imagem perdurou por quatro anos e contribuiu de maneira decisiva para que Lula se tornasse mais forte conforme o desemprego passava a ser visto como principal problema do país.

Políticos e jornalistas são, corretamente, obcecados pelo curto prazo. Assim, cabe à ciência alertar para o fato de que a sociedade, a economia e a política se movem muito lentamente. As mudanças rápidas, tal como o que aconteceu no ano eleitoral de 1994, tendem a ser muito mais exceção do que regra. Lula só se tornou presidente na quarta eleição nacional que disputou. Em cada uma delas, a sua votação foi maior, até que se tornou suficiente para levá-lo a governar o país. Seu nome foi se tornando crescentemente mais conhecido e sua imagem de defensor dos trabalhadores, mais consolidada. A disputa política nunca termina, ela é uma interação contínua e sem linha de chegada. Portanto, o que acontece em uma eleição tende a ser útil para o pleito seguinte. Foi exatamente o que aconteceu com a associação entre Lula e o tema do desemprego. Se por um lado a inflação havia levado Fernando Henrique a vencer duas vezes, o desemprego abriria as portas do Palácio do Planalto para Lula e, como indicam as pesquisas de 1998, não foi algo que ocorreu da noite para o dia, pelo contrário, tratou-se de um processo lento e gradual. Lula saiu da eleição de 1998 com um grande ativo de imagem, o domínio do tema do desemprego, e quando a questão se tornou a que mais afligia a opinião pública, ele venceu. Em suma, nem sempre as derrotas são completas: elas podem trazer junto as sementes da vitória, é preciso ser perseverante e paciente.

A eleição de 1998 foi uma repetição da eleição de 1994: venceu o combate à inflação, sinônimo de Fernando Henrique. A opinião pública era inteiramente favorável à vitória do então presidente. Ele tinha tratado bem a nossa heroína em seu primeiro governo, ela se livrara de um grande mal que a infernizava — a inflação —, reduzindo seu poder de compra, desorganizando seu dia a dia e impedindo que melhorasse de vida. Guiomar, lembremos, é fria, determinada, calculista e prática, sabe exatamente o que deseja, às vezes com muita antecedência, de um ou dois anos e, no final, é sempre ela quem escolhe o pretendente que melhor se adéqua a seus interesses. Por mais inteligente, sensível, amoroso, carinhoso, charmoso, sedutor, forte, bonito ou rico que fosse o pretendente que concorria com Fernando Henrique pelo amor de Guiomar, ele não teria para lhe oferecer, como um cupido, a flechada de morte que havia sido desferida contra o dragão da inflação.

2002: a luva do desemprego

A sabedoria popular afirma que quem detém a máquina governamental leva vantagem em uma eleição. O pleito de 2002 provou que isso não é necessariamente verdadeiro, ao menos não é suficiente para que o candidato governista vença. Fernando Henrique tinha sido muito exitoso em toda sua trajetória política, particularmente a partir do momento em que se tornou ministro da Fazenda do presidente Itamar Franco, quando implementou o Plano Real, fato determinante para sua vitória em primeiro turno na eleição de 1994. O sucesso parecia ter feito juras de amor eterno: seu governo desfrutou de uma estabilidade política sem precedentes graças à formação de uma sólida maioria parlamentar; também por causa disso ele aprovou reformas constitucionais profundas e abrangentes, incluindo a inédita reeleição à qual concorreu e venceu novamente já no primeiro turno. Durante os oito anos de seus dois mandatos, Fernando Henrique pôde contar com a simpatia do mercado financeiro, de empresários, de importantes jornalistas e de formadores de opinião. Além disso, seu partido, o PSDB, aumentou sua bancada de deputados federais de 63 para 99 parlamentares em 1998, conquistando praticamente 20% das cadeiras. A lista de sucessos era longa e tinha tudo para ser coroada com a eleição de seu sucessor em 2002. Apoio e uso da máquina governamental não faltou.

O Ministério da Saúde foi uma plataforma notável para o lançamento da candidatura de Serra pelo PSDB. O próprio Fernando Henrique considerava que o seu sucessor sairia da área social do governo. O então deputado federal, Luís Eduardo Magalhães, achava que o político que alcançasse bons resultados na pasta da Saúde teria fortes chances de ser o candidato governista em 2002.[1] Serra só viria a ocupar o cargo de ministro da Saúde a partir de 23 de março de 1998, quase um ano e meio depois de não ter ido para o segundo turno na eleição para a prefeitura de São Paulo, em 1996. Ele retornou ao primeiro escalão do governo, pois já tinha sido ministro do Planejamento, comandando uma máquina política formidável. No Orçamento de 1999, o Ministério da Previdência e Assistência Social abocanhou R$ 64,5 bilhões, a segunda maior fatia de recursos coube ao Ministério da Saúde, R$ 19,5 bilhões. Na proposta orçamentária de 2002, previa-se que o Ministério da Saúde teria R$ 4,5 bilhões a mais para gastar.[2] Naquela conjuntura, a saúde era um dos principais problemas das cidades brasileiras e os recursos repassados pela União para os municípios eram fundamentais para o funcionamento do Sistema Único de Saúde (SUS). Os hospitais e postos de saúde da rede pública funcionavam graças a estes recursos.

Em 1999, foi criado, no âmbito do Ministério da Saúde, o Sistema de Cartas aos Usuários dos Serviços de Internação Hospitalar do SUS. Este programa consistia no envio de cartas aos pacientes do SUS assinadas pelo ministro da Saúde. Em cada carta, Serra lembrava que o tratamento havia sido integralmente coberto pelo SUS; informava o valor pago e, por fim, solicitava ajuda na detecção de fraudes. A justificativa oficial era a de que se pretendia aperfeiçoar a fiscalização e agilizar a prestação de contas. Esperava-se, de qualquer forma, um efeito colateral benéfico: a vinculação do eleitor ao ministro. Estima-se que, em 1999, tenham sido enviadas 602.589 cartas; em 2000, 1.874.667; e, de janeiro a novembro de 2001, 616.179.[3] No final desse ano, a Fundação Nacional de Saúde, subordinada ao então ministro Serra, liberou R$ 11,5 milhões para investimentos em obras de saneamento básico nos estados. Desses recursos, R$ 9 milhões foram para o estado de Pernambuco, governado por Jarbas Vasconcelos (PMDB).[4] Jarbas era um dos nomes cogitados para ser o vice na chapa presidencial de Serra.

Um aliado importante em uma região — o Nordeste — onde havia um ambiente de rejeição ao candidato tucano.

Outros programas foram adotados pelo Ministério da Saúde. Todos com possibilidades de impacto eleitoral positivo para Serra: a quebra de patentes dos medicamentos de combate à aids;[5] a adoção dos remédios genéricos para reduzir o preço dos medicamentos ao consumidor e restrições à propaganda de cigarro. Some-se a isso o aumento de recursos para a área. Em agosto de 2000, o Senado aprovou em segundo turno a proposta de emenda constitucional (PEC) determinando que a União investisse na Saúde, já em 2000, um valor 5% mais elevado do que o gasto em 1999. A PEC da Saúde também determinava que, entre 2001 e 2004, o governo federal destinasse à Saúde o valor do ano anterior acrescido da variação do PIB nominal. Além disso, os estados ficavam obrigados a investir na Saúde 12% de suas arrecadações de ICMS, IPVA e imposto sobre heranças; e os municípios, 15% de IPTU, ISS e imposto sobre transmissão de bens imóveis (ITBI).

Em julho de 2000, uma pesquisa do Instituto Vox Populi revelava que Serra era o político governista mais bem avaliado pela opinião pública. Ele obtinha 29% na soma das avaliações ótimo e bom, pouco mais que o dobro dos 14% obtidos por Fernando Henrique na mesma pesquisa.[6] No ninho tucano, Serra foi o nome a obter o maior percentual de intenção de votos, parecia que o senso comum acerca da vantagem do uso da máquina de governo prevaleceria.

Os recursos disponíveis para o Ministério da Saúde não eram apenas de natureza financeira. A importância e a abrangência da Saúde exigem, em alguns casos, que sejam feitas convocações públicas da população para esforços conjuntos de combate a doenças. A lei autoriza a formação de uma cadeia de rádio e televisão. Serra usou o expediente com frequência. De janeiro a novembro de 2001, foi ele a autoridade que mais convocou o *pool* de emissoras.[7] A comparação inclui o próprio presidente da República. Foram dez aparições contra sete de Fernando Henrique e quatro do ministro da Educação, Paulo Renato de Souza, que tinha a vaga aspiração de vir a ser uma alternativa a Serra. Entre agosto e novembro, o ministro da Saúde ocupou a cadeia nacional por treze minutos e três segundos, e Fernando Henrique, por onze minutos. Nos anos de 1999 e 2000, foram dezoito aparições de Serra em cadeia nacional, contra quatro de Fernando Henrique e quatro de Paulo Renato.[8] Serra falava muito e sobre temas variados, todos de grande interesse para o eleitor. Houve a Campanha de Prevenção e Combate à Hipertensão Arterial; o Programa Bolsa Alimentação e várias campanhas de vacinação. Os pronunciamentos eram feitos com frequência nas tardes de domingo, nos intervalos dos populares programas de auditório, horário de pico de audiência. Em dezembro de 2001, Serra foi ao *Domingo Legal*, de Gugu Liberato, e ao *Programa do Ratinho*. Nos dois casos, para falar de realizações do Ministério da Saúde e recebendo muitos elogios dos apresentadores,[9] ambos com forte audiência, composta por indivíduos das populações mais pobres e de baixa escolaridade. A enorme exposição pública de Serra permitiu que ele se desse ao luxo de recusar aparecer no programa eleitoral gratuito do PSDB no ano não eleitoral de 2001.[10] A decisão foi estratégica, pois sua ausência deveria implicar, também, as ausências dos outros pré-candidatos tucanos, Tasso Jereissati e Paulo Renato.[11] Em 1999, o Ministério da Saúde gastou R$ 34,2 milhões em publicidade e em 2000, aumentou a verba para R$ 67,2 milhões. Nesse mesmo ano, a pasta da Educação gastou R$ 23,2 milhões, e os ministérios do Trabalho, Transporte e Planejamento, aproximadamente R$ 15 milhões cada um.[12] A equipe de comunicação do Ministério da Saúde era composta por cerca de duas dezenas de profissionais. Em dezembro de 2001, José Roberto Vieira da Costa, o Bob, ocupou a Secretaria de Comunicação de Governo no lugar de Andrea Matarazzo. Bob havia trabalhado na equipe do publicitário Nizan Guanaes durante a campanha malsucedida de Serra para a prefeitura de São Paulo. Ele era o chefe da Assessoria de Comunicação do Ministério da Saúde quando foi escolhido por Fernando Henrique para substituir Matarazzo. No novo posto, passou a controlar uma verba de comunicação estimada em R$ 176 milhões, referente à publicidade dos ministérios, além de algo em torno de R$ 600 milhões para a administração indireta e de empresas estatais.[13] A escolha de Bob foi criticada por Tasso Jereissati e líderes do PFL. Foi interpretada — corretamente — por Tasso como uma manifestação de preferência de Fernando Henrique pela candidatura de Serra à presidência. A ligação de Bob com o então ministro da Saúde era tão forte que ele se tornou um dos integrantes mais importantes da equipe de campanha de Serra em 2002.[14]

Uma máquina governamental cujo governo é bem avaliado equivale a um avião em velocidade de cruzeiro atravessando um céu de brigadeiro. Já quando a máquina é tocada por um governo mal avaliado, equivale a um navio que aderna em meio à tempestade. A utilização legal e legítima da máquina governamental para tornar Serra um candidato a presidente competitivo não funcionou. A débil estrutura do PT — comparada ao governo federal — foi suficiente para que Lula quase vencesse no primeiro turno. Ele obteve uma vantagem de praticamente 20 milhões de votos a mais que Serra nos dois turnos, a maior vantagem proporcional sobre o derrotado dentre todas as eleições decididas na segunda ida às urnas até 2018. Não bastasse isso, durante a campanha, a segunda colocação de Serra nas pesquisas foi ameaçada pelo crescimento de Anthony Garotinho, que apenas tinha sido governador do Rio de Janeiro.[15] Considerando a situação do país e seus reflexos sobre a opinião pública, o destino do candidato do PSDB estava escrito nas estrelas, era o de não se tornar presidente, e sim o de ser derrotado por quem melhor se encaixava na luva do desemprego, o ex-líder sindical que viera da base da pirâmide social, sempre preocupado com as condições de vida dos mais pobres. Entre a força da máquina governamental — evocada com frequência pelos supostos especialistas em eleições para explicar seus desfechos — e o desemprego, a opinião pública ficou com o candidato que mais gerava a expectativa de combater o problema.

DESEMPREGO, RACIONAMENTO DE ENERGIA E INFLAÇÃO

Fiado é como bigode, se não cortar, só cresce. O desemprego que definiu a eleição de 2002 foi uma herança maldita do último ano do primeiro mandato de Fernando Henrique. Já em outubro de 1998, a taxa oficial mensurada pelo IBGE atingiu 8% e permaneceu assim durante quase todo o ano de 1999 e o primeiro semestre de 2000.[16] Entre janeiro de 1995 e outubro de 2002, a taxa de desemprego, que era de 4,6% no início desse período, aumentou cerca de 75%, chegando a 8,06%. Um cálculo realizado quase vinte anos após o desemprego de 2002, que utiliza dados diferentes da taxa oficial do IBGE, indica que naquele ano a desocupação no país atingiu a casa dos dois dígitos.[17] Em abril de 2002, aproximadamente um quinto da população economicamente ativa da Grande São Paulo, maior região metropolitana do país, sofria com a incerteza diária de onde viria o sustento da família.[18] A situação era tão preocupante que o também tucano e então governador do estado, Alckmin, em pré-campanha de reeleição, atuou para colocar a culpa do desemprego no colo do mandatário maior da nação. Associando o desemprego às altas taxas de juros, reclamou, em abril de 2002: "Não é possível manter uma taxa de juros tão alta por tanto tempo e em caráter permanente."[19] Em sua primeira aparição no horário eleitoral, o candidato apoiado por Fernando Henrique falou praticamente o tempo todo sobre gerar empregos e disse que, ao contrário de seu ex-futuro antecessor, daria prioridade à questão. Na propaganda, o então presidente da República afirma: "O Brasil vai escolher o novo presidente depois desses oito anos. O que está em questão não é o que realizamos ou o que deixamos de realizar. Eu tenho consciência de que fizemos muito, embora tenhamos ainda muito por fazer. O que está em jogo é o futuro do Brasil, e a eleição é o momento de escolher quem é o mais preparado para ser o próximo presidente da República."[20] A fala de Fernando Henrique desafiava o fato bem-estabelecido de que o eleitor não é bobo, ele faz uma avaliação fria e criteriosa dos feitos e malfeitos de quem elegeu. Serra representava a continuidade e havia chegado o momento de *cortar o bigode.*

Em janeiro de 1999, logo após tomar posse em seu segundo mandato, Fernando Henrique decidiu abandonar a âncora cambial que havia controlado com sucesso a inflação promovendo uma minidesvalorização de 8,26% do real. A tentativa de realizar uma saída suave da política cambial até então adotada não funcionou e no final daquele mês o real amargava uma desvalorização de cerca de 60% frente ao dólar.[21] Resultado, a inflação que tinha terminado o ano de 1998 em 1,65%, disparou em 1999 e encerrou o ano em 8,94%.[22] Junto com o valor do real frente ao dólar, minguavam, na mesa dos trabalhadores, alimentos básicos. No ano de 1999, a inflação acumulada dos alimentos, até março, foi de 7,43%. Em apenas três meses, a farinha de trigo teve 31,3% de adição no preço, o óleo de soja aumentou 17,8%, o pãozinho francês ficou mais sem gosto do que ao ser torrado, com um acréscimo de 11,7%, e o frango, símbolo do Plano Real, foi atingido por uma alta de 5,36%.[23] Para conter a escalada dos preços, o Banco Central subiu, já em março, a taxa básica de juros para 45%.[24] As despesas de consumo das famílias caíram em todos os três primeiros trimestres de 1999: -0,95%, -0,8% e -0,55%.[25] O crescimento do PIB ficou em apenas 0,5% nesse ano.[26] Para o cidadão comum, o abandono do câmbio fixo foi compreendido como crise econômica, perda do poder de compra, inflação e desemprego.

O ano de 1999 foi quando passou a vigorar o tripé macroeconômico que combinava câmbio flutuante, metas de inflação e metas fiscais. Os resultados positivos da mudança não demoraram a aparecer. A partir do segundo semestre de 2000, o desemprego começou a diminuir, ficando na casa dos 6% por vários meses até o fim de 2001.[27] Da mesma maneira, a inflação também enfraqueceu, encerrando o ano 2000 em 5,97%.[28] O consumo das famílias voltou a imbicar para cima, crescendo entre 3% e 4% durante todo o ano de 2000 até o primeiro semestre de 2001.[29] As exportações de bens e serviços explodiram, houve incremento de 20,7% no primeiro trimestre de 2000 e assim permaneceram crescendo acima de 10% por mais cinco trimestres seguidos entre 2000 e 2001. A indústria de transformação teve uma trajetória semelhante, com 4% de crescimento por cinco trimestres seguidos.[30] Não por acaso, o desemprego caiu neste período. Tudo indicava que o rumo estava certo e a vida parecia voltar a ser como antes.

Desde 1996, o consumo de eletricidade vinha crescendo acima da capacidade de geração e, acredita-se, os investimentos no setor para enfrentar o possível gargalo eram insuficientes.[31] Em março de 2001, o Operador Nacional do Sistema Elétrico (ONS) alertou que se não chovesse o suficiente naquele mês, o governo seria forçado a adotar alguma media para controlar o consumo de energia.[32] Não choveu.[33] Em maio, um terço da iluminação pública começou a ser desligada, algo que poderia ser literalmente visto por imagens de satélite em um estudo conduzido pelo Instituto Nacional de Pesquisas Espaciais (Inpe) sobre a região da Grande São Paulo. A maior região metropolitana do país havia reduzido a iluminação pública em 44%, uma área de 3.548 km² ficava às escuras todas as noites, gerando receio e desconforto para cerca de 20 milhões de pessoas.[34] Várias restrições foram estabelecidas. Durante a noite, foi proibida a realização de atividades esportivas, shows, festas e exposições. A partir de julho, determinou-se que residências e empresas que não conseguissem reduzir em 20% o consumo de energia poderiam ser multadas e até mesmo ter a energia cortada.[35] Alguns setores da indústria que empregavam muito tiveram uma meta de redução de consumo um pouco menor.[36] Comércio e serviços ficaram isentos de sobretaxa.[37] Quem viveu o período se recorda da corrida das famílias em busca de lâmpadas mais econômicas e do "kit apagão": velas, lampiões e lanternas que custavam 30 reais em média.[38] O governo criou um grupo de trabalho interministerial para gerenciar e unificar as ações do racionamento de energia, que rapidamente foi apelidado pela mídia e pela oposição de Ministério do Apagão.[39] Tratava-se de uma denominação bastante eficaz para disseminar a imagem de incompetência da gestão federal. Mas desgraça pouca é bobagem. O racionamento também fez parte da trama da novela das oito, *Porto dos Milagres*, da TV Globo. Em horário nobre, os autores acabaram por colocar na conta de Fernando Henrique a situação pela

2002: A LUVA DO DESEMPREGO 103

qual o país passava.[40] A crise do racionamento teria impacto bastante negativo na popularidade presidencial.

Políticos que combinam experiência com senso de oportunidade acabam sinalizando com antecedência o desgaste de um governo. No final de maio de 2001, o influente senador baiano Antônio Carlos Magalhães (PFL), de saída da presidência do Senado,[41] disse em discurso: "Agradeço ao governo Fernando Henrique, de quem fui aliado e agora sou vítima, porque, ao me deixar sozinho na luta contra a corrupção, alforriou-me do penoso compromisso de acompanhar até o fim o seu longo declínio."[42] A crise do racionamento de energia durou até fevereiro de 2002 e deixou muitos estragos. Em 2001, a inflação ficou em 7,6%,[43] dentre outros motivos em função do reajuste dos preços administrados, por exemplo, aos transportes públicos (15,8%), à energia elétrica residencial (18%) e ao gás de botijão (15,6%), que, naquela época, se enquadrava nessa categoria. Paralelamente, o real desvalorizava-se frente ao dólar,[44] com impacto na inflação de alimentos: houve aumento da farinha de trigo (29,6%), do macarrão (25,7%), do pão francês (22%) e do óleo de soja (46,3%).[45] A partir do segundo trimestre de 2001 até o final do ano, trimestre a trimestre, a indústria como um todo encolheu -2,1%, -2,7% e -0,5%. A construção civil, que emprega grande contingente de mão de obra não especializada, também piorou nestes mesmos trimestres: -1,7%, -3,6% e -1,3%.[46] O PIB, que aumentara atingindo 4,4% no ano 2000, fechou com apenas 1,4% de crescimento em 2001. O desemprego estava de volta e, pior, acompanhado de inflação crescente. O senador Antônio Carlos Magalhães tinha sido profético.

O fim do racionamento deixou como herança bendita o uso mais consciente da energia; por outro lado, as consequências negativas da crise permaneceram. Os efeitos benéficos da estabilização da moeda e do controle da inflação já estavam incorporados no dia a dia da população. Quando um problema está razoavelmente resolvido ou equacionado, as preocupações se voltam para outras questões: o racionamento obrigou a população a conter o uso de aparelhos comprados ou trocados graças ao controle da inflação. O governo Fernando Henrique deu com uma das mãos e tirou com a outra. Além disso, se a crise energética tinha ficado para trás, havia pela frente as consequências negativas da crise na Argentina, do aumento do preço dos combustíveis e o *risco Lula*. O racionamento terminara, mas não o período de escuridão da popularidade presidencial.

De janeiro a maio de 2002, a crise econômica no país vizinho foi destaque do noticiário brasileiro. A política econômica da convertibilidade tinha chegado ao fim e significou disparada do dólar, confisco de depósitos bancários, espiral inflacionária e crise política. O efeito Orloff ("eu sou você amanhã") passou a rondar o Brasil, onde, em seguida, a bolsa despencou e o dólar disparou, atingindo R$ 3,30 no final de julho. O risco Brasil aumentou e o Banco Central teve que intervir para conter a alta da moeda norte-americana. O noticiário sobre as duas crises, do Brasil e da Argentina, foi uma oportunidade que o governo Fernando Henrique teve para fomentar o medo do eleitorado diante da possibilidade de eleger Lula. Quem esteve na convenção partidária que oficializou a candidatura de Serra a presidente pode ouvir um *jingle* que dizia: "O que eu conquistei / Não vou jogar para cima / Com todo o respeito / Eu não vou ser outra Argentina."[47] Em junho, uma das figuras mais emblemáticas do mercado financeiro global, George Soros, disse: "O Brasil está condenado a eleger Serra ou a mergulhar no caos assim que um eventual governo Luiz Inácio Lula da Silva se instalar."[48] A associação entre a crise da Argentina e a possibilidade de o PT chegar à presidência visava enfraquecer Lula. O tiro saiu pela culatra. Na realidade, o que acabou acontecendo foi que os temores de o Brasil se tornar uma Argentina alimentaram o *risco Lula*, fazendo com que o dólar passasse a ser comprado por 3,20 reais em vários dias de agosto e por 3,89 no último dia útil de setembro de 2002.[49] Do ponto de vista da opinião pública, isso nada mais era do que inflação e corrosão da capacidade de compra.

Por fim, o preço dos combustíveis, que sempre tinha sido um tema sensível nas campanhas para presidente, tornou-se uma questão muito debatida em 2002. A política econômica de Fernando Henrique estabelecia que o petróleo fosse tratado como uma *commodity*, ou seja, o preço da matéria-prima e de seus derivados no mercado brasileiro passava a acompanhar o preço internacional do produto. A forma de reajuste do combustível foi modificada em janeiro de 2002. A primeira flutuação de preços foi para baixo, na ordem de 25%. Porém, a partir do mês seguinte, o preço da gasolina só aumentou: 2,2% em fevereiro; 9,39% em março; e 10,08% em abril. A Petrobras criou um "gatilho" que permitia o reajuste quinzenal desde que houvesse uma variação do preço internacional maior que 5%.[50] No final da campanha, o governo decidiu controlar o preço dos combustíveis para não prejudicar a candidatura Serra.[51] A medida teria sido a causa da queda da inflação em agosto.[52] No primeiro semestre de 2002, o preço do gás tinha aumentado 32,41% e comprometia aproximadamente 12% do valor do salário mínimo. No final de 2002, a inflação deste item ficou em 48,3%. O aumento foi acompanhado por 51,2% de acréscimo no preço do diesel e dos quase 20% de reajuste da energia elétrica residencial. Em um país onde quase tudo era transportado por caminhões, a inflação, para quem se alimentava em casa, não ficaria por menos de 21,5%.[53] A inflação fechou o ano eleitoral em 12,5%. A última vez que o país tinha visto um índice de dois dígitos fora em 1995, no início do Plano Real.[54] A inflação acumulada no segundo mandato de Fernando Henrique foi de quase 40%.[55] A consequência para o consumo das famílias não foi boa: no primeiro trimestre de 2002, aumentou apenas 0,18% e, no segundo trimestre, não mais que 0,44%.[56] Os ingredientes econômicos que moldaram a eleição que deu a primeira vitória ao PT estavam postos.

EM BUSCA DO EMPREGO PERDIDO

Fernando Henrique foi eleito e reeleito devido ao combate à inflação. A estabilidade monetária gerou benefícios tangíveis para a maior parte do eleitorado, principalmente o aumento do poder de compra dos segmentos de renda mais baixa da população. Depois que um problema é resolvido, surge outro. Foi o que aconteceu em 2002. O dragão da inflação, que fora por muitos anos o principal problema aos olhos da opinião pública, tinha sido domesticado. O desemprego passou a ter grande visibilidade. Os dados do primeiro Estudo Eleitoral Brasileiro (ESEB) mostraram que 37% do eleitorado considerava o desemprego o maior problema do Brasil de 1998 a 2002.[57] Muito distante dele, em segundo lugar, vinha a violência, mencionada por apenas 13% do eleitorado. Este resultado revelava de maneira cabal que a agenda do país tinha mudado. Antes, a inflação afligia majoritariamente a opinião pública e, neste período, Fernando Henrique e o PSDB encarnaram a solução. Contudo, em 2002, o desemprego assumira o posto de principal problema, abrindo espaço para um ex-operário e seu Partido dos Trabalhadores, e isso foi detectado pelo ESEB.

Nada menos do que 76% dos eleitores consideravam Lula quem mais defendia a geração de empregos; em segundo lugar, Serra, com somente 16% das menções, seguido por Garotinho, com 5%, e Ciro, com 2%. Eis a mão e a luva, o principal problema e quem o resolverá, a opinião pública e o candidato preferido pela maioria. O desemprego não foi uma questão importante da agenda dos governos de Fernando Henrique. Assim, o novo tema favorecia Lula e dificultava sobremaneira a vida do candidato do governo. A trajetória de Lula e a ênfase do PT nas demandas sociais asseguravam seu predomínio nesse terreno.

A enorme porcentagem dos que consideravam Lula o candidato mais adequado para lidar com a falta de empregos era propiciada também por se tratar de uma eleição de mudança. Vale lembrar que o PT era o principal partido de oposição ao governo e seu líder tinha sido derrotado duas vezes por Fernando Henrique. Consequentemente, pensar em alguém para mudar os rumos do país era o mesmo que pensar em Lula. Nas oito pesquisas realizadas pelo Datafolha entre junho de 2001 e setembro de 2002, um período, portanto, de quinze meses, a avaliação ótimo e bom do governo só ficou acima de 25% uma vez, em julho de 2002. Olhando para o outro lado da moeda — da avaliação negativa —, o dado do ESEB cravou em 45% a soma de ruim e péssimo do governo. Além disso, os entrevistados foram estimulados a julgar o desempenho do governo em relação ao maior problema do país. Nada menos do que 64% disseram que o governo Fernando Henrique era ruim ou péssimo ao lidar com o maior problema do país. Isto é bastante revelador, pois a maioria achava que esse problema era o desemprego. A avaliação bastante negativa do governo Fernando Henrique superposta à percepção de que o desemprego era a principal adversidade que afligia o país criava uma dificuldade imensa para a candidatura governista de Serra; qualquer proposta que ele fizesse para atacar o problema cairia no terreno da falta de credibilidade, e Garotinho soube explorar este fenômeno da cognição humana.

Durante a campanha eleitoral, Serra prometeu gerar 8 milhões de empregos caso fosse eleito. Segundo ele, o objetivo seria atingido graças ao crescimento econômico médio de 4,5% entre 2003 e 2006. A pergunta óbvia que ficava era simples: por que fazer essa proposta para o futuro? Afinal, o governo Fernando Henrique era do mesmo PSDB que lançava Serra a presidente. Por que não iniciar, então, a criação de 8 milhões de novas vagas já no governo Fernando Henrique? O candidato Anthony Garotinho fez a pergunta no debate da TV Record.[58] Garotinho dividiu os 8 milhões de empregos pelo número de dias de um mandato presidencial de quatro anos e perguntou por que Fernando Henrique não iniciava imediatamente a geração de empregos, que significaria a criação de 160 mil novas vagas de trabalho por mês e 664 mil até o final do governo de que Serra fazia parte.[59] A pergunta explicitava que, devido à avaliação negativa de Fernando Henrique, não havia como o candidato apoiado por ele abordar de forma persuasiva o combate ao mais importante problema do país. Serra sabia disso, pois no mesmo debate se queixou de que as perguntas feitas sobre o tema do emprego se referiam a um balanço do governo Fernando Henrique e pediu que se debatesse o futuro e não o passado.[60] A dificuldade de Serra é que ele só poderia falar com credibilidade do futuro se o presente fosse tão bom quanto o que os eleitores viveram nos momentos áureos do Plano Real e, como revelavam as perguntas de avaliação de governo, não era esse o caso.

No então badalado programa de entrevistas de Jô Soares, em maio de 2002, Serra afirmou que Fernando Henrique tinha feito um bom governo. O renomado apresentador replicou com uma pergunta provocativa: "Quanto é bom? Sete?" A resposta foi surpreendente: Serra deu nota sete ou sete e meio ao governo que o apoiava. O candidato da situação não apenas reconheceu que o governo ia mal, mas também colocou-se em uma saia justa: em entrevista concedida ao *Jornal Nacional* da Rede Globo em julho do mesmo ano, Serra deu nota 7,5 à sua atuação na área da Saúde.[61] As críticas de Serra ao governo foram tantas que o próprio candidato admitiu que Fernando Henrique o tinha nomeado "chefe da oposição".[62] As notas que ele atribuiu a si mesmo e ao governo tucano e a dificuldade em responder perguntas sobre o desemprego eram apenas reflexo da situação de nossa heroína, a opinião pública. Serra queria ser escolhido por ela, mas o cenário não permitia porque o governo que o apoiava era considerado pela maior parte dos eleitores responsável direto pelo principal problema do Brasil naqueles anos.

O ano de 2002 terminou com a inflação muito elevada, mas isso não arranhou a imagem do PSDB e de seus políticos. A redução e o controle da inflação, resultado do Plano Real conduzido por Fernando Henrique e apoiado por seus correligionários, tinha impresso uma imagem sólida e permanente de compromisso com a estabilidade monetária. Da mesma maneira que era difícil associar a imagem de Serra a qualquer tipo de engajamento no combate ao desemprego, seria igualmente difícil, se não impossível, afirmar que Fernando Henrique e os políticos do PSDB não se importavam com a inflação. Eles já haviam mostrado, desde 1994, que eram capazes de controlar o monstro do aumento de preços. Diante de todas as frustrações anteriores com Sarney e Collor, que mantiveram a inflação baixa por períodos curtos e passageiros, a exitosa empreitada de Fernando Henrique contra este mal carimbava de maneira indelével nos tucanos a marca "campeões do controle da carestia".

2002: A LUVA DO DESEMPREGO

O afortunado empenho para domesticar o dragão inflacionário não impediu que a escalada de reajustes de preços em 2002 viesse a corroer o poder de compra dos eleitores. O ESEB detectou que a inflação foi mencionada como principal problema do país para apenas 10% do eleitorado. Ou seja, a redução do poder aquisitivo tinha caído na conta do desemprego, algo não exatamente surpreendente dada a imagem de herói da estabilidade monetária do governo de Fernando Henrique. Durante a campanha eleitoral, o candidato governista se queixou do aumento de preço do gás de cozinha. Serra argumentava que os aumentos eram abusivos porque a maior parte do gás consumido no Brasil era de produção doméstica, por isso, ainda que o preço subisse muito lá fora, não poderia aumentar na mesma proporção no país.[63] Talvez ele intuísse que a redução do poder de compra resultante dos aumentos de preços reforçava, na opinião pública, a noção de que o desemprego era o maior problema. Afinal, desemprego persistente reduz a renda dos que ficam sem trabalhar e gera insegurança dos que não perderam o emprego, pois eles passam a acreditar que em algum momento poderá chegar a vez de serem demitidos.

Três dos quatro candidatos mais votados no primeiro turno conferiram atenção especial ao desemprego. Lula bateu insistentemente na tecla de que iria gerar 10 milhões de empregos, dedicando ao assunto importantes quadros de sua propaganda eleitoral no rádio e na TV. Serra, contido por fazer parte de um governo sobre o qual recaía a responsabilidade pela falta de vagas de trabalho, disse que geraria 8 milhões de empregos e criaria o Projeto Segunda-Feira. Por fim, Garotinho afirmou que criaria 2 milhões de empregos por ano. O tema só não teve destaque na lista de propostas da campanha de Ciro Gomes — o que pode ter contribuído para que ele tenha ficado com menos votos do que Garotinho. O fato é que a atenção dispensada pelos candidatos ao problema apenas refletia sua importância na lista de preocupações do eleitorado.

Nossa heroína, a opinião pública, motivada pelo tema do desemprego e desejosa de melhorar de vida, escolheu Lula dentre os quatro pretendentes. O problema que mais afligia o eleitor sobrepujou a propaganda fortemente evangélica de Garotinho tanto quanto sua experiência e a de Ciro Gomes como ex-governadores, tão realçada pela campanha de ambos. A utilização da formidável máquina administrativa do governo federal tampouco permitiu que Serra ameaçasse a liderança de Lula durante a eleição. Nossa heroína pode ter recebido cartas assinadas pelo então ministro da Saúde louvando o SUS, mas elas ficaram longe de representar qualquer abalo à preferência por quem já havia algum tempo demonstrava publicamente o compromisso de melhorar a vida dos trabalhadores. Foi o encaixe perfeito entre a luva do desemprego e a mão de Lula. O ex-líder sindical, fundador de um partido político com "trabalhadores" no nome, incansável defensor de empregos e salários dignos para todos, militante das causas sociais, baluarte das demandas dos mais pobres, era a pessoa mais adequada para enfrentar o problema da falta de trabalho. Nenhuma figura pública tinha, naquele momento, maior identificação com a questão do desemprego do que Lula — evidenciado pelos dados do ESEB.

Em 2002, a imagem pessoal de Lula, em comparação à de seus adversários, só não era melhor do que a de Serra quanto ao tema da agitação social, que representava, justamente, o outro lado da moeda — da avaliação negativa — em relação ao compromisso com o que o levou a vencer. Segundo os dados do ESEB, para 39% dos eleitores, Serra era o candidato que mais evitaria greve e bagunça; Lula apresentava essa condição para 33% do eleitorado. Em experiência, Serra pontuava 37% e Lula, 43%, empate técnico. É curioso que, quanto a essa qualidade, a opinião pública já estivesse ignorando os fatos que indicavam a experiência de governo muito maior de Serra. Era a racionalização da preferência da opinião pública por Lula: afirmar que ele era mais experiente do que Serra equivalia a dizer que jamais votaria para presidente em alguém que não liderasse nessa característica. Lula havia caído nas graças de nossa heroína.

2002 foi uma típica eleição de mudança: governo mal avaliado e, como consequência, um candidato situacionista sem credibilidade para fazer o eleitorado acreditar que seu maior problema seria resolvido. O esforço de Serra à frente do Ministério da Saúde para se tornar o favorito foi tão grande quanto inócuo. É evidente que ele não poderia ter feito outra coisa; o candidato de Fernando Henrique tinha o controle de uma das máquinas administrativas mais poderosas do país, e utilizou-a em seu benefício como faria qualquer outro presidenciável. Porém, nossa heroína não se deixa enganar, ela não é ingênua. O conjunto de iniciativas para catapultar a intenção de voto em Serra foi ineficaz. De nada adiantou o tempo de rádio e TV em cadeia nacional para divulgar as ações de sua pasta, as cartas assinadas pelo então ministro e interpretadas pelos eleitores como o reconhecimento das ações do SUS, a quebra de patentes dos remédios para aids, a aprovação e implementação do programa de medicamentos genéricos e as campanhas de vacinação. Todas foram iniciativas louváveis e algumas delas estabeleceram rumos sustentáveis de políticas públicas duradouras, mas não serviram para ganhar uma eleição. A máquina administrativa não é capaz de enfrentar os mais profundos desejos de nossa heroína. Em uma eventual queda de braço entre as duas, o que a eleição de 2002 provou é que a opinião pública é quem manda.

2006: a luva do acesso

Quem disputa a reeleição é o pião do jogo. Era essa a situação de Lula em 2006. Ele rodava no centro do terreno e os outros piões o abalroavam a fim de retirá-lo da posição. Vale lembrar que a eleição ocorreu no ano seguinte ao escândalo do Mensalão, quando toda a mídia bateu na tecla da suposta corrupção por meio da compra literal de apoio parlamentar. A popularidade de um presidente da República pode, sim, ser derrubada por causa de escândalos de corrupção, e a avaliação de Lula de fato piorou de meados de 2005 até o final do ano, porém, é comum que o bem-estar econômico das famílias tenha um peso maior do que a corrupção tanto na avaliação de um governo quanto no voto para lhe dar ou não continuidade. Enquanto os estudiosos aprendem isso através dos livros, os políticos conhecem o fenômeno graças à sua vida diária. Exatamente por ser o pião do jogo e por saber, na prática, que a situação financeira das pessoas é mais importante do que as brigas entre os políticos, é que a campanha de Lula enfatizou a mudança do padrão de consumo dos brasileiros. O principal marqueteiro de qualquer campanha eleitoral não é um publicitário ou cientista político especializado em eleições, mas o próprio candidato, ainda mais sendo alguém experiente em comunicar-se com o público, como era o caso de Lula.

Uma das propagandas eleitorais na TV da campanha vitoriosa apresentava uma família pobre de Ceilândia, no Distrito Federal, que tinha adquirido um terreno e estava construindo sua casa.[1] A família já residia no novo lar, pois alguns cômodos estavam finalizados. Além disso, todos os pilares estavam de pé e havia comida na mesa. A sala era equipada com um aparelho de televisão de 29 polegadas e um aparelho de DVD. A propaganda eleitoral na televisão era mais que uma metáfora bem-elaborada da vida econômica e financeira do brasileiro naquele ano, talvez naquele governo. Em seu primeiro programa eleitoral,[2] Lula enfatizou a estabilidade monetária: mencionou três vezes que a inflação estava baixa e controlada.[3] É possível argumentar que Lula foi um presidente mais ortodoxo — para utilizar uma linguagem típica da economia — do que Fernando Henrique quando o assunto eram contas públicas.[4] Lula sabia, neste caso, não apenas como político, mas também como indivíduo que tinha experimentado viver de salário, que a inflação corroía o poder de compra dos trabalhadores. Assim, ele inegavelmente definiu como meta de governo manter a inflação baixa e controlada, que foi possível com o uso da tradicional caixa de ferramentas fiscal e monetária. Significava, para insatisfação de sua base militante de apoio, combinar superávits primários com juros elevados.

O maior ensinamento do pleito de 2006 foi, portanto, de que a economia manda no resultado eleitoral. Trata-se de algo fora do controle dos políticos. O desempenho da economia certamente depende de decisões governamentais, mas não somente delas, uma vez que o cenário externo tem impacto na situação doméstica, em particular o preço das *commodities* e taxa básica de juros da economia dos Estados Unidos.[5] Fernando Henrique, de posse de sua capacidade analítica como sociólogo, temperada pela notável experiência de presidir o Brasil por oito anos, caiu na armadilha da crença no controle individual sobre o mundo da política ao afirmar, em junho de 2005, que "o erro do PT foi não ter deixado Collor sangrar. Eles teriam vencido as eleições. Não vamos cometer o mesmo erro. Vamos deixar Lula sangrando e vencer as eleições".[6] A declaração desconsiderava inteiramente o peso da economia no voto colocando as esperanças de vitória em um escândalo de corrupção que abalava seriamente a imagem de defensor da ética e da honestidade no trato da coisa pública que o PT alardeava. A cobertura de mídia do escândalo do Mensalão responsabilizava o partido de Lula e figuras muito próximas a ele, tais como o então deputado federal José Dirceu (PT), o tesoureiro Delúbio Soares (PT) e o marqueteiro da campanha de 2002, Duda Mendonça. As matérias acerca das denúncias de corrupção enfatizavam a incredulidade em face do envolvimento em malfeitos de um partido que tinha se notabilizado por empunhar a bandeira da ética na política. Era um desastre de imagem para Lula e seu partido. Porém, a situação da economia preponderou sobre o escândalo.

Uma das razões para o sucesso do primeiro governo Lula, que resultou em sua reeleição, foi a adoção de medidas econômicas bastante tradicionais, que sempre tinham sido rejeitadas pela esquerda. Lula manteve a política monetária adotada por Fernando Henrique a partir de 1999 e aumentou a meta de superávit fiscal do antecessor, que era de 3,75% do PIB, passando-a para 4,25%. O presidente do Banco Central escolhido foi um famoso economista de visões liberais, Henrique Meirelles, ex-presidente do Banco de Boston. Figuras de destaque do mundo dos negócios foram escolhidas para ministérios que decidiam sobre importantes setores da economia, como Luiz Fernando Furlan e Roberto Rodrigues, que ocuparam, respectivamente, o Ministério do Desenvolvimento, Indústria e Comércio Exterior e o Ministério da Agricultura. As despesas com saúde, educação e políticas sociais também foram atingidas pela política fiscal austera: entre 2003 e 2006, elas aumentaram pouco, passando de 23,45% para 26,5% do Orçamento da União. Isso ocorreu basicamente em função do crescimento dos gastos com a Previdência, que passou de 16,6% para 18,09% nesse período.[7] As despesas com assistência social aumentaram, como fatia do Orçamento da União, de 0,96% para 1,83%; as despesas com educação diminuíram de 1,62% para 1,48%, e as com saúde aumentaram de 3,10% para 3,38%.[8] Além disso, Lula liderou uma reforma da Previdência dos funcionários públicos, que elevava a idade mínima para aposentadoria, diminuía o teto dos benefícios e aumentava a contribuição previdenciária para os que ganhavam mais.[9] Os deputados petistas que não votaram a favor desta reforma — Luciana Genro, João Fontes e Babá — foram expulsos do partido, assim como a então senadora Heloísa Helena. No governo, a disciplina partidária petista funcionara a favor de uma mudança programática do partido.

Igualmente interessante é que o PSDB da Câmara tenha apoiado e votado majoritariamente a favor da reforma da Previdência. No Senado, ela foi aprovada com apenas dois votos a mais que o mínimo dos dois terços exigidos para uma emenda constitucional, 51 senadores a referendaram segundo turno, dos quais cinco eram do PSDB e sete do PFL. Nunca saberemos o que teria acontecido ao governo Lula caso tal reforma não tivesse sido aprovada, mas é razoável imaginar que o partido de Fernando Henrique, juntamente com o PFL, contribuiu para o sucesso econômico de Lula votando desta maneira ao mesmo tempo que recorria ao escândalo do Mensalão para tentar derrotá-lo nas urnas em 2006. A oposição pensava que seria possível atingir o governo mirando na corrupção quando é a economia que manda nas preferências do eleitor. Um erro crasso. Aliás, o sucesso econômico do governo Lula foi coroado com a obtenção do grau de investimento das agências de risco internacionais. O então presidente, com sua linguagem fácil e popular, afirmou que o selo de bom pagador significava que o país tinha se tornado sério no trato de suas finanças diante dos investidores internacionais. Este selo viria a ser perdido em 2015 durante o governo Dilma.

O ACESSO E A BONANÇA ECONÔMICA COMBINADOS COM O MAIOR ESCÂNDALO DE CORRUPÇÃO

A política macroeconômica tradicional adotada por Lula deu resultados que melhoraram o bem-estar da população. Com a inflação em queda contínua, o governo foi capaz de proporcionar aumentos expressivos do salário mínimo: 8,23% em 2005 e 13,04% no ano eleitoral de 2006.[10]

Os reajustes de salário mínimo têm efeito amplo porque vinculam aumentos no valor dos rendimentos de programas sociais, tal como o Benefício de Prestação Continuada[11] (BPC), assim como de aposentadorias e pensões. A trajetória de Lula, desde sua entrada na política como diretor do Sindicato dos Metalúrgicos de São Bernardo do Campo e Diadema, teve como marca distintiva a defesa dos interesses materiais dos trabalhadores, que se concretiza com o atendimento da demanda pelo aumento de consumo e ampliação do poder de compra. Em agosto de 2005, no Piauí, Lula disse que para ele não havia "coisa mais orgulhosa do que ver um pai de família trabalhar, no final do mês receber o seu salário e, com o seu salário, pegar a sua mulher e os seus filhos, ir na bodega mais próxima e encher a casa de comida, para as crianças poderem ficar com a barriga cheia, terem saúde e, amanhã, serem trabalhadores".[12] Era o Lula de sempre, mesmo depois de passados mais de 25 anos, e em uma região bem distante e menos desenvolvida do que a área industrial onde ele tinha sido criado e começado a fazer política. O presidente era a perfeita continuidade do líder sindical, mas com uma base eleitoral infinitamente maior do que a composta pelos operários de São Bernardo do Campo e Diadema; Lula já havia tempos falava para o Brasil e, agora, com uma atenção especial para os habitantes das localidades mais pobres do país.

O desempenho do comércio varejista no Nordeste pode ser considerado a ponta do *iceberg* da realização dos sonhos de Lula para os brasileiros assalariados. Em 2005, ano do escândalo do Mensalão, as vendas no Nordeste cresceram bem acima da média nacional, de 5,1%. Em Sergipe, o aumento foi de 29,1%; na Paraíba, 28,6%; no Piauí, 24,1%; no Maranhão, 23,6%; no Rio Grande do Norte, 23,4%; no Ceará, 16,8%; em Alagoas, 14,2%; em Pernambuco, 12,6%; e, na Bahia, 6,6%.[13] Nos anos 2004, 2005 e 2006, o PIB per capita no país cresceu 4,3%, 1,9% e 2,7%. Na região Nordeste, esses números foram, respectivamente, 5,2%, 3,3% e 3,6%.[14] Dificilmente há aumento de consumo sem que a situação de emprego melhore. Em 2005 e em 2006, o emprego formal nessa região teve crescimento de 7,7% e 6,5%, nessa ordem, ao passo que, no Brasil todo, o aumento foi de iguais 5,8% nos referidos anos.[15] No ano eleitoral de 2006, o aumento da remuneração média do trabalhador nordestino foi de 7,4%, enquanto no Brasil foi de 5,3%.[16] A massa salarial no emprego formal da região subiu 11,5% e 14,8% em 2005 e 2006,[17] acima dos números nacionais. Emprego formal e salários em alta levaram as famílias nordestinas às compras, mesmo de bens notadamente mais caros, como foi o caso da geladeira. Na região, em 2002, a porcentagem de residências com geladeira era de 67,6%; em 2006, saltou para 74,3%, aumento de quase 7 pontos percentuais, quase quatro vezes maior do que os 2,3 pontos percentuais de evolução da média nacional.[18]

A geladeira é um bem de consumo já incorporado há décadas no dia a dia da grande maioria dos brasileiros, porém, a primeira entrada do eletrodoméstico no domicílio de uma família tem um impacto profundamente transformador. A dona de casa que cuida dos afazeres domésticos, em geral esposa e mãe, fica menos presa à obrigação de cozinhar diariamente e com mais tempo para outras atividades, como cuidar dos filhos e realizar algo que gere renda adicional à família.[19] A geladeira não apenas melhora a conservação dos alimentos e interfere de forma positiva na dinâmica familiar, como também representa um símbolo de enorme valor. Graças a ela, as famílias podem promover mais festas e eventos sociais.[20] Algo semelhante ocorre quando a máquina de lavar roupa é adquirida: ela também permite que a dona de casa tenha mais tempo para atividades comerciais, incrementando a renda familiar.[21] Em 2002, 9,7% dos domicílios nordestinos tinham máquina de lavar; em 2006, 11,9% já haviam aposentado o tanque,[22] aumento de quase 23%. No mesmo período, no Brasil, esse crescimento foi de 10%.

O aumento do consumo no primeiro governo Lula não teria sido possível sem a ampliação da oferta de crédito ao consumidor. Em janeiro de 2004, no programa *Café com o Presidente*, transmitido pela Rádio Nacional de Brasília e pelas emissoras do sistema Radiobrás, Lula disse: "Nós fizemos acordos com o movimento sindical e foi criada uma linha de financiamento para que os trabalhadores possam tomar dinheiro emprestado a juros baratos. O trabalhador, podendo tomar dinheiro emprestado, vai poder consumir. E consumindo, ele vai ativar a indústria, e, portanto, vai gerar emprego no comércio ou na indústria."[23] Em janeiro de 2003, o percentual do PIB ofertado à economia na forma de crédito era de 24%;[24] em novembro de 2006, subiu para 33,7%.[25] Entre 2003 e 2006, a rede varejista Casas Bahia teve um crescimento notável.[26] Em 2004, já era a maior vendedora de bens de consumo do país, firmando um acordo com o Banco Bradesco que possibilitou expandir ainda mais seus já famosos crediários.[27] O acesso ao crédito, além de abrir caminho para o aumento do consumo, tem elevado valor imaterial e simbólico. Por meio dele, nasce o cidadão consumidor e isso, para muitas pessoas, reforça a imagem de honestidade e confiabilidade, bem como o sentimento de pertencimento à sociedade, e aumenta a autoestima. Lula admitia que o consumo é um aprendizado: "Eu estou vendo aqui alguns criadores de gado e vendedores de carne. Eles sabem que estão vendendo muito e que o pobre está comendo carne, o que não é muito habitual na nossa vida. As donas de casa estão consumindo aquilo que, até então, era só para setores médios da sociedade, não só porque, com a globalização, esses produtos todos baixaram, mas também porque as pessoas começaram a adquirir o sabor de consumir alguma coisa."[28]

Um dos ícones daquele período, tanto de ampliação do consumo quanto de acesso a bens e serviços inéditos, foi o aparelho celular e tudo o que ele passou a proporcionar para a população. Em 2003, o país tinha 46,4 milhões de linhas de telefonia móvel habilitadas; em 2006, esse número passou para 100 milhões, uma expansão de 115% em apenas quatro anos.[29] Os celulares de 2006 começavam a ter telas coloridas, armazenamento de música em MP3, aplicativos e conexão à internet.[30] No ano de 2003, os aparelhos celulares alcançavam cerca de 15% das classes D e E, e cerca de 25% da classe C; em 2006, esses valores estavam, respectivamente, na casa de 45% e 55%.[31] O celular teve enorme aceitação na modalidade de conta pré-paga dentre os mais pobres, algo compreensível devido à oscilação dos rendimentos de pessoas que não eram contratadas através da CLT. Combinado à internet, o celular democratizou o acesso a inúmeros tipos de entretenimento e se tornou também meio de geração de renda, facilitador de pequenos empreendimentos e uma janela para avançar nos estudos rumo à universidade. O acesso ao celular era possível às famílias e pessoas que já haviam equacionado minimamente o atendimento de demandas mais básicas, como a alimentação, e isso nunca saiu do horizonte de preocupações do governo.

Em discurso proferido no Parlatório do Palácio do Planalto após a cerimônia de posse, Lula foi enfático ao afirmar que seu desejo era que cada brasileiro pudesse tomar o café da manhã, almoçar e jantar.[32] Em 2003, o número de brasileiros com renda domiciliar per capita inferior à linha de pobreza, baseada em necessidades calóricas, era próximo de 62 milhões.[33] As diferenças regionais eram gritantes: enquanto a região Nordeste respondia por cerca de 30 milhões desse total, a região Sul contava com 6 milhões. O Programa Bolsa Família (PBF) foi crucial para a reeleição de Lula por causa de sua natureza simbólica e por ser um meio efetivo de aumento do poder de consumo da base da pirâmide social. O PBF simbolizou, acima de tudo, o compromisso do governo Lula com os pobres: tratava-se de um programa direcionado para as famílias mais carentes do Brasil. Formalmente instituído com este nome em 2003, ele foi resultado da unificação de diferentes ações governamentais já existentes. O valor do benefício, reajustável por decreto, variava conforme a renda domiciliar per capita da família, o número e a idade dos filhos.

Enganam-se aqueles que afirmam não haver continuidade para as boas políticas públicas no Brasil. O governo Lula não apenas deu seguimento a programas de transferência de renda criados no governo anterior, como os remodelou e os fortaleceu. Em Brasília, no evento de lançamento do PBF, em outubro de 2003, Lula disse: "O Bolsa Família é uma grande evolução dos programas sociais no Brasil. Nós fizemos convergir vários programas de apoio individual — Bolsa Escola, Vale

Gás, Bolsa Alimentação e o Cartão Alimentação — para um só programa que se dirige a todo núcleo familiar. O próprio nome deixa claro o objetivo do programa: dar proteção integral à toda família e não apenas a alguns de seus membros."[34] Em 2001, os dois principais programas do governo eram o Bolsa Escola e o Bolsa Alimentação. O Bolsa Escola alcançava 10,1 milhões de brasileiros dentre crianças e adolescentes de 6 a 15 anos de idade que frequentassem assiduamente a escola. O valor concedido era de 15 reais por criança para famílias cuja a renda familiar per capita fosse de no máximo meio salário mínimo. O Bolsa Alimentação era direcionado à alimentação de crianças de 0 a 6 anos de idade, gestantes e nutrizes, implementado no âmbito do Ministério da Saúde, atingindo cerca de 1,6 milhão de pessoas.[35] No governo Lula, portanto, os programas já existentes foram reunidos e expandidos sob a denominação de Programa Bolsa Família.

Em janeiro de 2004, o PBF atendia em torno de 3,6 milhões de famílias; em dezembro de 2006, eram aproximadamente 11 milhões de beneficiários, correspondente ao crescimento de 205% entre 2004 e 2006.[36] Na região Nordeste, o número de beneficiados saltou de 2,1 milhões, em janeiro de 2004, para 5,4 milhões, em dezembro de 2006.[37] O PBF custou 7,5 bilhões de reais, em 2006,[38] e cerca de metade do valor (3,9 bilhões de reais) foi direcionado para as famílias da região Nordeste.[39] Estima-se que o programa tenha sido responsável por 25% da redução da desigualdade social do país.[40] Em 2002, os programas sociais do governo Fernando Henrique somados pagavam, em média, 25 reais às famílias.[41] Em março de 2006, o repasse médio do PBF era de 95 reais por família, valor bem acima do que seria se tivesse sido reajustado apenas pela inflação do período.[42] O resultado da prioridade conferida pelo governo Lula ao Bolsa Família foi evidente: em 2006, o número de brasileiros e brasileiras vivendo abaixo da linha de pobreza foi de 49 milhões, dos quais 25 milhões estavam no Nordeste. Tratou-se de uma redução de quase 17% quando comparada a 2003.[43]

As contrapartidas do PBF tiveram impacto na ampliação de acesso dos mais pobres ao sistema educacional. No caso da Pré-Escola, entre

2003 e 2006 houve um crescimento das matrículas da ordem de 10% das classes C, D e E.[44] No ensino fundamental, a taxa de matrícula de crianças entre 6 e 14 anos de idade das classes D e E aumentou cerca de 2%,[45] crescimento significativo considerando que a matrícula, neste nível escolar, estava praticamente universalizada. Um fator de estímulo à permanência das crianças na escola foi o aumento dos recursos destinados ao Programa Nacional de Alimentação Escolar (PNAE), considerado pelo governo como elemento importante do combate à fome. Enquanto o número de estudantes atendidos permaneceu praticamente o mesmo, o valor destinado ao PNAE cresceu 57%, saindo de 954 milhões, em 2003, para 1,5 bilhão, em 2006.[46] A consequência evidente desta ação foi que as crianças passaram a voltar para casa bem-alimentadas e os pais economizavam com alimentos, sobrando recursos para outras despesas.

O acesso a coisas que as pessoas nunca tiveram não foi restrito a bens, se estendeu a vários serviços importantes. Fernando Henrique criou o Fundo de Financiamento Estudantil (Fies) em 1999. Desde então, o acesso à educação superior começou a crescer de forma consistente.[47] O Fies era basicamente um empréstimo que os bancos públicos concediam para que os estudantes pagassem as mensalidades da faculdade particular. No governo Lula, em 2004, o Fies foi modificado e passou a incluir o critério de cor e raça dentre os fatores exigidos para a concessão do empréstimo. Segundo o Ipea, a modificação resultou no acesso de 36 mil negros ao financiamento estudantil.[48] Além disso, foi criado, em 2005, o Programa Universidade Para Todos (PROUNI), em que os estudantes recebiam bolsas totais ou parciais para financiar os estudos em universidades privadas: pouco mais de 112 mil bolsas foram concedidas em 2005 e 138,6 mil em 2006.[49] Em 2003, a taxa bruta de matrículas no Ensino Superior foi de 16,6%. Em 2006, essa taxa subiu para 20,4%.[50]

Um dos indicadores mais eloquentes acerca do que aconteceu durante o governo Lula foi a despesa de consumo das famílias. No primeiro ano, em 2003, quando o líder do PT havia surpreendido a

2006: A LUVA DO ACESSO

todos ao adotar um receituário ortodoxo na economia, o consumo das famílias foi negativo em todos os trimestres, atingindo a pior marca, de -1,05%, de abril a junho. No ano seguinte, o mesmo indicador se tornou positivo, aumentando continuamente a cada três meses. A grande surpresa estava reservada para 2005 e 2006, quando as despesas de consumo das famílias continuaram crescendo, mas em ritmo muito forte. Nos dois primeiros trimestres de 2005 e nos últimos nove meses de 2006, ficou acima de 5%.[51] Pode não ter sido coincidência que, no mesmo período, a inflação só tenha caído: em 2002, ela foi de 12,53% e, nos anos seguintes, diminuiu para 9,3%, 7,6%, 5,69% e 3,14% em 2006, ano da reeleição.[52]

As boas notícias da macroeconomia contrastavam com as más novidades que passaram a surgir quanto às denúncias de corrupção, justamente em 2005, ano de grande colheita dos frutos de uma política econômica tradicional, o consumo das famílias viajava sem sobressaltos em velocidade de cruzeiro. Porém, em maio daquele ano, o governo adentrara no campo minado da crise ética, que, com frequência, resulta em crise política. Veio a público um vídeo do diretor de Contratação e Administração de Material da estatal dos Correios na época, Maurício Marinho, recebendo 3 mil reais de propina de empresários.[53] Ao longo do vídeo, ele explica aos empresários o suposto esquema e indica que o chefe seria o então deputado federal e presidente do Partido Trabalhista Brasileiro (PTB), Roberto Jefferson. Acuado, Jefferson achou por bem acender o pavio da crise em uma entrevista concedida, em junho, à *Folha de S.Paulo*, na qual afirmava que o PT concedia uma mesada de 30 mil para que deputados votassem a favor das proposições do governo. Na mesma entrevista, ele fez algo fundamental para que o escândalo ganhasse força, batizou-o com o nome de Mensalão, uma denominação forte e curta, bastante propícia ao sucesso de marketing.[54]

Os ingredientes que associariam a imagem de Lula e do PT à corrupção estavam postos. No segundo semestre daquele ano, houve o desenvolvimento deste enredo. Entre junho e setembro de 2005, o Mensalão foi o principal assunto das revistas semanais de maior circulação: *Veja, IstoÉ, Época* e *Carta Capital*.[55] Poucos dias depois da bombástica entrevista de Roberto Jefferson, o Congresso Nacional instaurou a CPI dos Correios. Jefferson apontou o publicitário Marcos Valério como operador do esquema e disse, no Conselho de Ética da Câmara dos Deputados, ter informado seis ministros do governo sobre a existência do arranjo. Ele foi adiante e acusou o Ministro Chefe da Casa Civil à época, José Dirceu, de chefiar o esquema. Junho não havia terminado e José Dirceu renunciou ao cargo de ministro. Até mesmo acontecimentos folclóricos contribuíram para aumentar a visibilidade das denúncias; no mesmo mês, Jefferson compareceu para depor na CPI dos Correios com o olho roxo, motivando todo tipo de especulações acerca do que lhe teria ocorrido.[56] Em menos de trinta dias, a crise do Mensalão havia se instalado em Brasília e dominado a mídia, com impacto visível e mensurável na opinião pública.

Nos dias e meses seguintes, outras figuras importantes do PT foram envolvidas no enredo rocambolesco. Documentos ligaram Marcos Valério ao presidente do PT, José Genoíno, e ao tesoureiro do partido, Delúbio Soares, que teriam avalizado operações financeiras entre o Banco BMG e o partido. No dia 2 de agosto de 2005, considerando a duração total de 39 minutos do *Jornal Nacional*, 32 deles foram dedicados ao noticiário sobre a crise política.[57] Os acontecimentos que depunham contra a imagem de Lula e do PT se sucediam. Delúbio foi afastado da tesouraria, um assessor do partido que trabalhava para o irmão de Genoíno foi preso tentando embarcar no aeroporto de Congonhas, em São Paulo, com 100 mil dólares na cueca.[58] O dinheiro na cueca, nada mais nada menos do que dólares, conferia um tom satírico ao noticiário, ajudando bastante a popularizar o escândalo.[59] De maio a dezembro de 2005, a crise dominou os editoriais da *Folha de S.Paulo, O Estado de S. Paulo* e *O Globo*. A média de artigos de opinião publicados nesses jornais que abordavam a crise do Mensalão era de 26,2%. Os personagens com citação mais frequente eram o PT (68,6%), Lula (59,5%) e o governo (50,2%).[60] Em agosto, mais um ator de peso foi envolvido no roteiro da CPI dos Correios: o publicitário Duda Mendonça, considerado um dos principais responsáveis pela vitória de Lula em 2002, revelou que quase metade dos gastos daquela campanha foram pagos pelo empresário Marcos Valério com remessas não declaradas de dinheiro para o exterior, o chamado caixa dois.[61]

Depois desses acontecimentos, Lula recorreu à rede nacional de rádio e televisão em 12 de agosto para falar sobre as realizações do governo, sobretudo o controle da inflação e a geração de renda e emprego. Ele também pediu desculpas por eventuais erros cometidos e se disse traído por práticas sobre as quais não tinha conhecimento.[62] Além deste pronunciamento, Lula se manteve bastante ativo nas declarações à mídia durante a crise, defendeu as apurações,[63] argumentou em favor da existência de Comissões Parlamentares de Inquéritos (CPIs)[64] e também sustentou que a corrupção seria um problema sistêmico e estrutural do país. Lula tentou separar o problema da corrupção da imagem do PT;[65] em entrevista concedida ao programa *Roda Viva*, da TV Cultura de São Paulo, em novembro de 2005, falou abertamente sobre seu partido dizendo que não era possível dissociar o PT da defesa de sua honestidade e da correção ética de seu governo.[66] Lula tentou retirar um pouco da lenha colocada na fogueira pela mídia e pela oposição. Em julho, ele afirmou que os nomes de inocentes tinham sido "manchados pela imprensa do Brasil inteiro, alguém vai ter de pedir desculpa, porque neste país se aprendeu apenas a crucificar e não a pedir perdão quando se comete erros".[67] Na entrevista ao *Roda Viva*, ele disse que já tinha visto "um deputado ser condenado e depois ser provado que ele não tinha nada, foi o Alceni Guerra. Eu vi o que foi feito com a Escola Base lá em São Paulo, em que se execrou a Escola, a família do dono da Escola, e depois se prova que é inocente e não recupera mais". As declarações de Lula deixavam evidente o compromisso em proteger o sistema político como um todo e, em particular, seu governo, o PT e a si mesmo. No campo minado da crise política, o governo manteve intacto o seu maior ativo, a melhoria significativa da vida dos pobres. Quem disse isso foi a opinião pública.

Uma coisa é uma coisa, outra coisa é outra coisa

A opinião pública não é boba, melhor dizendo, ela é sábia. O eleitorado vivenciava, no governo Lula, a combinação de três acontecimentos: melhoria da condição de vida, acesso a bens e serviços novos e um grande escândalo de corrupção que atingia a imagem de Lula e do PT de defensores da ética. Cabe indagar sobre o que está mais próximo do eleitor, o seu bem-estar familiar ou os supostos malfeitos realizados pelos políticos em Brasília.

Ir a um mercado e constatar que os preços estavam controlados era a experiência semanal de quase todos os brasileiros. Além disso, milhões de famílias viram seus jovens entrando pela primeira vez no Ensino Superior. As que não tinham passado por isso conheciam alguém, um amigo ou familiar distante, que lhes narrava o sentimento de conquista vivido. Não era preciso mais nada para que se estabelecesse a expectativa de que sua vez chegaria. Geladeira nova em casa, renda extra com o Bolsa Família, aparelho celular eram coisas reais, tangíveis e bastante diferentes de notícias do distante mundo das brigas políticas de Brasília. Na hierarquia mental dos indivíduos, a melhoria do que estava próximo mais que anulava a indignação em face do que estava distante. Assim, não convinha arriscar ver a inflação subir para ter o benefício de viver em um país com menos denúncias de corrupção.

A opinião pública foi sensibilizada tanto pelo escândalo do Mensalão quanto pela realização da agenda de acesso a serviços e bens nunca antes desfrutados. A pesquisa mensal da Ipsos, Pulso Brasil, mensurava à época vários atributos do presidente da República.[68] Em abril de 2005, imediatamente antes da eclosão do escândalo do Mensalão, 66% dos eleitores concordavam que Lula tinha o atributo de "passado limpo". Em agosto, a porcentagem despencara para 54% e em novembro, era somente de 45%. Entre janeiro e julho de 2006, a porcentagem dos que achavam que Lula tinha "passado limpo" ficou sempre abaixo de metade do eleitorado, com exceção de fevereiro, quando atingiu 52%. Apenas nos meses que antecederam à eleição, agosto e setembro, e no próprio mês do pleito, o atributo ficou consistentemente acima de 50%. É possível que isso tenha ocorrido em função da já conhecida propensão psicológica de primeiro tomar a decisão, que, neste caso, era a de votar em Lula, para, em seguida, justificá-la. Seria muito difícil para a maior parte dos eleitores admitir o voto em um candidato que não tivesse o passado limpo.

Lula tinha duas outras características intimamente relacionadas ao consumo popular que eram fortalezas de imagem: "É gente como a gente" e "Entende os problemas dos pobres". O reconhecimento do eleitorado — a opinião pública — de que Lula tinha tais atributos só era possível porque os pobres tinham como problema não ter acesso ao que as pessoas de renda mais elevada já usufruíam havia muito tempo. O então presidente fizera toda a carreira política associada ao fato de ser de família pobre, que enfrentara enormes dificuldades e lutara muito para vencer na vida. Assim, essas duas qualidades estavam intimamente ligadas, uma vez que quem "é gente como a gente" é, exatamente por isso, capaz de "entender os problemas dos pobres". Lula fazia questão, antes e depois de se tornar presidente, de enfatizar seu compromisso com o aumento do consumo da base da pirâmide social. Já na presidência, não apenas discursava chamando a atenção para a importância do tema, como empunhava a bandeira do Bolsa Família, uma realização concreta, a fim de mostrar que se tratava de um compromisso inabalável.

Antes do início do escândalo do Mensalão, em abril de 2005, nada menos do que 83% dos eleitores diziam que Lula "era gente como a gente" e 73% admitiam que ele "entende os problemas dos pobres". Não supreendentemente, as porcentagens caíram no segundo semestre de 2005, atingindo o mínimo em novembro: 60% para "entende os problemas dos pobres" e 64% para "é gente como a gente". Chama atenção o fato de que a menor porcentagem aferida para estas características estava, ainda assim, bem acima de 50% e, também que, diferentemente do tem "passado limpo", os percentuais não melhoraram dois meses antes da eleição, mas já a partir de janeiro de 2006, quando 73%

disseram que Lula era "gente como a gente" e 66% concordaram que "entende os problemas dos pobres" se associava a Lula. Esses números mostram, por meio de atributos do presidente, que a opinião pública percebia de forma expressiva a causalidade entre ações de governo e melhoria do bem-estar. Somente alguém que fora pobre era capaz de entender as verdadeiras necessidades dos pobres. Um presidente assim era algo inédito na história do Brasil.

Outra pergunta do Pulso Brasil que detectou a importância do acesso a bens e serviços, da situação da economia e do compromisso de Lula em relação ao bem-estar dos mais necessitados dizia respeito aos motivos da avaliação ótimo e bom de seu governo. De abril a dezembro de 2005, portanto no período mais agudo das denúncias do Mensalão, não menos do que 40% dos eleitores disseram avaliar positivamente a administração federal por causa dos projetos sociais.[69] Nesse caso, em função do histórico do governo anterior e devido ao início do período Lula, eram mencionados, além do Bolsa Família, o Fome Zero e o Bolsa Escola. O que importa é que todos estavam associados à imagem do governo Lula e contribuíam para sua aprovação. Nesse mesmo período, "criação e manutenção de empregos" surgiu como justificativa da avaliação ótimo e bom para 14% do eleitorado, atingindo o nível mais elevado em agosto, quando foi mencionado por 27% dos entrevistados. Também foram pilares relevantes da avaliação positiva durante 2005 a área social, o combate à inflação e a economia.[70]

Em janeiro de 2006, o Pulso Brasil apresentou aos entrevistados uma lista com treze realizações que poderiam ser mais ou menos associadas ao governo federal e os inquiriu sobre qual daquelas áreas havia melhorado nos últimos anos. Os dois itens que lideraram, empatando em 26% das menções para cada um, foram "maior facilidade para adquirir linha de telefone fixa ou celular" e "maior poder de compra para adquirir bens". Em terceiro lugar, com 22%, ficou "combate ao analfabetismo", seguido de perto por "melhora da educação", com 21%, e "maior facilidade para a obtenção de crédito e financiamento", com 20%. Na sexta posição, apareceu "maior possibilidade dos mais

2006: A LUVA DO ACESSO

pobres cursarem a faculdade", com 15%, e "controle da inflação" ficou em sétimo, com 13%. As demais realizações tiveram, cada uma delas, menos de 10% das citações.

A lista de realizações e a importância que a opinião pública conferia a cada uma delas são extremamente reveladoras sobre o que estava ocorrendo. Todos os itens pesquisados estavam sendo debatidos à época na mídia, surgiam em pesquisas qualitativas e apareciam nas rodas de conversas. O reconhecimento de que havia ocorrido melhora de acesso à telefonia celular e a outros bens e serviços caminhava com a percepção de que o governo se preocupava com os mais pobres, seja por causa do ineditismo da chegada deste segmento da população à faculdade, ou seja devido à possibilidade crescente de poder contrair dívidas. Realidade e simbologia estavam interligadas e justapostas: o ex-operário pobre tinha se tornado presidente e, por isso, sabia o que os pobres desejavam e era sensível a isso, e mais, agiu concretamente e com sucesso para atender tais demandas. Somente alguém como Lula, muitos acreditavam, poderia de fato se preocupar em agir para beneficiar os que constituíam a maioria do povo brasileiro, os pobres.

O acesso a novos bens e serviços e a incorporação ao consumo de um imenso segmento da população tinham começado com o controle da inflação propiciado pelo Plano Real, muitos ainda se recordavam da explosão de vendas de frango, queijo e dentaduras. Porém, foi um efeito colateral da domesticação da inflação, sem ter sido jamais parte de um discurso contínuo e insistente de Fernando Henrique. Ou seja, o objetivo era reduzir a inflação, os demais benefícios foram decorrência. No caso de Lula — do ponto de vista da opinião pública —, a prioridade foi invertida, o objetivo era melhorar a vida do povo, por isso o governo também agiu para controlar a inflação. Para ele, a inflação baixa não era um fim em si, apenas um meio para melhorar a vida dos pobres. A inversão de prioridade, presente em discursos, decisões e ações, consolidou o prestígio do ex-líder sindical com o eleitorado.

Segundo o Datafolha, a avaliação ótimo e bom de Lula ficou em torno de 40% em 2003 e 2004.[71] A avaliação positiva foi abalada pelo escândalo do Mensalão: de maio a julho de 2005, seu ótimo e bom gravitou perto de 35% e caiu para 28% nos três últimos meses daquele ano. Foi uma redução substancial, Lula perdeu 12 pontos percentuais em relação aos 40 que tinha nos primeiros dois anos de mandato, isto é, praticamente um terço do eleitorado deixou de avaliá-lo positivamente por causa das denúncias. Diante desta evidência, é impossível afirmar que o Mensalão não prejudicou o governo. Claro que fica mais difícil governar e aprovar proposições de interesse da presidência quando a avaliação piora, pois aumenta o poder de barganha do Congresso. A virada de ano trouxe a virada de humor dos eleitores: em janeiro de 2006, nada menos do que 36% afirmaram que o governo era ótimo e bom, acréscimo de oito pontos percentuais em comparação a dezembro. A avaliação positiva ficou neste patamar até julho, quando, em agosto, saltou para 45% e, em seguida, para 52%.

A cobertura da mídia sobre as denúncias de corrupção contra Lula e seu partido ficaram concentradas no segundo semestre de 2005. A avalanche de notícias empurrou para baixo o ótimo e bom; porém, sem mídia, o desempenho da economia e a realização do acesso a novos bens e serviços empurrou para cima a avaliação positiva. Foi um cabo de guerra. Enquanto perdurou a cobertura dos escândalos, a corrupção ganhou alguns pontos em relação à economia. O mês de janeiro de 2006 marcou o fim do noticiário negativo. O lado da força da economia e do consumo no cabo de guerra — que não mudou muito no período — resultou no crescimento da avaliação positiva de Lula. A melhoria do bem-estar foi contínua e derrotou o escândalo do Mensalão, algo que apareceu como um espasmo midiático. O primeiro acontecimento está bem próximo do eleitor, já o segundo — denúncia de corrupção — é distante e, muitas vezes, difícil de compreender. É evidente que havia os dois componentes na cabeça do eleitor para avaliar o governo federal. Mas tão logo acabou a mídia sobre a corrupção, restou a melhoria do bem-estar para guiar a decisão do voto.

A eleição de 2006 poderia ter sido de mudança caso a prioridade da opinião pública tivesse sido o combate à corrupção. Bastava que os eleitores colocassem em segundo plano o aumento de consumo e dissessem para si mesmos: "Qualquer presidente fará o que Lula está fazendo na economia, ninguém deixará de tomar decisões para melhorar o meu acesso ao que nunca tive, porém, apenas os opositores do PT irão combater de maneira incessante e com sucesso a corrupção, assim, votarei para mudar o governo." O fato é que se tratou de uma eleição de continuidade e, neste caso, o raciocínio da maioria seguiu a lógica inversa: "A minha vida melhorou com Lula porque ele se parece comigo, passou pelas mesmas dificuldades que passei, por isso, é melhor mantê-lo no governo mesmo que nem sempre ele e seu partido ajam corretamente quando se trata de corrupção."

A opinião pública está muito distante de defender a máxima "rouba, mas faz" popularizada pelos adversários de Ademar de Barros, o antigo político de São Paulo que era criticado por ser corrupto e defendido por ser realizador. Na verdade, a evolução da avaliação do governo Lula e dos atributos do então presidente revelou que os eleitores querem políticos que não sejam objeto de denúncias de corrupção e que façam coisas para melhorar o bem-estar da população. Contudo, há uma hierarquia de preferências: o acesso a novos bens e serviços e a ampliação do poder de compra são mais relevantes do que a retidão ética (aparente ou real). É normal que seja assim, uma vez que comprar um bem ou desfrutar de um serviço inédito são eventos que não estão sujeitos a controvérsias. O eleitor simplesmente experimentou estes fatos durante o governo Lula e lhe atribuiu as decisões e ações que melhoraram sua vida. Já a corrupção — não apenas por estar distante da vida diária das pessoas, mas também por se tratar de uma arma de luta entre os políticos — é algo bastante questionável. Há razões, enfim, para que o eleitor encare com ceticismo os escândalos de corrupção: podem não ser verdadeiros de fato, sendo apenas um instrumento de guerra política; ou podem ser a pequena ponta de um imenso *iceberg* que envolve todos os que estão na política. Além de tudo, as operações de desvio de dinheiro público tendem a ser nebulosas e complexas. Tais possibilidades levam, portanto, a opinião pública a considerar as denúncias de corrupção menos importantes para decidir o voto do que a economia, especialmente quando ela vai bem.

Há, por fim, quem se surpreenda com o fato de Lula ter colhido em 2006 os frutos da expansão da telefonia celular no Brasil, possibilitada por decisões tomadas no governo do antecessor. O eleitor não fez curso de doutorado em Economia, tampouco tem interesse em saber os pormenores das causas e consequências, distantes e imediatas, do que ocorre em sua vida. A opinião pública sabe, sim, que de tempos em tempos é chamada a votar e a eleger alguém que promova a expectativa de que sua vida irá melhorar. Iniciado o governo, progressos e retrocessos atribuídos à influência de decisões presidenciais são considerados responsabilidade do ocupante do cargo. Assim, quem nunca teve um aparelho celular ou uma geladeira e foi capaz de comprá-los durante o governo Lula, naturalmente não vai premiar com o voto o partido do antecessor ou, ainda, os inventores destes bens. Supor que o presidente do momento implementou medidas que ampliaram sua capacidade de consumo faz todo sentido. Em se tratando de voto, a percepção da causa imediata conta mais que a complexidade de uma causa distante.

2010: a luva do consumo

"Lula é tão querido e tão carismático que foi só ele pedir para o povo votar em Dilma que ela venceu em 2010." A primeira eleição de Dilma foi considerada por muitos uma vitória pessoal de Lula. O argumento funciona da seguinte maneira: "Os eleitores que gostavam de Lula ficaram esperando ele escolher e indicar um candidato, neste caso, candidata, e, feito isso, seguiram a sugestão do líder amado e admirado." A análise tem como pressuposto um eleitor passivo, ignorante acerca do que se passa à sua volta, sem motivos fortes para escolher quem irá governar o país, um eleitor bestializado diante do mundo, tão apático que só toma decisões depois de ouvir o que o querido líder tem para dizer e quem ele vai indicar.

O eleitor pode ser encarado do modo oposto, como alguém inteligente e que acompanha minimamente o que o governo faz, cultivando opiniões bem-estabelecidas sobre o impacto das decisões da administração federal sobre sua vida financeira e o bem-estar de sua família. O eleitor gasta a maior parte de seu tempo e direciona suas preocupações mais valiosas para a vida privada, o emprego, a saúde dos filhos, os afazeres domésticos e tudo o que diz respeito ao círculo mais próximo de relações pessoais. A política e os assuntos públicos estão muito longe de povoar seus pensamentos mais frequentes. Todavia, o mesmo eleitor sabe em quem votou na eleição presidencial anterior, tem opiniões acerca dos principais partidos e líderes políticos e vive no mesmo mundo em que habitam todos os que o analisam de longe fazendo, frequentemente, afirmações que subestimam sua inteligência.

Há duas explicações alternativas para a vitória de Dilma em 2010. A que enxerga o eleitor de maneira mal informada e preconceituosa afirma que ele votou em Dilma porque ela foi indicada por Lula. Neste caso, não havia um motivo especial para votar em alguém que nunca tinha disputado uma eleição; seguir o líder foi a causa do voto. A que considera a capacidade de escolha do eleitor médio igual à de alguém com doutorado em Ciência Política declara que o voto em Dilma foi motivado pelo desejo de dar continuidade ao que vinha ocorrendo no governo Lula: ter acesso a bens e serviços antes inalcançáveis. Se essa for a explicação verdadeira, a indicação de Lula significava dizer ao eleitor: "Se você está gostando do meu governo, para que ele tenha continuidade, para que as coisas que você conquistou sejam mantidas e para que você possa conquistar mais coisas, vote em Dilma, afinal, ela trabalhou comigo e é do meu partido."

A AMPLIAÇÃO DO CONSUMO

O resultado da eleição de 2010 está, portanto, conectado à experiência de vida dos eleitores durante o governo Lula. O que se passou no Brasil a partir de 2007 resultou em um país com uma imensa parte da classe média, algo em torno de 95 milhões de pessoas,[1] com renda entre R$ 1.126,00 e R$ 4.854,00.[2] Estima-se que 30 milhões de brasileiros tenham saído da pobreza durante os oito anos de Lula; eles descobriram como era prazeroso consumir mais.[3] O consumo das famílias cresceu acima de 6% durante quase todo o segundo mandato de Lula.[4] Uma família com renda mensal de 700 reais em 2003 estava gastando, em 2010, quase este valor com prestações de bens de consumo duráveis, como geladeira, TV e aparelho celular.[5] Na região Nordeste, em 2007, a porcentagem de domicílios com geladeira era de 77,9%. Em 2011, esse número tinha crescido para 90,9%.[6] Um aumento de treze pontos percentuais. No mesmo período, no Brasil, a evolução da porcentagem de domicílios com este bem durável foi de mais cinco pontos percentuais, e na região Sudeste, de pouco mais de um ponto percentual. A vida ganhou mais cores nos televisores da população do Nordeste: em 2007, cerca de 88% dos domicílios tinha TV colorida e, em 2011, 95%.[7] Um aumento de sete pontos, mais que o dobro do crescimento da porcentagem deste item nos domicílios em nível nacional. O telefone celular deixou de ser apenas objeto de desejo: estava nos bolsos e nas bolsas da população. Entre 2006 e 2010, o país saiu da média de 53 acessos à rede móvel para cada 100 habitantes para cerca de 105 acessos para cada 100 habitantes.[8] Quase 100% de crescimento. A renda mensal dessa família subiu para 4 mil reais,[9] repercutindo fortemente nas urnas daquele ano. Dilma teria sido vencedora mesmo se fossem computados somente os votos do Sudeste, Sul e Centro-Oeste, sem o Nordeste, portanto.[10] Foi uma eleição em que as pessoas acreditavam que era possível seguir melhorando. A vitória de Dilma foi a segunda reeleição de Lula.

John D. French mostra que o Lula que conhecemos como presidente teve sua personalidade política formada até o ano de 1980.[11] Quando foi líder sindical, ele tinha como método de trabalho conversar com muita frequência com os operários sobre todos os assuntos que não fossem política. Assim, evitou a armadilha de ficar encapsulado na bolha daqueles envolvidos em tempo integral com a atividade pública, mantendo-se sempre próximo da forma de pensar da população, o linguajar, as piadas, os maneirismos, as agruras, as preocupações, os motivos de tristeza, de alegria e de satisfação. É por isso que Lula menciona sempre coisas como cerveja, churrasco e ter um carrinho na garagem. Aliás, ele não apenas considera o acesso ao churrasco uma metáfora para o desfrute do que a vida tem de bom,[12] como ele próprio, no cargo de presidente, fez questão de usufruir e de oferecer churrascos para autoridades em visita ao Brasil, mesmo para o então líder mais importante do mundo.[13] Ainda durante o primeiro mandato, em Chapecó (SC), na abertura do Segundo Encontro de Habitação da Agricultura Familiar, Lula lançou mão, com bom humor, da metáfora do churrasco: "Eu estava falando e estava vendo, ali fora, a fumaça do churrasco. Eu pensei comigo: como esse povo é bondoso, porque ficar vendo uma pessoa falar, falar, e a carninha queimando ali, e todo mundo com a barriga vazia, vocês têm muita paciência, têm o coração muito grande."[14]

O discurso não era vazio e se tornou realidade. Em 2003, o brasileiro consumia cerca de 80 quilos de carne por ano.[15] Em 2011, esse número estava perto de 110 quilos, um aumento de 37%. O consumo de cerveja, a bebida indispensável em qualquer churrasquinho, passou de cerca de 8,5 bilhões de litros, em 2003, para cerca de 13 bilhões em 2010.[16]

O carro na garagem, muitas vezes mencionado por Lula como sinal de melhoria de vida, raramente é o primeiro meio de transporte das pessoas. No Nordeste, a mobilidade das famílias mais pobres esteve por muitas décadas associada ao jegue. O simpático animal sempre foi muito utilizado para percorrer longas e exaustivas jornadas em busca de água, atrás de lenha para cozinhar ou para levar alguém a uma cidade próxima para comercializar algum produto. É muito difícil que uma família passe diretamente do jegue para o automóvel, há algo no meio do caminho: a moto. Podendo escolher entre o jegue e a motocicleta, não restou dúvida ao nordestino mais pobre.[17] Em dezembro de 2006, a frota circulante de motocicletas e motonetas na região Nordeste era de 1.869.676 unidades. Em dezembro de 2010, o número atingiu 3.823.637 unidades.[18] Um expressivo crescimento de 104%. Para se ter a dimensão do fenômeno, no mesmo período, no Brasil, esta frota cresceu 75% e, na região Sudeste, 68%.

Milhões de brasileiros fizeram a transição não só do jegue para a moto, como da moto e do ônibus para o carro. Em dezembro de 2006, a frota de automóveis na região Nordeste contava com 2.867.292 unidades. Em dezembro de 2010, o número passou para 4.104.100,[19] um aumento de 43%. No mesmo período, o número de carros rodando no país cresceu 33% e, na região Sudeste, o incremento foi de 30%. Tais fatos tiveram impacto marcante na imagem internacional do Brasil. A respeitada revista britânica *The Economist,* em uma capa de sua edição principal que veio a se tornar célebre, apresentou a imagem do Cristo Redentor decolando em forma de foguete.[20] A matéria sobre o país abordou o sucesso do governo Lula na redução da desigualdade social, na manutenção do equilíbrio fiscal e no crescimento econômico vigoroso após a grave crise financeira de 2008. A previsão de então era de que o Brasil seria a quinta maior economia do mundo, ultrapassando a Grã-Bretanha e a França.

A matriz religiosa que formatou o Brasil é católica. O país tem uma população que preza menos a educação do que a de nações de matriz protestante, como Estados Unidos, Suíça, Alemanha e países nórdicos. Aqui, a educação é menos valorizada em si e mais como um meio para atingir determinados objetivos, dentre os quais, a ascensão social necessária para aumentar o poder de compra. No primeiro governo Lula, as prioridades foram o combate ao desemprego e à pobreza, o fortalecimento de programas de transferência de renda e os aumentos reais para o salário mínimo. Embora o Programa Universidade para Todos (PROUNI) e o aperfeiçoamento do Fundo de Financiamento Estudantil (Fies) tenham sido estabelecidos ainda durante a primeira gestão, foi no segundo mandato de Lula que os mais pobres começaram a perceber de fato que a universidade poderia se tornar realidade. Lula sabia por experiência própria da importância de um diploma. Em sua época, tornar-se operário especializado, no seu caso um torneiro mecânico, era equivalente a uma família pobre na década de 2020 ver o filho se formar engenheiro: "Eu sou filho de uma mulher analfabeta, que já morreu. E eu, de oito filhos, fui o primeiro a ter um diploma profissional, eu fui o primeiro a ter uma casa, uma televisão, um carro. Eu fui virando chique, fui tendo as coisas. E tudo por conta de um diploma."[21] A fala de Lula é tipicamente católica, a educação é importante porque resulta em algo muito concreto, o aumento do poder de compra.

Entre 1992 e 2002, os 20% mais ricos do país nunca ocuparam menos do que 70% das vagas nas universidades. Pessoas das classes C, D e E só conseguiram preencher 10% das cadeiras nas salas de aula em

2002. Em 2006, as classes C, D e E tinham se tornado 15% dos estudantes e em 2011, cerca de 25% de pessoas pobres do país realizavam o sonho de cursar o Ensino Superior. Da mesma maneira que ocorreu mudança social, ocorreu mudança racial. Entre 1992 e 2002, os brancos nunca foram menos do que 80% dos alunos das universidades. Em 2006, pretos, pardos e indígenas já compunham 26% dos estudantes e, em 2011, já eram um terço dos universitários brasileiros.[22] No total de matrículas, o país saiu de cerca de 4,9 milhões, em 2006, para cerca de 6,5 milhões, em 2010. Um crescimento de 12%.[23] A imensa mudança no perfil de acesso ao Ensino Superior foi propiciada, em grande parte, pelo PROUNI. Mais uma vez, é impossível deixar de mencionar a situação do Nordeste. Em 2003, 16,1% das matrículas do país estavam nesta região. Em 2010, o número foi para 19,3%. Com o PROUNI, as matrículas no segmento privado, no Nordeste, cresceram 115% no período.[24]

A ampliação do acesso ao Ensino Superior contou com a contribuição de outras iniciativas do governo federal. O Exame Nacional do ensino médio (Enem) passou a ser o principal caminho de acesso às instituições universitárias públicas e privadas, evitando, assim, os múltiplos concursos vestibulares cujas taxas de inscrição pesavam muito no orçamento do estudante mais pobre. Alunos de escolas públicas ficaram isentos de qualquer taxa para prestar o Enem. Entre 2006 e 2010, os estudantes inscritos no exame passaram de 3,7 milhões para 4,6 milhões, um crescimento de 24%. Em 2006, foram 939.700 nordestinos inscritos no Enem. Em 2010, o número saltou para 1.397.768 de inscritos, um aumento de 49%. Já na região Sudeste, o número de inscritos caiu 1% no mesmo período.[25] Abolir a taxa de inscrição foi uma medida simples que teve impacto profundo e abrangente: o primeiro passo para entrar na universidade, a prova de admissão, ficou mais acessível às famílias pobres. Não surpreende, portanto, que mais alunos de tais famílias passassem a entrar com mais frequência na faculdade.

O acesso aos serviços bancários e de crédito são peças-chave do acesso a bens. Assim, a inclusão financeira também fez parte do pacote de melhorias que a população brasileira experimentou nos governos Lula. Em 2006, o Brasil tinha 63% da população tinha conta em banco. Em 2010, o número subiu para 74%.[26] Em 2011, nos países da Organização para Cooperação e Desenvolvimento Econômico (OCDE), este percentual era de 90%.[27] Um dos caminhos para a ampliação do crédito foi a adoção de uma modalidade de empréstimo cujas parcelas são descontadas mensalmente no ato do pagamento do salário depositado na conta bancária do devedor, o crédito consignado.[28] Isso praticamente zerava o risco das instituições financeiras. O crédito consignado possibilitou aos trabalhadores de carteira assinada — servidores públicos, militares e aposentados — o acesso a empréstimos com taxas de juros mais baixas. Essa modalidade de empréstimo passou de 2,4% do PIB, em 2006, para 3,7%, em 2010. No mesmo período, o crédito pessoal cresceu de 3,8% do PIB para 5,4%.[29] Ao final de 2010, cerca de 61% das operações de crédito pessoal eram na modalidade do crédito consignado.[30] O governo Lula também mobilizou os bancos públicos para facilitar o financiamento de veículos. Isso fez com que os carros pudessem ser vendidos com prazos cada vez maiores e juros cada vez menores.[31] Ao final de 2010, 74% das operações de crédito para a compra de veículos eram provenientes de financiamento para aquisição, ao passo que apenas 26% eram para *leasing*.[32]

O governo foi fundamental para a ampliação do crédito. Isso permitiu que mais brasileiros passassem a consumir mais. Além disso, a situação macroeconômica favorável, o crescimento da oferta de empregos e da renda real fez com que a aquisição de um imóvel se tornasse parte do horizonte de compra de parcela da população até então excluída desta possibilidade. Entre 2003 e 2006, o acesso ao crédito habitacional permaneceu estável, mas no período de 2007 a 2010, cresceu bastante. Em 2006, o total de crédito imobiliário concedido à pessoa física foi equivalente a 2,1% do PIB; em 2010, o percentual subiu para 5,1%,[33] um crescimento de 143%.

Há um indicador que resume de maneira cristalina todas as melhorias percebidas pelo eleitorado durante o segundo governo Lula:

o consumo das famílias mensurado pelo IBGE. Na ótica da demanda, o consumo das famílias é o principal componente do PIB, sendo responsável por 60% de sua variação. No segundo mandato de Lula, o indicador aumentou 6,4% em 2007; 6,5% em 2008; 4,5% em 2009 e, finalmente, 6,2% no ano da eleição.[34] Note que, em 2009, o PIB foi levemente negativo, -0,1%,[35] resultado de um colapso econômico internacional causado pela crise do *subprime*[36] nos Estados Unidos. Do ponto de vista do PIB, a crise no Brasil acabou sendo uma "marolinha", tal como caracterizada por Lula em sua famosa fala;[37] porém, ao levar em consideração o consumo das famílias, não houve crise alguma. Não bastasse tudo isso, no final de 2004, 6,5 milhões de famílias recebiam o Bolsa Família e, em 2010, o número tinha passado para 12,7 milhões.[38] No mesmo período, o valor anual gasto com o programa saiu de 3,7 bilhões de reais para 12 bilhões.[39] Ou seja, o eleitor que foi para as urnas em 2010 foi o consumidor que melhorou de vida nos quatro anos do segundo mandato de Lula. Não seria surpreendente, portanto, que ao votar ele levasse em consideração todas as melhorias concretas e tangíveis de sua vida pessoal, assim como a de sua família.

A VISÃO DO ELEITORADO: A AGENDA DO ACESSO PRECISA CONTINUAR

Melhorias reais dessa magnitude são evidentemente sentidas pelo eleitor e ele as conecta com as ações do governo federal e com quem que senta na cadeira presidencial. Neste sentido, o eleitor está muito distante de ser uma figura passiva que facilmente se deixa iludir. É óbvio e ululante que todos os eleitores vivem no mesmo mundo em que habitam os que os analisam e julgam e, ambos, analistas do comportamento eleitoral e eleitores, são parte da mesma situação macroeconômica nacional e desfrutam de habilidades cognitivas comuns aos seres humanos. Aqueles que foram às urnas em 2010 não apenas reconheciam o que estava acontecendo no país, como também votaram motivados por tais melhorias.

Mais de um ano antes da eleição, em junho de 2009, a Brasilis detectou que 70% dos eleitores afirmavam que o Bolsa Família havia sido implantado durante o governo Lula; porcentagem quase idêntica, de 69%, dizia o mesmo sobre o Bolsa Escola.[40] Este resultado não é surpreendente, mesmo sabendo que, oficialmente, o Bolsa Escola, que deu origem ao Bolsa Família, havia sido criado no governo Fernando Henrique. O eleitor não é ignorante, apenas não acompanha a política em seus mínimos detalhes. A criação de ambos os programas era atribuída a Lula porque foi durante o seu governo que a grande maioria das pessoas beneficiárias passou a receber o Bolsa Família. Além disso, em função da significativa expansão dos programas de transferência de renda nos oito anos de Lula, a presença do Bolsa Família na mídia acabou se tornando muito grande. Vale lembrar também que a marca do governo Fernando Henrique não foi a das políticas sociais, mas, sim, a do Plano Real e do controle da inflação. Portanto, era lógico que uma parcela muito grande do eleitorado atribuísse ao governo Lula a criação desses benefícios. O eleitor é muito prático e raciocinou da seguinte forma: "O Bolsa Família foi criado no dia em que passei a recebê-lo, como isso aconteceu durante o governo Lula, foi ele quem o estabeleceu."

Esta lógica de raciocínio direta e prática também explica por que 48% dos eleitores atribuíam ao governo Lula o aumento das exportações; 50% o aumento do consumo e 40% a ampliação da telefonia. Já para Fernando Henrique, restou o reconhecimento do Plano Real, algo declarado por 51%; enquanto Serra foi considerado por 38% o criador dos remédios genéricos.[41] Na cabeça do eleitor, a imagem do governo Lula era muito superior à imagem do governo Fernando Henrique somada à imagem pessoal de Serra. O governo Lula dominava a política social e o aumento do consumo, temas econômicos abrangentes e muito atuais naquele momento, ao passo que os tucanos eram donos de políticas públicas igualmente abrangentes e de sucesso, porém distantes no tempo.

Os eleitores reconheciam o sucesso da agenda do acesso mais de um ano antes da eleição, já em agosto de 2009. Perguntados sobre o que havia melhorado e piorado nos últimos quatro anos, nada menos do que 78% reconheceram que comprar coisas como TV, geladeira e DVD havia melhorado; 67% reconheceram avanço no apoio aos mais pobres; 65% afirmaram que entrar na faculdade tinha ficado mais acessível; e 62% reconheceram ter melhorado conseguir crédito pessoal.[42] Ainda dentro do que mais melhorou estavam abrir conta em banco e acesso ao telefone celular. O que mais tinha piorado eram juros, impostos, saúde e segurança. O que esses resultados mostram é que a prioridade conferida pelo governo Lula à incorporação dos pobres ao consumo teve seu sucesso atestado não apenas pelos dados estatísticos da economia, mas igualmente importante, pelo eleitorado, tal como evidenciam as informações obtidas por uma pesquisa de opinião.

Os programas de governo também eram bastante conhecidos e aprovados pelo eleitorado. Incríveis 99% afirmavam conhecer o Bolsa Família; 90% conheciam tanto a construção de moradias populares como o Farmácia Popular; 75% disseram conhecer o Pró-Uni; e 66%, o crédito consignado. Esse nível de conhecimento foi mensurado em maio e em agosto de 2009 e praticamente não variou. Em agosto, o Pró-Jovem foi adicionado à pesquisa que, já naquele mês, era conhecido por 74%. Dentre estes programas, o mais importante e mais bem avaliado pelos eleitores era o Bolsa Família, seguido pelo Farmácia Popular e pela construção de moradias. Basicamente, os eleitores estavam dizendo que valorizavam renda, remédios e moradia, nesta ordem.

O grande divisor de águas do eleitorado era o Bolsa Família. Em setembro de 2009, detectou-se que 79% dos eleitores do Nordeste eram totalmente a favor do programa, na região Sul, o percentual era de somente 51%, uma diferença de impressionantes 28 pontos percentuais. Aliás, 31% dos moradores do Rio Grande do Sul, Santa Catarina e Paraná se declararam contra o Bolsa Família. No Sudeste, apenas 16% eram contra, ao passo que 54% eram totalmente a favor. O Bolsa Família dividia o país em dois: o Nordeste ocupava o extremo favorável ao programa, e o Sul, o extremo que se opunha a ele. A meio caminho estavam o Sudeste e as regiões Norte e Centro-Oeste, que, juntas, tinham percentuais de aprovação e rejeição semelhantes àqueles da região mais populosa do país. À divisão entre regiões somava-se a cisão entre classes sociais: 69% das pessoas que tinham até o primário completo, os mais pobres, se declaravam totalmente a favor do Bolsa Família. O percentual caía gradativamente conforme aumentava a escolarização e, portanto, a renda: 58% para aqueles com ensino fundamental completo, 49% para os que tinham concluído o ensino médio e 43% para quem tinha diploma universitário. A diferença entre os dois extremos da pirâmide social era de 26 pontos percentuais. Além disso, somente 12% das pessoas com primário se opunham ao programa, ao passo que 26% de quem tinha concluído a universidade era contra o Bolsa Família. A porcentagem de pessoas com nível universitário completo é consistentemente maior na região Sul e no estado de São Paulo do que no Nordeste. Isso significa que o fator regional se superpunha à classe social quando se tratava da aprovação (ou rejeição) do programa de governo mais conhecido no país.

O Bolsa Família foi, portanto, peça-chave para a divisão do país entre "nós e eles". Do ponto de vista do governo, o "nós" representava os beneficiários do programa, apoiadores do governo Lula, simpáticos ao PT e também os não beneficiários que cultivavam os valores da compaixão em relação aos mais fracos e da defesa da distribuição de renda em favor dos mais pobres. O "eles", também assumindo a perspectiva do governo, eram aqueles que não recebiam o Bolsa Família e também os que não apoiavam o programa, com os argumentos já bem conhecidos e propalados, tanto em campanhas eleitorais de oposição a Lula quanto nas mais diversas rodas sociais de conversa entre pessoas de renda elevada: o Bolsa Família resultava na acomodação dos pobres, que, ao receber um benefício social mensal certo, não se esforçavam para se qualificar melhor a fim de procurar um emprego.

O contexto que antecede a eleição de 2010 combinava crescimento do PIB, aumento do consumo das famílias, redistribuição de renda, agenda do acesso a coisas que as pessoas nunca tiveram, reconhecimento e aprovação de várias políticas públicas e consolidação de uma base eleitoral que já tinha votado em Lula em 2006.[43] Aliás, foi a partir de 2006 que o eleitorado brasileiro se alinhou, da mesma maneira que já ocorria nos países desenvolvidos, com as áreas pobres do país — estados do Nordeste — votando proporcionalmente mais na esquerda, e as áreas mais desenvolvidas e igualitárias — região Sul e São Paulo — sufragando proporcionalmente mais os candidatos de direita.[44] Essa base eleitoral no Nordeste, favorável a Lula e ao PT, é um lado da moeda; o outro lado é a rejeição às mesmas políticas públicas. O elevado nível de conhecimento do Bolsa Família, assim como o fato de todos terem uma opinião em relação a ele, favorável ou contrária, fez do programa o grande símbolo daquela campanha e o grande elemento de segmentação do voto. Do ponto de vista eleitoral, o que importa é conquistar a maioria. Tomando-se o Brasil inteiro, 60% dos eleitores eram totalmente favoráveis ao Bolsa Família, outros 23% eram a favor, 11% eram contra e 5%, totalmente contrários. Em suma, nada menos do que 83% aprovavam o programa e apenas 16% o rejeitavam.[45] Tratava-se, portanto, de um grande ativo eleitoral do governo.

Durante onze meses, entre dezembro de 2009 e outubro de 2010, perguntou-se ao eleitorado se ele queria continuidade ou mudança. Havia quatro opções de resposta à pergunta "O que você gostaria que o próximo presidente fizesse?": "Continuasse tudo o que Lula fez", "Continuasse a maior parte das coisas que Lula fez", "Mudasse a maior parte das coisas que Lula fez", ou "Mudasse tudo o que Lula fez". A média no período de onze meses para o "continuar tudo" foi de 46%, sendo o máximo atingido, uma porcentagem pouco acima de 50%, em dezembro de 2009 e abril de 2010. Já o "continuar a maior parte" teve uma média de 36%, com valores máximos pouco acima de 40% nos meses de maio e setembro do ano eleitoral. Somando as duas porcentagens, chegamos à conclusão de que, na média, durante os onze meses que antecederam o pleito, 82% dos eleitores brasileiros queriam a continuidade da maior parte das coisas que Lula fez. Se adicionarmos a esta informação o eleitorado reconhecer a agenda do acesso, os programas sociais do governo e o aumento da capacidade de compra, temos então o corolário de que grande parte do eleitorado desejava a continuidade dessas realizações.

A continuidade de um governo e de suas políticas públicas é simples quando o ocupante da presidência pode disputar a reeleição, basta mantê-lo no cargo. Contudo, Lula já tinha sido reeleito em 2006 e, em 2010, expressar pelo voto o desejo de continuidade implicava achar que Dilma poderia representar isso. Não se tratava de algo trivial. Na verdade, quando não há reeleição, é menos óbvio para o eleitor que a pessoa indicada é realmente a mais capaz para dar continuidade ao que vinha sendo feito, e as pesquisas captaram isso. Perguntou-se apenas para os que tinham respondido que o próximo presidente deveria dar continuidade ao que Lula vinha realizando: "Quem mais poderia fazer isso?" Havia duas opções de resposta: "Dilma é quem mais pode dar continuidade ao que Lula fez" ou "Serra e Aécio são os que mais podem dar continuidade ao que Lula fez". O nome de Aécio em uma das respostas se deveu a dois motivos. Como a pergunta passou a ser feita antes da oficialização do candidato do PSDB a presidente, e diante da disputa interna entre Serra e Aécio, a inclusão dos dois nomes era o que permitia contemplar as duas possibilidades, isto é, a pergunta seria útil para a série de dados qualquer que fosse o escolhido. O segundo motivo foi confrontar Lula e Dilma com a força total do PSDB: Serra era conhecido nacionalmente e tinha sua base eleitoral no maior colégio eleitoral do país, São Paulo; e Aécio, no segundo maior colégio eleitoral, Minas Gerais.

Em dezembro de 2009, exatamente 43% do eleitorado considerava que Dilma era quem mais poderia dar continuidade ao que Lula tinha realizado e 34% achavam que Serra e Aécio eram aqueles que mais poderiam fazer isso. Nada menos do que 23% não souberam responder a esta pergunta. Até julho de 2010, a porcentagem dos que associavam Dilma à continuidade das realizações do governo Lula gravitou em torno de 50%, ao passo que Serra e Aécio ficaram com a preferência de algo em torno de 35%. Em agosto, setembro e outubro de 2010, já na reta final da campanha eleitoral, o reconhecimento de Dilma como a mais capaz de dar continuidade aumentou para 60% e o da dupla tucana caiu para aproximadamente 30%. Naquele momento, apenas 11% não sabiam responder a esta pergunta. É muito provável que se Lula disputasse uma nova reeleição, uma porcentagem maior de votantes iria dizer que ele era quem mais poderia dar continuidade, e Serra e Aécio provavelmente ficariam com um percentual menor do que o obtido no confronto com o nome de Dilma.

É inquestionável, diante deste padrão de resposta, que o eleitor não estava simplesmente esperando a indicação de Lula para fazer, acriticamente, o que ele queria. A formulação da pergunta é clara quanto ao fato de mencionar a continuidade ao que Lula vinha fazendo. Aliás, se o eleitor fosse acrítico, provavelmente haveria uma porcentagem irrisória afirmando que Serra e Aécio eram os que mais poderiam dar continuidade às realizações do governo Lula. O voto em Dilma, portanto, não se devia à simples indicação de Lula, mas ao fato de a maior parte do eleitorado ter melhorado de vida durante seu governo, ter reconhecido isso, associado a evolução do bem-estar às políticas públicas e estar, naquele momento, desejoso de que o cenário atual tivesse continuidade. A indicação de Lula, portanto, funcionou como uma forma de economizar a necessidade de se obterem informações detalhadas sobre a política, fazendo o eleitor pensar da seguinte maneira: "Minha vida melhorou durante o governo Lula graças ao que foi feito por ele, assim, a pessoa que ele indicar tem mais chances de continuar o que ele fez do que outro candidato que não tenha sido apontado por ele."

A SEGUNDA REELEIÇÃO DE LULA, A PROVA DOS NOVE

Pesquisas presenciais e face a face têm a desvantagem de serem mais caras do que as telefônicas, mas têm a vantagem de permitir a utilização de métodos impossíveis em outras modalidades de levantamento de dados. Em julho de 2009, os entrevistados tiveram de responder a uma pergunta de intenção de voto de segundo turno olhando um cartão de fotos. Em um papel tamanho ofício havia, do lado esquerdo, a foto de Dilma e, sob ela, a foto de Lula. Entre as duas imagens, estava escrito: "Dilma com apoio de Lula." Do lado direito do mesmo cartão, em cima, havia a foto de Serra e, sob ela, a foto de Aécio. Entre as duas imagens, estava escrito: "Serra candidato a presidente e Aécio de vice." Um ano e três meses antes da eleição, "Dilma com apoio de Lula" teve 48% dos votos e Serra e Aécio ficaram com 35%. Em outubro de 2009, a mesma pergunta apresentou empate técnico na casa dos 40% de votos para cada lado. Isso se explica porque Dilma se retirou das aparições públicas com Lula devido ao tratamento da grave doença que a acometeu naquele ano. No decorrer de 2010, a pergunta foi repetida ao longo de vários meses e "Dilma com apoio de Lula" ficou sempre bem à frente da chapa tucana. Esta maneira de formular a pergunta foi um poderoso previsor do resultado eleitoral, diga-se, com mais de um ano de antecedência.

O sucesso do governo Lula tornou o então presidente o principal cabo eleitoral de 2010. Mais que isso, Lula tinha condições de eleger qualquer um que fosse o candidato do PT. Novamente, não custa repetir, foi assim porque as pessoas queriam a continuidade do que tiveram naqueles anos: acesso a novos bens e serviços, consumo crescente. A prova de que Lula teria eleito qualquer candidato vem da mesma metodologia com o cartão de fotos. Outras duas simulações de segundo turno foram realizadas, uma delas trocando de lugar as fotos de Dilma e Serra. Assim, de maio a outubro de 2010, os respondentes escolheram também entre "Serra com apoio de Lula" e "Dilma para presidente e Aécio de vice". Nos meses de maio, junho e julho, Serra teria derrotado Dilma por algo em torno de 50% dos votos contra 26%. Já em agosto, setembro e outubro, houve empate, com aproximadamente 40% dos votos para cada candidatura. O resultado faz todo sentido, pois naqueles meses próximos à eleição, o eleitorado já sabia que Dilma, e não Serra, era a candidata apoiada por Lula. O fato é que o resultado de maio a julho é suficiente para revelar que Dilma foi eleita porque foi a escolhida de Lula para ser candidata; se fosse outra a pessoa escolhida, também teria vencido. O que a pesquisa mostra é que aquele resultado foi equivalente a uma segunda reeleição de Lula.

A outra simulação foi realizada com Lula apoiando o coordenador da pesquisa e um dos autores deste livro. Assim, a foto de Dilma foi substituída por uma foto dele e a simulação de votos, portanto, foi entre "Alberto Carlos Almeida com apoio de Lula" contra "Serra candidato a presidente e Aécio de vice". Em agosto de 2010, houve empate técnico, a candidatura de Alberto teve 28% dos votos e a chapa Serra e Aécio, 32%. É possível que com alguma exposição pública e dois ou três debates Alberto viesse a ultrapassar Serra. Brincadeiras à parte, esta simulação de votos apenas reforça o resultado anterior ao mostrar que um ilustre desconhecido, com apoio de Lula, poucos meses antes da eleição, se tornaria um candidato competitivo diante do ex-governador do estado mais importante do país. Dito de outra maneira, qualquer que fosse o político do PT escolhido para disputar a eleição de 2010, teria sido eleito. Conforme ele se tornasse conhecido e o eleitorado passasse a considerá-lo aquele com mais condições de dar continuidade ao que Lula fez, ele cresceria na intenção de votos.

A MÃO E A LUVA

O contexto da eleição é simbolizado pela luva. A mão que melhor se encaixa no contexto acaba vencendo o pleito. A luva de 2010 era formada por inúmeros retalhos de tecido: carne, cerveja, motos, automóveis, TV, geladeira, celular, faculdade, contas bancárias, moradias, Farmácia Popular, Bolsa Família, dentre os mais vistosos. As circunstâncias eram francamente governistas, tratava-se de uma eleição de continuidade. A grande maioria do eleitorado queria que o presidente a ser eleito em 2010 continuasse tudo ou a maior parte do que vinha sendo feito no governo Lula. Políticos não tomam decisões técnicas, mas, sim, decisões políticas. Diante de tais evidências de pesquisas e de tal contexto social e econômico, teria sido mais racional para Serra manter-se bem fincado em sua base eleitoral do estado de São Paulo.

Ele preferiu se arriscar em uma eleição na qual suas chances eram mínimas. Resultado: foi derrotado por uma candidata que nunca tinha submetido seu nome às urnas e a fila de candidatos a presidente pelo PSDB andou. Em 2014, Aécio seria o escolhido para enfrentar Dilma em sua reeleição. Em 2010, Serra poderia ter sido reeleito governador de São Paulo, deixado Aécio ser derrotado pela candidata indicada por Lula, e só ter disputado uma segunda eleição presidencial em 2014.[46]

Políticos acreditam que controlam as principais variáveis de qualquer eleição. De alguma maneira, nutrem versões sutis de pensamento mágico. O marqueteiro genial é uma delas; fatos isolados que supostamente mudaram o destino de uma eleição é outra. Aliás, é esse tipo de crença que leva as pessoas a pensar que um aparente atentado com bolinhas de papel influencie os eleitores. Não havia absolutamente nada que pudesse ser realizado por Serra e seu partido que tivesse modificado o desfecho daquela eleição.

2014: a luva rasgada pela inflação

Em 2010, a vitória de Dilma sobre Serra foi folgada, 12 pontos percentuais de vantagem. Em 2014, sua reeleição foi bastante apertada, com uma margem de somente 3,28 pontos percentuais. Os dois resultados são separados não apenas por quatro anos, mas, principalmente, por uma notável piora do ambiente político, da situação econômica e do consumo da população brasileira. É impossível separar a política da economia. Quando a política vai bem, pode ser que a economia siga ou não o mesmo trilho de sucesso. Contudo, quando a política vai mal, dificilmente não há impacto negativo sobre a economia e o consumo.

O deputado federal Marco Maia (PT) se tornou presidente da Câmara dos Deputados no dia 17 de dezembro de 2010. Tradicionalmente, o presidente da Câmara é eleito e empossado no cargo no início de fevereiro, mas a eleição e posse de Maia foi antecipada porque Michel Temer tinha renunciado a este cargo para assumir a vice-presidência da República. Marco Maia, do PT do Rio Grande do Sul, estado onde a presidente que tomaria posse tinha feito sua carreira de administradora pública, comandou a casa legislativa nos dois primeiros anos do governo Dilma. A articulação que resultou em sua eleição para presidir a Câmara ocorreu ainda no governo Lula e sob os auspícios do então presidente.

Quatro anos mais tarde, em 1º de fevereiro de 2015, Eduardo Cunha (MDB),[1] do Rio de Janeiro, assumiria a presidência da Câmara dos Deputados depois de derrotar, já no primeiro turno, o candidato apoiado por Dilma, o deputado Arlindo Chinaglia (PT), por 52% dos votos contra apenas 26%.

A regra é que a campanha para a presidência da Câmara ocorra sem a interferência da presidência da República, cujo ocupante se abstém de dar declarações públicas de apoio a este ou àquele candidato, tampouco seus auxiliares, assim como não há distribuição de cargos ou liberação de emendas com a finalidade de eleger o preferido do Palácio do Planalto. Porém, é igualmente comum que haja alinhamento entre o presidente da Câmara e o presidente da República, e isso acontece porque, ainda que não haja interferência ostensiva e direta do Poder Executivo na eleição, conversas e articulações são realizadas para assegurar a colaboração entre os dois poderes.

O que ocorreu durante o primeiro mandato de Dilma foi a deterioração do ambiente político, a ponto de o primeiro presidente da Câmara ter sido um deputado de seu partido e mesmo estado onde ela fez carreira, e o último, um deputado frontalmente de oposição ao governo. Essa deterioração teve impacto em todas as áreas do governo, afinal, como diz a própria nomenclatura, uma agenda de política pública, dentre as quais a política econômica, é a mais importante delas, demanda, em primeiro lugar, "política".

Uma das grandes realizações de Lula foi estabelecer a sólida aliança parlamentar entre o PT e o MDB. Graças a essa coligação, seu governo desfrutou de notável estabilidade e pôde levar a cabo ações almejadas por seu partido que resultaram na redução da desigualdade de renda, no combate à pobreza e na ampliação do acesso a bens e serviços. Pode-se também dizer que uma das grandes realizações de Dilma foi desfazer a aliança. Neste caso, as consequências não foram boas.

O MDB era o segundo maior partido da Câmara dos Deputados e foi agraciado por Dilma com ministérios que tinham pouco acesso a recursos discricionários. O principal ministério sob o controle do partido foi o das Minas e Energia, alocado para o grupo político do ex-senador Sarney; o Ministério da Agricultura coube aos aliados do então vice-presidente Michel Temer. Ademais, Dilma apoiou o ex-prefeito de São Paulo, Gilberto Kassab, em seu objetivo de formar um novo partido, o PSD. Vale lembrar que Kassab se desfiliou do DEM, em março de 2011, quando passou a considerar elevadas as chances de formar seu partido. Fazer um partido do zero não é fácil. Kassab só foi bem-sucedido porque contou com o auxílio do governo. Dilma e seus auxiliares de maior confiança não escondiam que um PSD grande tinha por objetivo tornar o MDB menos importante ou até mesmo descartável.

O MDB, além de ser o então maior partido congressual, somando senadores e deputados, era o partido com as mais amplas e sólidas conexões na burocracia pública e no Judiciário. É fundamental na política relacionamentos de longo prazo, e o MDB os tinha. Renan Calheiros, Sarney e Romero Jucá, dentre outros próceres do partido, eram, há anos, responsáveis pela sugestão de nomes para os diferentes tribunais superiores do Brasil. Não convinha, portanto, deixar seus políticos com um pé atrás. Ao ajudar na formação e legalização do PSD, Dilma não apenas deixava o partido de seu vice-presidente ressabiado, mas perdia sua confiança, principal condição para o estabelecimento de qualquer acordo. Imagine, a partir daquele momento, a situação de uma deputada ou de um senador, do MDB, frequentando Brasília semanalmente, ouvindo conversas no Congresso e notícias na mídia dizendo que o PSD, caso ficasse grande, permitiria que Dilma diminuísse a presença do MDB no governo. Foi devastador. A aliança entre PT e MDB havia sido rasgada.

A REDUÇÃO DO CONSUMO E A INFLAÇÃO

Dilma recebeu o país de Lula com pelo menos metade da população na classe média.[2] No ano que foi eleita, o Brasil bateu um recorde de crescimento do PIB: 7,5%, o maior crescimento desde 1986.[3] Em dezembro 2010, a taxa de juros Selic estava em 10,75%[4] — devido à prioridade conferida pelo então presidente do Banco Central, Henrique

Meirelles, ao controle da inflação.[5] Naquele ano, o Índice de Preços ao Consumidor Ampliado (IPCA) ficou em 5,91%.[6] Esse índice é importante porque diz muito a respeito do preço dos alimentos, fator-chave durante o primeiro mandato de Dilma. Aliás, em todos os anos do primeiro governo Lula a inflação caiu: foi de 12,5% em 2002 e terminou em 3,14% no ano eleitoral de 2006.[7] Em seu segundo mandato, ela ficou estável. A autonomia de Meirelles era tão grande que no ano eleitoral de 2010, quando Lula trabalhava com afinco para eleger Dilma, Meirelles aumentou a Selic em dois pontos percentuais, revelando grande compromisso com o controle dos preços. Lula sempre se preocupou com a inflação. Em abril de 2008, em uma entrevista concedida em Brasília ao *Diários Associados*, ele disse: "Eu acho que a inflação tem que ser controlada porque, durante 27 anos da minha vida, vivi de salário, como trabalhador, e sei que a inflação é uma desgraça na vida de um trabalhador, e sei que a inflação é uma desgraça na vida de um operário que recebe salário."[8] Dilma não pensava assim. Alexandre Tombini, funcionário de carreira do Banco Central (BC), foi o escolhido por ela para presidir o banco que define a política monetária. O fato de Tombini não ser egresso do mercado financeiro indicava que ele tinha outra forma de pensar, outros interesses, e poderia afinar mais facilmente com os objetivos da presidência da República. Quando alguém sai do mercado financeiro e vai para o BC, sabendo que um dia acabará voltando ao mercado, procura tomar decisões consoante as expectativas do meio de onde saiu; esse comportamento não se aplica a um funcionário público de carreira. Uma das expectativas que o mercado deposita no presidente do BC é a utilização da taxa de juros para controlar a inflação.

Como esperado, Tombini agiu de acordo com a estrutura de incentivos de sua trajetória profissional: já em 2011, os juros começaram a ser baixados, para surpresa de alguns analistas do mercado financeiro.[9] No primeiro trimestre de 2011, o crescimento da despesa de consumo das famílias foi de 6,4% e, no segundo trimestre, de 6,5%, ambos maiores do que o dos dois últimos trimestres do governo Lula.

Todavia, a partir do terceiro e quarto trimestres de 2011, o indicador caiu gradativamente para 5,6% e 4,8%, respectivamente.[10] É possível que a redução do consumo no curto prazo tenha ajudado a manter a decisão de continuar baixando a Selic, algo que foi feito pela gestão de Tombini até outubro de 2012, quando a taxa básica de juros ficou em 7,25%, e assim permaneceu até março de 2013. É razoável que o governo tivesse a expectativa de que haveria um forte crescimento do consumo para compensar o incômodo de uma inflação em estado febril. Porém, isso não ocorreu.

Nos dois primeiros trimestres de 2012, as despesas de consumo das famílias despencaram para 3% e 2,6%, respectivamente.[11] Durante os quatro últimos anos do governo Lula, em apenas um trimestre este indicador ficou nesta magnitude, no início de 2009, em função do impacto da crise financeira mundial de 2008, em todos os demais trimestres foi maior.[12] O ano de 2013 começou com a taxa básica de juros em 7,25% e inflação anual, medida pelo IPCA, de 6,15%.[13] Por isso, em abril daquele ano, Tombini se viu obrigado a subir a taxa de juros novamente para 7,5%.[14] Além disso, a própria presidente da República passou a se empenhar pessoalmente em controlar os preços administrados: Dilma pediu aos então prefeitos do Rio de Janeiro, Eduardo Paes (PMDB), e de São Paulo, Haddad (PT), que adiassem o reajuste das tarifas dos transportes públicos.[15] Ambos anuíram.

A mídia divulga as notícias que são mais lidas e acompanhadas pelas pessoas de renda e escolaridade mais alta. Em se tratando de razões comerciais, é compreensível que seja assim. Ao mesmo tempo, os analistas acabam não considerando acontecimentos relativamente ocultos pelo noticiário. Esse é um dos motivos que levam as pessoas a darem pouco peso à inflação de alimentos. Este fenômeno atinge os mais pobres, uma fatia relevante de consumidores e eleitores. A inflação de alimentos passou a aumentar em 2012 e, entre março desse ano e março de 2013, os preços dos alimentos descolaram do Índice de Preços ao Consumidor (IPC) e subiram mais de 30%.[16] O que provoca estrago no índice de inflação é o tamanho da variação dos preços desses produtos, não o peso que eles têm isoladamente no indicador.[17] No mesmo período, o IPCA-15, que funciona como uma prévia do IPCA, subiu 6,43%. Parece prosaico demais ter de chamar a atenção para o aumento de mais de 150% no preço da farinha de mandioca em doze meses.[18] Frutas, legumes e verduras aumentaram mais que 33%, e cereais, arroz e feijão, mais que 34%. Isso significa que a perda do poder de compra estava todo dia na casa dos mesmos trabalhadores que experimentaram a inflação controlada nos oito anos do governo anterior.

Coincidentemente, no mesmo mês de março de 2013 e um dia antes de o Banco Central divulgar um relatório trimestral sobre as perspectivas da inflação para aquele ano, Dilma deixava claro que a sua visão sobre o aumento de preços era diferente daquela de Lula: "Eu não concordo com políticas de combate à inflação que 'olhem' a questão do crescimento econômico, até porque temos uma contraprova dada pela realidade: tivemos um baixo crescimento no ano passado e um aumento da inflação, porque houve um choque de oferta devido à crise e fatores externos." Ela defendia a ideologia desenvolvimentista, ao passo que Lula sempre fora bastante pragmático; Dilma tinha total clareza do dilema entre crescimento econômico e inflação baixa, e também tinha uma posição transparente quanto a isso: "Esse receituário que quer matar o doente antes de curar a doença é complicado. Eu vou acabar com o crescimento do país? Isso daí está datado. É uma política superada."[19] Estava em vigor o que ficou conhecido como a Nova Matriz Econômica implementada pelo governo Dilma. Não parece ter sido mero acaso que o preço da comida tenha aumentado tanto imediatamente antes da eclosão dos protestos de 2013.

Por alguma razão eternamente debatida pelos economistas, a inflação brasileira precisa ser controlada com rédea muito curta. Aliás, há quem ache que essa regra não se aplica apenas ao Brasil. Vale, porém, fazer a ressalva de que não se tratava de uma conjuntura macroeconômica simples. O mundo vivia um período prolongado de estagnação nos investimentos, resultado da crise financeira de 2008 e, em relação ao preço dos alimentos, não se pode perder de vista a crise da oferta de *commodities* em 2012 e os problemas climáticos do período.[20] Além disso, é possível que as famílias tenham encontrado limites na própria capacidade de endividamento, o que enfraquecia ainda mais o consumo.[21]

De todo modo, ainda havia no governo Dilma ganhos sociais e de consumo acumulados e advindos do governo Lula e, em seu primeiro mandato, alguns desses ganhos se mantiveram ou mesmo foram ampliados. A porcentagem de nordestinos que utilizaram avião crescera de 6%, em 2009, para 17%, em 2013.[22] Os gastos com o Programa Bolsa Família subiram de cerca de R$ 14,3 bilhões, em 2010, para quase R$ 27,1 bilhões, em 2014.[23] A taxa líquida de matrículas em cursos superiores continuou crescendo,[24] saindo de 14,5%, em 2010, para 17,6%, em 2014.[25] Em 2013, como uma das respostas às grandes manifestações de rua ocorridas naquele ano, o governo lançou o Programa Mais Médicos, que tinha por objetivo atender uma demanda antiga da população: a falta de médicos na atenção básica, sobretudo em municípios menores e das regiões Norte e Nordeste.[26] De todo modo, as medidas implementadas por Dilma na área econômica, em particular a escolha de afrouxar o controle da inflação e estimular o consumo com entusiasmo, resultaram em um cenário de grande imprevisibilidade para as eleições de 2014.

Nunca saberemos o que teria acontecido à inflação se Alexandre Tombini não tivesse reduzido a Selic entre 2011 e 2012: o contrafactual não existe. É razoável supor, todavia, que ela não teria subido a ponto de o governo federal solicitar aos prefeitos do Rio de Janeiro e de São Paulo que não aumentassem as tarifas de ônibus, assim como levar adiante a decisão de reduzir em 18% o preço da conta de luz para os domicílios e em 32% para a indústria.[27] A tentativa de aumentar o poder de compra do consumidor e estimular a indústria a produzir mais não surtiu o efeito esperado, tampouco teve papel decisivo no controle da inflação, que se manteve em curva ascendente. A inflação já havia se espalhado pela economia, tornando-se mais resistente ao remédio amargo do aumento de juros. Além disso, a segunda metade do mandato de Dilma foi marcada por forte dissonância entre os preços livres — que aumentavam — e os preços administrados — que estavam artificialmente contidos[28] —, e também pelo início do desequilíbrio das contas públicas devido à redução dos preços da energia elétrica.[29]

O ano de 2014 foi prejudicial aos mais pobres em função da inflação crescente.[30] Não é surpreendente, portanto, que o noticiário tenha sido dominado por manchetes ruins sobre a economia: foram 868 manchetes negativas, 181 neutras e somente 77 favoráveis.[31] Quando se trata da vida real dos eleitores, como são os fenômenos da inflação e do desemprego, o noticiário dificilmente fica distante da realidade. O desempenho da economia propiciava um ambiente favorável a uma candidatura que desafiasse o tradicional favoritismo de quem disputa a reeleição. Nunca é ocioso recordar que Fernando Henrique, considerando todo o período de oito anos de governo e não apenas 2002, controlou a inflação graças aos juros elevados. Lula também entregou inflação baixa, com juros baixos o suficiente, porém, para permitir um grande aumento do consumo. No caso de Dilma, o ano eleitoral de 2014 foi caracterizado por juros de dois dígitos, inflação alta e consumo em queda. As despesas de consumo das famílias durante todo o ano de 2014 foram as menores desde 2004: 3,6% de janeiro a março; 2,5% no segundo trimestre e, nos dois últimos, 2,1% e 2,3%, respectivamente.[32] A luva do consumo tinha sido rasgada.

OS PROTESTOS DE 2013, INFLAÇÃO E FUTEBOL

Os protestos de 2013 resultaram em uma queda vertiginosa da avaliação positiva do governo Dilma. Muito se fala sobre aqueles acontecimentos e pouco se menciona quatro antecedentes importantes. O primeiro deles foi a excepcionalidade de um aumento de tarifas de ônibus no meio do ano, afinal, a inflação estava subindo e os prefeitos do Rio e de São Paulo atenderam à demanda do governo federal para não majorar as tarifas em janeiro, mês de férias escolares. É provável que se Tombini não houvesse reduzido os juros entre 2011 e 2012, a inflação estivesse sob controle e esse pedido inédito não tivesse sido realizado. Havia o risco de a inflação de janeiro de 2013 atingir 1% se as passagens fossem aumentadas naquele mês. Em junho, com os estudantes em pleno período de aulas, tornou-se viável a mobilização para protestos que se opunham àquela decisão fora de época. As aulas foram um facilitador para a organização das manifestações, nada substitui o contato presencial quando se trata de mobilizar as pessoas para irem às ruas.

O segundo antecedente relevante foi a inflação de alimentos. A decorrente insatisfação supostamente invisível foi detectada por uma pesquisa realizada em todo o Brasil nos dias 6 e 7 de junho, pouco antes, portanto, da eclosão dos protestos em São Paulo.[33] Nada menos do que 91% disseram que costumavam ir ao supermercado para comprar alimentos; destes, 80% tinham notado aumento de preços nos últimos trinta dias, o que equivale a afirmar que 72% dos eleitores tiveram contato direto, no mês anterior aos protestos, com a perda de capacidade de compra de comida.[34] O mesmo levantamento revelou uma piora substancial das expectativas acerca da inflação: no final de março daquele ano, 45% achavam que ela iria aumentar; o número saltou para 51% na primeira semana de junho. O resultado foi a significativa piora da avaliação positiva do governo Dilma. Em março, 65% o consideravam ótimo e bom; e, em junho, 57% diziam o mesmo. A queda foi generalizada, atingiu todas as regiões e classes sociais do país. A avaliação do desempenho do governo foi ainda pior em relação especificamente à área econômica: 49% o consideravam ótimo e bom. Para completar, a mesma pesquisa perguntou sobre intenção de voto para presidente e, como esperado, Dilma e Lula (também testado na pesquisa) perderam apoio entre março e junho.

É provável que tanto a queda da popularidade por causa do aumento dos preços dos alimentos, quanto os protestos de junho facilitados pelo aumento das tarifas de ônibus fora de época não ocorressem se Dilma tivesse mantido a política de controle de inflação adotada por

Lula. Como se diz no futebol: *não se mexe em time que está ganhando*. E foi exatamente o futebol o terceiro ingrediente que levou milhares, talvez, milhões, às ruas.

Todos conhecem a frase, de inspiração marxista, *o futebol é o ópio do povo*. Em *Crítica da filosofia do direito de Hegel*, Karl Marx escreveu, em 1843, que a religião era o ópio do povo. Ele foi muito claro ao afirmar que a religião era o suspiro da criatura oprimida, que a classe trabalhadora não fazia a revolução socialista porque, dentre outras coisas, o seu sofrimento era aliviado pela religião, que prometia uma vida no Céu após a morte, como recompensa por uma experiência terrena de sofrimento, própria das pessoas pobres e oprimidas. O ópio anestesia, a religião e o futebol, também, para alguns. Há muitos anos, faz parte de diálogos corriqueiros no Brasil o argumento de que a população pobre do país é anestesiada pelo futebol e pelo Carnaval.

Em 1994, depois de 24 anos sem ganhar uma Copa do Mundo, o Brasil sagrou-se tetracampeão nos Estados Unidos. Naquele ano, o futebol teria funcionado como o ópio do povo, uma vez que o governo Itamar Franco elegera presidente o seu ex-ministro da Fazenda, Fernando Henrique. Porém, apenas quatro anos mais tarde, essa explicação do comportamento do brasileiro, que mistura política e futebol, não encontraria mais confirmação. A seleção brasileira sofreu uma derrota acachapante na final para a França e acabou ficando em segundo lugar. Todavia, Fernando Henrique foi reeleito presidente no primeiro turno. Em 2002, a visão de que o futebol é o ópio do povo sofreria um novo revés. O Brasil seria pentacampeão na primeira Copa sediada conjuntamente por dois países, Coréia do Sul e Japão, e, mesmo assim, o candidato do governo, Serra, viria a ser derrotado pela oposição, representada por Lula. Nas duas eleições subsequentes, o Brasil não se sagrou campeão, a Itália ganhou a Copa de 2006 e a Espanha, a de 2010. Mesmo assim, nesses dois anos, o governo venceu a eleição presidencial: em 2006, com a reeleição de Lula, e em 2010, com a vitória de Dilma.

Considerando as cinco eleições presidenciais ocorridas desde que Fernando Henrique foi eleito presidente pela primeira vez, apenas em 1994 o futebol, supostamente, teria sido o ópio do povo; em todas as outras, ele não anestesiou nem aliviou os efeitos da pobreza. O futebol também não foi capaz de motivar a população contra o governo, pois, em vários anos de derrota em Copas do Mundo, o governo acabou vencendo a eleição presidencial. No caso da Copa das Confederações, em 2013, realizada um ano antes da Copa do Mundo a fim de testar a capacidade de organização do país-sede, o futebol teria sido uma espécie de cocaína do povo. Em vez de anestesiar, como faz o ópio, ele excitou, como tendem a fazer os psicotrópicos, que estimulam o sistema nervoso central.

É possível que sem a Copa das Confederações no Brasil, os protestos de junho não tivessem acontecido. O futebol funciona como elemento crucial para a socialização de todos os brasileiros nas regras de um jogo. Desde muito cedo aprendemos, independentemente de sermos meninas ou meninos, que há competição entre diferentes times e que eles disputam para vencer jogos dentro das quatro linhas, e respeitando determinadas regras. O futebol é a maneira mais abrangente, democrática, simples, direta, precoce e fácil de ensinar às crianças que é necessário agir de acordo com um certo conjunto de normas. O futebol ensina mais que isso. Mostra que é possível divergir, que é possível ser adversário e conviver pacífica e respeitosamente. As pessoas convivem em família, no trabalho e na vizinhança, cada qual com o seu time e, após os resultados de jogos e campeonatos, os derrotados têm de aceitar as piadas dos vitoriosos. Os dois lados, vencedores e perdedores, sabem que se trata de uma situação transitória; o vencedor de hoje será, com grandes chances, o derrotado de amanhã. Aprendemos a ser adversários sem nos transformar em inimigos. O futebol, no Brasil, é o reino da meritocracia. Não há jogador que vá a campo porque adula o técnico: ou o desempenho é permanentemente de excelência ou ele é barrado, cedendo lugar a alguém em melhor forma. Tampouco há espaço para qualquer versão de nepotismo. Filhos, irmãos ou parentes de jogadores já consagrados que decidem seguir a mesma carreira do parente célebre precisam mostrar que, de fato, são bons para terem um lugar ao sol. É com o futebol que aprendemos a utilizar a régua da meritocracia. É muito amplo o papel que o futebol tem em nossas vidas e que é resumido na frase que diz que *o Brasil é o país do futebol*.

A Fifa decidiu organizar uma Copa das Confederações e uma Copa do Mundo no país do futebol, onde, em dias de jogos da seleção, todos param de trabalhar. A regulação que a entidade máxima do futebol exerce sobre estes eventos é enorme. As regras determinam as características dos estádios, o que será vendido em seu interior, a maneira de chegar nas imediações, o que os torcedores podem ou não fazer quando vão aos jogos, como se conta o tempo de jogo e, até mesmo, o formato da rede. Fazer isso no país do futebol significou mexer com todo mundo: "Mexeu com o futebol, mexeu comigo." Não foi mero fruto do acaso que a torcida brasileira tenha decidido quebrar uma das regras: o hino nacional só podia ser tocado por um minuto e meio e, no Brasil, isso foi transgredido em todos os jogos e por todos os torcedores presentes nos estádios. É como se os brasileiros tivessem dito: "O hino é meu e o futebol é coisa séria, vou cantar o hino que me representa e ver as pessoas que me representam no campo, mas não vou obedecer às regras, vou fazer do meu jeito."

Os protestos tiveram a ver com o fato de o futebol mobilizar todos os brasileiros. É claro que as causas foram múltiplas, tal como inflação de alimentos e o aumento das tarifas de ônibus no período escolar, mas tudo contou com um grande detonador, algo que diz respeito a todos nós: o futebol. A Copa das Confederações e os estádios inaugurados no primeiro semestre de 2013 deram visibilidade aos gastos com a Copa do Mundo. A população teve a oportunidade de comparar tais despesas — acompanhadas por denúncias de superfaturamento e corrupção — com a qualidade do atendimento público em várias áreas, particularmente na saúde. Por outro lado, a então presidente Dilma absteve-se de elaborar e defender uma narrativa que explicasse ao país qual o sentido de sediar uma Copa do Mundo. Lula dedicou muitas horas de sua vida quando criança, adolescente e jovem adulto ao futebol, jogado com frequência em Santos e nos campos de São Bernardo do Campo. Ele sempre foi um apaixonado pelo esporte bretão. Para ele, teria sido fácil persuadir grande parte dos eleitores de que a Copa do Mundo no Brasil era tanto um coroamento dos anos recentes de desenvolvimento, quanto uma oportunidade para aumentar o *soft power* do Brasil no mundo, atrair turistas e gerar empregos e renda para os mais pobres. Dilma não fez isso, deixando uma lacuna relevante na cabeça dos brasileiros, impedindo-os de entender e justificar tantos gastos com estádios quando a saúde ia mal e os preços dos alimentos subiam. Presidentes da República, quaisquer que sejam elas e eles, pautam a mídia. A inexistência de um enredo que defendesse a Copa fez com que a mídia fosse pautada por narrativas contrárias ao evento. Ali estavam três ingredientes que possibilitaram as grandes manifestações.

A Secretaria de Comunicação da Presidência da República passou a contar com pesquisas quantitativas e qualitativas regulares a partir de julho de 2013, que perduraram até o final do governo Temer. No caso dos grupos focais, as sugestões de comunicação fornecidas para o governo pelos pesquisados eram de grande valia a fim de que o governo federal defendesse a realização da Copa do Mundo de futebol no Brasil.[35] Entre 9 e 17 de setembro de 2013, foram realizados dezoito grupos focais em três capitais do Nordeste e em outras três do Sudeste e vários participantes, de diferentes classes sociais, reconheciam que o evento seria uma oportunidade: "É época de ganhar dinheiro, a Copa no Brasil vai ser uma oportunidade de ganhar dinheiro, eu moro perto do Itaquerão e já estou me programando para vender água na rua, camiseta",[36] "A coisa boa é o turismo e a economia",[37] "É positivo porque agora vai ter um holofote aqui, está chamando atenção, está colocando segurança, uma coisa mais ativa. Pegou o negócio de não jogar lixo no chão".[38] Até mesmo os estádios eram vistos como motivo de satisfação por parte da população: "Mostra que Recife também pode. Temos um estádio de padrão internacional", "Eu acho que o Ceará ter um estádio como esse é um privilégio"; em Belo Horizonte, um participante disse que "É primeiro mundo. Você passa nessa esplanada, dela para frente é diferente", e, em Salvador, foi dito que "É um mundo dentro e outro fora. É diferente". É estranho que de posse de tais informações o governo tenha se limitado a apoiar campanhas publicitárias em vez de utilizar uma forma de comunicação mais efetiva: as falas de quem foi eleita para ocupar o cargo máximo da nação.

O quarto e último fator que antecedeu e causou os protestos de 2013 pode parecer contraintuitivo: grandes movimentos populares de insatisfação acontecem, em geral, quando a situação das pessoas melhora. Foi exatamente o que ocorreu durante todo o governo Lula. Conforme aumentam a prosperidade e a escolaridade, as pessoas se tornam mais insatisfeitas e inquietas, o descontentamento público cresce e cresce o ódio contra as antigas instituições. Aguentava-se a pobreza com paciência, como se fosse inevitável. Assim que as pessoas notaram que não se tratava de algo inevitável, logo surgiu a ideia de se livrar dela imediatamente. O que era tolerado tornou-se insuportável quando a situação melhorou. Quando o mal diminui, a sensibilidade a ele aumenta.[39] Há um ditado que expressa bem o fenômeno: *dá a mão, quer o braço.*

Por isso, quem comprou o primeiro carro ou moto durante o governo Lula ficou irritado ao se deparar, no governo Dilma, com a escassez de recursos para se abastecer. Quem, antes de 2011, havia colocado o filho na universidade queria que o jovem tivesse não somente emprego ao se formar, mas oportunidades crescentes de melhora. A expectativa de vida aumentara muito por causa da enorme redução das doenças infectocontagiosas e era preciso mais: acesso rápido a oftalmologista, cardiologista e outros especialistas com a finalidade não apenas de ter uma vida mais longa, porém também mais saudável. A vida dentro de casa ficou melhor com a compra de vários bens duráveis e semiduráveis, o acesso a novos serviços foi ampliado, assim como as oportunidades de emprego. Lula atendera às expectativas dos eleitores e, por isso, foi reeleito e conseguiu fazer sua sucessora. Estávamos diante da conquista da *mão*, caberia a Dilma dar o *braço*. O travamento das melhorias devido à inflação crescente indicou para o eleitorado que não seria possível conquistar o *braço* e, aí, tudo começou.

O primeiro protesto em uma capital do Sudeste, minúsculo, ocorreu no dia 6 de junho, em São Paulo, quando a prefeitura e o governo do estado reajustaram o valor das passagens de 3 reais para 3,20.[40] Na primeira quinzena do mês, as manifestações se mantiveram localizadas na capital paulista[41] e foram marcadas por forte repressão policial, inclusive contra jornalistas.[42] Diante disso, a mídia acabou dando mais publicidade às manifestações, o que alimentou o seu alastramento para outras capitais. A partir daí, houve um rápido processo de expansão social e de temática. No período mais febril, entre os dias 17 e 22 de junho de 2013, milhões de pessoas foram às ruas em centenas de cidades. O pico dos eventos contra o governo foi em 20 de junho, um dia depois de os prefeitos do Rio de Janeiro e de São Paulo terem cedido às exigências dos manifestantes e baixado as tarifas de ônibus. Era uma quinta-feira, dia de trabalho, quando se estimou que mais de 1 milhão de pessoas foram às ruas.[43] Os protestos começaram a partir de um grupo pequeno de jovens universitários e mobilizaram, em grande medida, a nova classe média que se formou nos governos Lula: 76% estavam no mercado de trabalho e aproximadamente 50% tinham ensino médio completo ou superior incompleto.[44] Ao final daquelas jornadas, o ótimo e bom do governo Dilma tinha caído de 57% para 30%.[45]

A VISÃO DO ELEITORADO: O CONTROLE DA INFLAÇÃO NÃO É TUDO, MAS TUDO SEM O CONTROLE DA INFLAÇÃO NÃO É NADA

O pronunciamento público de Dilma em março de 2013, quando ela relativizou a importância do controle da inflação a fim de promover mais crescimento econômico, acabou por se tornar objeto de pesquisa nacional realizada pela Brasilis com o eleitorado. Em setembro de 2013, os entrevistados foram estimulados a concordar ou discordar de frases que confrontavam o combate à inflação com outros benefícios. Nada menos do que 50% discordaram de que seria melhor "acelerar o desenvolvimento econômico, mesmo com o risco do aumento da inflação"; outros 37%, a minoria, concordaram com a visão, que era a defendida pela então presidente. A agenda social não se saiu muito melhor do que o crescimento da economia: 49% discordaram de "gastar mais na solução dos problemas sociais, mesmo com o risco de aumento da inflação"; outros 40% aceitavam a proposta. Mais uma vez, 51% foram contra "deixar a inflação subir um pouco se contribuísse para o desenvolvimento econômico"; somente 38% concordaram com tal afirmação. Por fim, 59% aceitavam "garantir a estabilidade e a inflação baixa, mesmo que signifique crescimento mais lento da economia", ao passo que reduzidos 29% eram contrários.[46] Tudo indica que Dilma não teve acesso aos dados de pesquisa; se teve, não os incorporou em seus discursos e decisões.

Entre janeiro e outubro de 2014, perguntou-se aos eleitores sobre dois fenômenos que afetam diretamente suas vidas: desemprego e inflação.[47] No caso do desemprego, eles tiveram de escolher uma das duas frases: "Hoje, no Brasil, tem emprego para todo mundo, é só querer trabalhar que tem emprego" ou "Nada disso, está faltando emprego, há pessoa que não conseguem emprego". Havia ainda uma porcentagem muito pequena de pessoas que não respondiam a esta questão, não mais que 6% em janeiro e outubro, e não menos que 3% em abril, agosto e setembro.[48] Quando a pergunta diz respeito à vida real das pessoas, é normal que seja pequena a porcentagem de quem não responde.

A visão do eleitorado brasileiro sobre o desemprego foi bastante estável durante todo o ano de 2014: o percentual máximo de pessoas que consideravam existir emprego para todo mundo foi atingido em março e abril, 51%, e o mínimo em julho, 42%. No mês da eleição, 46% dos eleitores achavam que tinha emprego para todo mundo e que bastava querer trabalhar. A média dos 10 meses foi de 46%. Por outro lado, os que achavam que faltava emprego eram um pouco mais numerosos, chegando ao máximo de 55% em julho e ao mínimo de 51% em março e abril. A média foi de 49%. Na verdade, o eleitorado estava dividido ao meio, aproximadamente metade considerava haver pleno emprego e a outra metade dizia faltar emprego.

No caso da inflação, os entrevistados da pesquisa contínua tiveram as seguintes duas opções de resposta: "Hoje, no Brasil, a inflação está sob controle" ou "Nada disso, a inflação está alta e aumentando". Não houve divisão meio a meio do eleitorado, a grande maioria tinha a percepção de que a inflação era alta e crescente. De janeiro a outubro, a média para esta resposta foi 68%, sendo que, de janeiro a abril, 65% dos eleitores pensavam assim e de agosto até o mês da eleição, o número cresceu para 71%. A resposta positiva do ponto de vista do governo Dilma sensibilizou, na média, somente 25% do eleitorado. Ou seja, quase ¾ dos eleitores de todo o país percebiam a inflação elevada e crescente e apenas ¼ a considerava controlada. Isto teve um impacto formidável na votação de Dilma.

As duas frases sobre desemprego e inflação possibilitaram dividir o eleitorado em quatro grupos distintos. O primeiro tinha uma visão positiva dos dois fenômenos, achava que havia emprego para todos e que a inflação estava sob controle; no mês da eleição, esse era o segundo menor grupo, apenas 18% do eleitorado brasileiro pensava assim. No extremo oposto, o grupo formado pelos que percebiam negativamente desemprego e inflação, estava a maior parte do eleito-rado, nada menos do que 44% consideravam que não havia emprego para todo mundo e que a inflação era elevada e crescente. Vale repetir chamando a atenção para a eleição: Dilma disputou o segundo turno contra Aécio tendo quase 45% dos eleitores com uma visão negativa sobre emprego e inflação. Estava longe de ser um cenário confortável para sua reeleição.

O meio-termo era ocupado pelos que achavam que a inflação estava sob controle, mas que não tinha emprego para todos: 6%, a menor fatia dos quatro grupos; e pelos que diziam que a inflação estava au-mentando, mas que havia emprego para todo mundo: 26%. A soma dos quatro grupos, em outubro de 2014, abrangia 94% do eleitorado; os 6% que ficaram de fora destes segmentos não responderam uma ou as duas perguntas sobre a economia.

Vale resumir os quatro grupos de eleitores quanto à avaliação das duas variáveis mais importantes da economia em um país com um perfil de emprego e renda como o Brasil e no mês da eleição: pleno emprego e inflação controlada, 18%; pleno emprego e inflação aumentando, 26%; falta de emprego e inflação controlada, 6%; falta de emprego e inflação aumentando, 44%. Os dois extremos — emprego e inflação com avaliações positivas e ambos com avaliações negativas — estavam bem distantes, separados por 26 pontos percentuais. Um grande problema para Dilma.

O eleitor sente o que está acontecendo em sua vida, avalia o que é mais e menos importante, e utiliza a combinação de ambas as coisas para decidir em quem votar. Nos últimos três meses da campanha — agosto, setembro e outubro —, em torno de 80% de quem achava que tinha emprego para todo mundo e que a inflação estava sob controle votava em Dilma; Aécio conseguia apenas 11% de votos deste eleitorado. E faz todo sentido: dentre as pessoas que avaliavam emprego e inflação de maneira favorável, a grande maioria queria a continuidade de Dilma na presidência. A má notícia para ela é que esse grupo constituía menos de um quinto do eleitorado. A votação de Dilma piorava um pouco com o grupo que dizia não haver emprego para todo mundo, mas achava que a inflação estava controlada: 70% em outubro, enquanto Aécio tinha 20% deste segmento. Note-se que a diferença era de 10 pontos percentuais a menos para Dilma e 10 pontos percentuais a mais para Aécio. Ou seja, esse era o impacto no voto quando permanecia constante a visão de que a inflação estava controlada, mas piorava quanto ao emprego.

A grande diferença no voto, porém, ocorria quando a situação de aumento dos preços era percebida como fora de controle. Aécio empatava com Dilma em relação aos que avaliavam o cenário como de pleno emprego e inflação descontrolada, 44% a 42%; e abria uma larga vantagem quando os dois cenários eram avaliados como negativos: 57% para ele e 25% para ela. Vale lembrar que este era o maior grupo do eleitorado, 44%. Foi por isso que Dilma venceu com uma margem muito pequena.

O reconhecimento da inflação como um problema importante abrangia tanto eleitores que avaliavam o governo Dilma como ótimo e bom quanto os que o avaliavam como ruim e péssimo, o que ficou evidente nas pesquisas qualitativas da Secretaria de Comunicação da Presidência da República. Em duas rodadas grandes de grupos focais, realizadas em março e em abril de 2014, havia o reconhecimento generalizado desta mazela: "O problema é que quando aumenta o salário mínimo, aumenta a inflação também: o arroz, o feijão, o preço do óleo, roupa",[49] "Aumenta o salário mínimo, nesse ano acho que aumentou para 700 e pouco, mas daí aumenta tudo",[50] "Eu fazia uma compra com 50 reais. Hoje você traz duas sacolinhas. Eu acho que o custo de vida está bem elevado. Meu salário não subiu conforme a gasolina, as coisas de supermercado, o plano de saúde".[51] Os resultados dos grupos focais indicavam grande preocupação com a inflação e a sensação de que o governo federal tinha perdido o controle. Havia, já no primeiro semestre do ano eleitoral, o temor de que o aumento de preços ameaçasse os ganhos de consumo obtidos no passado. Mais uma vez, não surpreende que o resultado daquela eleição presidencial tenha sido tão apertado.

DESEJO DE CONTINUIDADE: MAIOR EM 2010 DO QUE EM 2014

Diante do aumento da inflação no governo Dilma, o eleitorado passou a querer menos a continuidade das coisas que ela fez do que em 2010, quando a mesma questão foi levada para o eleitorado referindo-se às realizações de Lula. Pouco tempo antes do segundo turno de 2014, apenas 29% queriam "a continuidade de tudo que Dilma fez" e outros 27% queriam "a continuidade da maior parte do que ela fez". Somando as duas porcentagens, tem-se 57%. Já a mudança não ficava muito atrás, apenas 14 pontos percentuais, uma vez que 24% demandavam "mudar a maior parte do que Dilma fez" e 19% queriam "mudar tudo o que Dilma fez", um total de 43%. A título de comparação, vale recordar que, ao final do segundo mandato de Lula, o desejo de continuidade estava acima de 80% e o de mudança gravitava em torno de somente 15%; continuidade e mudança estavam separadas por 65 pontos percentuais. A história provavelmente teria sido diferente se a inflação estivesse controlada de 2011 a 2013, se o aumento das tarifas de ônibus tivesse sido realizado em janeiro de 2013, se o consumo das famílias não tivesse seguido uma trajetória de queda, se Dilma tivesse pautado a mídia com uma narrativa que justificasse a realização de uma Copa do Mundo no Brasil e, por fim, se o governo não tivesse dado motivos ao MDB para desconfiar que seria substituído como principal aliado por um partido que estava sendo criado.

Diz-se que *a voz do povo é a voz de Deus*, assim, do ponto de vista da opinião pública, e comparando o final do governo Lula com o quarto ano do governo Dilma, a inflexão foi imensa: para o eleitorado, ele foi um sucesso e ela foi frustrante. Fica evidente também que o grande problema que levou o eleitorado a querer mudança foi a inflação. Os dados não mentem jamais. A sua reeleição foi praticamente uma *vitória de Pirro*, ela ficou com a presidência para resolver os problemas criados nos primeiros quatro anos de seu governo, o principal deles, a inflação, e a partir daquele momento ela passava a não contar com o apoio e a confiança dos antigos parceiros de Lula e dela no início de seu mandato, o MDB e o Centrão.

Haverá quem argumente que a luva rasgada poderia ter sido vestida por Eduardo Campos não tivesse ocorrido o trágico acidente aéreo que levou sua vida. De fato, o ex-governador de Pernambuco concorria a presidente pela primeira vez, era candidato pelo Partido Socialista Brasileiro (PSB) e mantinha boas relações com Lula e o PT. A sua campanha seguira a linha de oposição moderada a Dilma e ele, sem ser nacionalmente conhecido, estava próximo de atingir os dois dígitos nas pesquisas de intenção de voto quando morreu. Como

2014: A LUVA RASGADA PELA INFLAÇÃO

acontece com tudo que é contrafactual, jamais saberemos se ele teria ou não derrotado Dilma. O que realmente ocorreu foi o crescimento vertiginoso de Marina Silva nas pesquisas, a companheira de chapa que o substituiu na disputa. De todas as eleições ocorridas entre 1989 e 2018, a votação de Marina Silva no primeiro turno foi a mais elevada obtida por uma terceira colocação, 21,32% dos votos válidos. Somadas a votação dela com a de Aécio nesta rodada da eleição, que foi de 33,55%, ultrapassavam-se os 54%, que também caracterizavam a luva rasgada pela inflação. Uma interpretação direta e simplória deste resultado indicava que a maior parte do eleitorado preferia a oposição.

Em uma luva rasgada pela inflação poderia caber qualquer mão. Assim, desde 1989 até a eleição de 2018, aquela foi a disputa em que a vencedora abriu a menor vantagem em relação ao adversário. O cenário não era claro o suficiente para indicar com relativo grau de segurança quem venceria. Talvez Aécio pudesse ter vencido caso algum fator — qualidade da campanha, recursos financeiros ou linha de comunicação — tivesse sido um pouco diferente. Tratou-se de uma eleição excepcional diante da regra da mão e da luva. O fato é que, no primeiro turno, a coligação que apoiou Dilma dispôs de pouco mais de onze minutos de um total de 25 de propaganda eleitoral de rádio e televisão, quase três vezes mais que os quatro minutos e 35 segundos de Aécio e sua coligação.[52] É lógico supor que alguma assimetria de recursos pudesse vir a ser crucial em circunstâncias econômicas que não favoreciam claramente nem a candidata governista nem os oposicionistas. Dilma detinha 44% de todo o tempo de propaganda eleitoral gratuita, na época, um recurso eleitoral importantíssimo. O resultado final de segundo turno foi apertado porque, até 2018, ela foi a candidata mais votada no primeiro turno com o menor percentual, 41,59%. Em todas as demais eleições presidenciais em que ocorreram dois turnos, o candidato mais votado na primeira rodada ficou com mais de 46% dos votos válidos. Esses números sugerem que se Dilma tivesse terminado o primeiro turno com uma porcentagem menor do que obteve, provavelmente teria sido derrotada no segundo turno.

Portanto, quando o cenário não indica uma candidatura claramente favorita, os recursos de campanha acabam sendo fundamentais para a definição de quem vence. Ao que parece, em todas as eleições de 1989 a 2018, apenas em 2014 isso aconteceu.

2018: o soco-inglês no sistema

Um soco-inglês só se encaixaria nas mãos de Bolsonaro. Em 2018, ele derrotou o sistema político e os principais partidos de maneira surpreendente para a grande maioria dos observadores e analistas da eleição. Sua vitória contra o sistema foi eloquente: Haddad teve a pior votação da história em segundo turno para um candidato do PT desde 2002; o partido de Lula foi derrotado nos estados de Minas Gerais e Rio de Janeiro, sendo que neste último, na votação presidencial, o desempenho foi o mesmo que o obtido em São Paulo, onde o PT vinha tendo votações menores que as de seus adversários no segundo turno desde 2006. O PT era o partido mais associado ao sistema político pelo simples fato de ter governado o país de 2003 até meados de abril de 2016. Mas estava acompanhado do PSDB — que governou oito anos com Fernando Henrique e foi parceiro importante do breve mandato presidencial do emedebista Michel Temer — e do MDB — principal aliado do PT em seus governos.

O PSDB teve o eleitorado de três eleições — 2006, 2010 e 2014 — inteiramente transplantado para Bolsonaro e, com isso, seu candidato a presidente, Alckmin, amargou um péssimo desempenho no voto nacional e também com o eleitorado do estado que havia governado. Além disso, a bancada de deputados federais do PSDB minguou. O mesmo ocorreu com o MDB na Câmara dos Deputados, e ainda teve figuras de destaque sem conseguir renovar os mandatos de senador, como Romero Jucá, em Roraima, Valdir Raupp, em Rondônia, Edison Lobão, no Maranhão, Eunício Oliveira, no Ceará, Garibaldi Alves Filho, no Rio Grande do Norte, Waldemir Moka, no Mato Grosso do Sul e Roberto Requião, no Paraná. Dois senadores do PT também não foram reconduzidos ao cargo, Lindbergh Farias, no Rio de Janeiro, e Jorge Viana, no Acre. A ex-presidente Dilma amargou a quarta colocação para o senado em Minas Gerais, ficando atrás de políticos muito menos conhecidos do que ela. Há também o caso de Gleisi Hoffmann, que preferiu disputar a eleição para deputada federal depois de avaliar que dificilmente seria reeleita senadora.

O soco-inglês vestido nas mãos de Bolsonaro derrubou os três partidos mais associados ao sistema e colocou em seu lugar figuras absolutamente desconhecidas da política, além de ter feito do PSL, uma legenda de aluguel, o detentor da segunda maior bancada de deputados federais. O partido saiu de menos de dez deputados para 52, dos quais 38 nunca tinham exercido nenhum cargo eletivo público, eram marinheiros de primeiríssima viagem. É possível que vários destes parlamentares sequer conhecessem a arquitetura interna e os corredores da casa legislativa que passariam a frequentar a partir de 1º de fevereiro de 2019. Provavelmente, tampouco tivessem informação sobre o complexo processo legislativo do qual tomariam parte. Dentre os 38 marinheiros de primeiríssima viagem, doze eram delegados, policiais, militares da ativa e da reserva. Do total dos 52 eleitos, nove deputados federais tiveram anteriormente apenas experiência de vereador; um havia sido deputado estadual e um, deputado federal em tempos pretéritos. Em suma, eram 49 novatos.[1]

Sob qualquer ângulo que se olhe o pleito de 2018, o que se verá é um rotundo voto de rejeição ao sistema político: 32 senadores tentaram renovar os mandatos e apenas oito tiveram sucesso. Em seus lugares, foram eleitos vários candidatos do mesmo naipe da bancada de deputados do PSL. Em Minas Gerais, o governador eleito foi o ilustre desconhecido Romeu Zema (Novo), empresário do varejo. No Rio de Janeiro, o ex-juiz e também desconhecido Wilson Witzel

(PSC) derrotou Eduardo Paes (DEM). Em Santa Catarina, um oficial do Corpo de Bombeiros, Carlos Moisés (PSL), tornou-se governador, derrotando importantes e renomados próceres da política regional. Nos estados da região Norte, também venceram algumas figuras sem relevância alguma na política local. As Assembleias Legislativas em todo o Brasil ficaram repletas de deputados estaduais egressos da polícia militar e outro tanto do meio evangélico. É claro que parte do sistema sobreviveu firme e forte, como se pode atestar pelos dez governadores reeleitos dos vinte que tentaram permanecer no cargo; pela ida do PT ao segundo turno da eleição presidencial e também pelo fato de o partido de Lula ter ficado com a maior bancada na Câmara. O sistema não ruiu por completo, porém, fica a pergunta, como foi possível o cenário de opinião pública que resultou na vitória de Bolsonaro?

A MAIOR CRISE ECONÔMICA COMBINADA COM O MAIOR ESCÂNDALO DE CORRUPÇÃO

Escândalos e denúncias de corrupção não são problema em períodos nos quais a vida do eleitorado melhora; ficam bem distantes da população quando comparados ao aumento do poder de compra. Escândalos são coisas que o eleitor médio tem notícia pela mídia, não são vistos como algo que tenha conexão direta com a melhoria de seu bem-estar. Alguns diriam: "O eleitor deveria entender que, em termos de aumento do poder de compra, sua vida iria avançar ainda mais se não fosse a corrupção." Sabemos que é verdade, pois haveria mais recursos disponíveis para a realização de investimentos, que propiciariam crescimento econômico e geração de empregos, porém, ninguém pensa assim. As pessoas reais, do mundo real, do mundo como ele *é*, não do mundo como *deveria ser*, ficam felizes e aprovam o governo toda vez que a macroeconomia vai bem e resulta no aumento de sua capacidade de consumo. Há quem considere isso pura e simplesmente o assim chamado "rouba, mas faz": um político ou partido é melhor do que outro porque todos roubam, mas aquele bem avaliado pelo menos faz algo a favor do povo. É mais complexo, tem a ver com a proximidade da melhoria da condição financeira individual e familiar em oposição à distância dos escândalos. Adquirir um bem novo é tangível, concreto e próximo; acompanhar o noticiário de denúncias é longínquo, complicado e entediante.

Tudo muda quando os escândalos acontecem em meio a uma crise econômica profunda com efeitos bastante negativos no emprego e no poder de compra. A economia é a principal justificativa para votar ou deixar de votar em uma candidatura a presidente e denúncias de corrupção entram apenas como reforço de tal motivação. É normal que, em 2018, muitos tenham tido contato com o seguinte raciocínio: "Não vou votar no PT porque fiquei desempregado no governo Dilma, além do mais, eles estão envolvidos em denúncias de corrupção." É evidente que o trauma da perda do emprego é infinitamente mais relevante para mudar o voto do que um noticiário remoto, ainda que constante, mostrando um grupo político atacando os adversários com base em fatos confusos e sujeitos a várias interpretações. É muito traumático para uma família quando seu arrimo não consegue mais levar o sustento para casa, ou mesmo nas situações em que a renda é mantida, mas a compra regular de alimentos e outros bens diminui, corroída pela inflação. Desemprego e inflação atingem todos os eleitores. No caso do desemprego, mesmo que seja indiretamente, nas situações em que parentes, amigos ou conhecidos perdem o emprego, e isso é visto como um sinal de que a qualquer momento chegará a sua vez. A vocalização pode ser "Não voto no PT porque roubou", mas o motivo tende a não ser esse, e sim a crise econômica. Afirmar que o motivo é a corrupção seria, neste caso, apenas uma justificativa simples e direta, porém imprecisa e enganadora. Tanto é verdade que o mesmo eleitor poderá mudar de ideia na eleição seguinte dizendo que votará no PT apesar de considerar que seus políticos roubam.

Durante o governo Dilma, entre janeiro de 2011 e março de 2016, a inflação foi muito elevada, atingiu exatos 45,16%.[2] O ano de 2015 terminou com inflação de 10,7%,[3] um recorde quando se considera que a última vez que este índice atingiu os dois dígitos foi em 2002, ainda no governo de Fernando Henrique, o que ajudou bastante a vitória da oposição. O aumento de preços entre 2015 e 2018 talvez tenha sido o único problema a atingir todo o eleitorado que a administração de Michel Temer conseguiu enfrentar com acerto. A inflação de 2016 ficou em 6,29%, caiu mais e fechou 2017 em 2,95%, mas voltou a subir para 3,75% em 2018. No período Temer, o filme da crise econômica que apresentara episódios de dramaticidade em Dilma passou a transcorrer em câmera lenta. Do ponto de vista da opinião pública, considerando a aprovação de Temer nas pesquisas, a Ponte para o Futuro não passou de uma pinguela. Durante quase três anos, entre o segundo trimestre de 2014 e o quarto trimestre de 2016, o Brasil viveu a quarta pior recessão dos últimos 150 anos![4] O número de desocupados disparou, um crescimento de quase 81% entre 2015 e 2017. As demissões cresceram sem parar nesse período. No primeiro trimestre de 2015, o país tinha cerca de 7,8 milhões de pessoas procurando emprego. No mesmo período, em 2017, já eram cerca de 14,1 milhões de trabalhadores à procura de um ganha-pão.[5] A partir do segundo trimestre de 2017 até a eleição de 2018, o total de desocupados recuou um pouco, mas nada que mudasse substancialmente a dramática situação experimentada pelo eleitorado.

O pior tipo de aumento de preços é o que atinge itens essenciais, como alimentação, gás de cozinha e energia. Em 2015, a alimentação em domicílio se tornou 13% mais cara. Em 2016, enquanto o Índice Geral de Preços subiu 6,29%, comprar comida para fazer em casa ficou 9,3% mais dispendioso.[6] Os chefes de família foram os que mais vivenciaram e sofreram as consequências negativas do contínuo aumento de preços dos itens da cesta básica. Em 2015 e 2016, dos treze itens que compunham a cesta básica, oito tiveram crescimento acima do Índice Geral de Preços.[7] O colar de tomates que Ana Maria Braga ostentou em seu programa de TV *Mais Você*, em 2013, poderia ter sido reeditado em 2015, pois a fruta (tomate não é legume) aumentou 47% naquele ano, assim como a batata e o açúcar, que aumentaram 34% e

30%, nesta ordem. No ano de 2016, o prato mais típico dos brasileiros, o feijão com arroz, foi consumido pelo fogo do dragão inflacionário. O feijão subiu 78%, e o arroz, 16%. O tradicional pão na chapa, sempre presente no café da manhã ou no lanche da tarde, encareceu com o acréscimo de 55% no valor da manteiga.[8] Em 2017, apenas dois dos treze itens da cesta básica ficariam acima da inflação oficial. Em 2018, seis deles teriam esta trajetória. Longe de significar uma melhoria, o que houve nestes dois anos foi a diminuição do ritmo de aumento dos preços, que não impediu que os eleitores se perguntassem por que tudo estava tão caro no mercado.

Desgraça pouca é bobagem: à carestia dos alimentos somava-se a do gás de cozinha. O preço do botijão subiu 22,5% em 2015, ficou abaixo da inflação em 2016, mas voltou a superar o Índice Geral de Preços em 2017, com aumento de 16%, e ficou 1% acima da inflação oficial mais uma vez em 2018.[9] O jeito encontrado por 14 milhões de famílias — uma em cada cinco — para não comer alimentos crus foi apelar para a utilização de lenha e carvão.[10] O gás de cozinha não começou a aumentar acima da inflação por obra do acaso. Em fevereiro de 2015, a então presidente Dilma se viu obrigada a levar a cabo um ajuste fiscal até pouco tempo exorcizado por ela,[11] o governo voltou a cobrar a Contribuição de Intervenção no Domínio Econômico (CIDE), que incidia sobre o preço dos combustíveis,[12] provocando forte impacto no preço do botijão de gás.

Outro item essencial do consumo das famílias que pesou muito no orçamento doméstico foi a energia elétrica. A promessa de Dilma feita em 2012 asseverando que reduziria a tarifa de luz residencial, em média, 16,2%,[13] foi por água abaixo, pois a barragem que segurava a redução se rompeu em 2015. Em agosto desse ano, a presidente afirmou que "entre faltar energia e ter energia, é melhor pagar um pouco mais para ter energia"[14] e assim aconteceu: houve aumento de 51% na conta de luz, com destaque para a Grande São Paulo, onde subiu 71%. A inflação da energia residencial foi negativa em 2016 — -10,6% — e voltou a subir em 2017 e 2018, quando o dragão deste item corroeu as despesas familiares em 10,35% e 8,7%, respectivamente.[15] Um banho quente ou morno ficou mais caro, assim como uma noite refrescante com o ar-condicionado ligado, as cálidas madrugadas do verão tropical passaram a ser enfrentadas com ventiladores.[16]

Diante do contínuo aumento da conta de luz, e em que pese o empenho das distribuidoras em combater as perdas comerciais, as ligações ilegais de energia, carinhosa e eufemisticamente denominadas "gato", voltaram a aumentar. Em 2015, 13,8% da energia produzida no país para o mercado de baixa tensão passou bem longe dos medidores de energia das residências; em 2018, tais perdas foram de 14,8%. No estado de São Paulo, as perdas por causa de ligações ilegais tiveram um salto de 6,8% para 8,7%.[17] O desvio de energia a partir do poste da rua, em todo o país, em 2018, era suficiente para abastecer o estado de Santa Catarina.[18] "O gato" torna possível reduzir a conta de luz, mas não funciona quando o assunto é gasolina. Assim, devido à inflação dos combustíveis, pôr o automóvel em movimento ficou, em 2015, 21,4% mais inflamável para os bolsos e carteiras. O preço dos combustíveis seguiu ladeira acima em 2017 e 2018, com aumentos de 9% e 6%, nessa ordem.

A crise econômica em suas mais diversas facetas foi a marca do período 2015-2018: inflação, desemprego, recessão e diminuição do consumo, uma verdadeira debacle para quem tinha vivido os anos Lula. Entre o segundo trimestre de 2014 e o quarto trimestre de 2016, o PIB do país teve uma queda acumulada de 8,6%, retornando ao PIB per capita de 2008. Além disso, a recuperação econômica nos anos seguintes foi bastante lenta.[19] Os brasileiros das regiões metropolitanas mais afetadas pelo martírio do desemprego eram negros, mulheres, tinham mais de 40 anos e ensino fundamental ou médio.[20] As circunstâncias daquele período, efeito do que havia sido plantado no primeiro mandato de Dilma, resultaram em várias medidas duras que prejudicavam justamente o eleitorado do PT: em junho de 2015, a presidente sancionou uma lei que aumentava de seis para doze meses o tempo mínimo trabalhado para solicitar o seguro-desemprego.[21]

Houve também o endurecimento das regras para obtenção de pensão por morte e auxílio-doença.[22] E para os que ainda tinham emprego, o governo fez uma nova calibragem na mandíbula do "Leão" com o reajuste escalonado da tabela do Imposto de Renda. As pessoas que ganhavam menos sofreram mais que os abastados: o reajuste foi de 6,5% para as duas primeiras faixas de renda e de 4,5% para a faixa mais alta. A medida fez com que milhões de pessoas, antes isentas de pagar imposto por causa da renda mais baixa, passassem a pagá-lo.[23] Também ficou mais caro pedir dinheiro emprestado ao banco ou usar o cheque especial: o Imposto sobre Operações Financeiras (IOF) passou de 1,5% para 3% em janeiro de 2015.[24] A vida ficara muito mais difícil, o trabalhador que acreditou que Dilma daria continuidade à bonança de consumo dos anos Lula ficou sem emprego, em alguns casos, sem seguro-desemprego, incapaz de contrair empréstimos e pagando mais impostos.

Na falta de emprego formal, a solução passou a ser utilizar o próprio carro e batalhar por meio de aplicativos. Em 2018, o número de pessoas trabalhando em veículos automotores cresceu 29,2% em relação a 2017. Foi o maior aumento desde o início da série histórica, em 2012.[25] Este trabalho abrange motoristas e trocadores de ônibus, taxistas, embarcações a motor e aviões, porém, o próprio IBGE argumenta que a alta estava relacionada aos serviços de transportes e entregas por aplicativo.[26] Não parece haver equívoco nessa conclusão. A Uber desembarcou no Brasil em 2014. Em 2016, São Paulo era a cidade com o maior número de viagens no mundo.[27] Entre 2016 e 2018, o faturamento da empresa no Brasil aumentou mais de 300%.[28] Outra alternativa era tentar colocar em prática o sonho de ter o próprio negócio. O trabalho por conta própria, em casa, capitaneado principalmente por mulheres, também ganhou força nos anos de recessão, chegando a crescer 21% no ano de 2018.[29]

Impulsionado pelo desemprego, o empreendedorismo por necessidade, no carro ou em casa, acabou funcionando como anteparo à perda adicional de bem-estar.[30] No período do segundo mandato de Dilma, finalizado por Temer devido ao impeachment, o PIB recuou, em média, 1,2% por ano.[31] No biênio 2015-2016, o PIB per capita encolheu 4,4% e 4,1%;[32] a despesa de consumo das famílias, caindo trimestre após trimestre, foi reduzida em 3,2% e 3,8%;[33] o comércio esmoreceu 7,3% e 6,6%[34] e as vendas de móveis e eletrodomésticos tombaram 14% e 12,6% em 2015 e 2016, respectivamente.[35] As vendas de veículos novos também sofreram, resultando na redução de aproximadamente 24%, na média de emplacamentos, em 2015. Em 2016, ocorreu outra involução, de 20%.[36] Os números de vendas e emplacamentos de veículos tiveram avanços modestos nos anos seguintes, incapazes de cobrir as perdas do passado recente. O Brasil apenas tinha parado de cair, mas estava patinando no fundo do poço. O novo normal nas cidades grandes e médias do país passou a ser o desemprego, a existência de um exército de pessoas dispostas a trabalhar como entregadores e como motoristas de aplicativos, dívidas no cartão de crédito e com estabelecimentos bancários e comerciais[37] e milhões de pessoas se queixando de inflação e desemprego. Não por acaso, em 2018, Bolsonaro foi um fenômeno de votação em cidades com mais de 500 mil habitantes. Dos 38 municípios com este perfil, ele venceu no segundo turno em trinta, sendo derrotado apenas nos que se localizavam no Nordeste.[38]

A economia ia de mal a pior depois de oito anos gloriosos com Lula e de quatro relativamente anódinos com Dilma. Além disso, os políticos estavam roubando, e muito. Esse era o ponto de vista da opinião pública.

Na tarde de 9 de fevereiro de 2011, Lula viajou em um voo comercial da Gol de São Paulo para Brasília a fim de participar das comemorações do aniversário do PT. O ex-presidente, que saíra do poder com aprovação recorde, foi muito bem recebido pelos passageiros, posou para fotos e, ao sair, cumprimentou o piloto dentro da cabine de comando. Na noite de 7 de abril de 2018, o mesmo Lula seria transportado de São Paulo para Curitiba em um avião da Polícia Federal, onde ficaria preso por 580 dias. Os mais de sete anos que separam os dois voos foram marcados não apenas pela crise econômica profunda ocorrida no governo de quem ele apoiara para presidente, mas também por escândalos de corrupção exaustivamente divulgados pela mídia, que envolviam o nome de Lula e de seu partido nos que seriam os piores malfeitos da história do país. O Brasil mostrava, neste período, imensa competência em destruir símbolos importantes que motivam a ação política. O que Lula significava para milhões de eleitores — acesso ao consumo, melhoria de bem-estar e cuidado com os mais pobres — vinha sendo destruído com maestria e esmero sob a liderança do então juiz Sérgio Moro e do procurador Deltan Dallagnol.

As investigações da Operação Lava Jato, lideradas pela 13ª Vara da Justiça Federal de Curitiba, tiveram um começo discreto em março de 2014.[39] No dia 17 desse mês, a Polícia Federal deflagrou a primeira fase: as viaturas estavam nas ruas à procura de doleiros acusados de formar um suposto esquema de propinas pagas por empreiteiras a altos executivos da Petrobras. Quatro anos mais tarde, as investigações da Lava Jato tinham se espalhado por vários estados, mobilizado diversas instâncias do Poder Judiciário e denunciado formalmente políticos de catorze partidos de todo o espectro ideológico,[40] mais de uma centena deles foram ao menos investigados,[41] muitos dos quais no exercício de seus mandatos — como o então presidente Michel Temer —, além de três governadores, doze senadores e dezenas de deputados federais.[42] Lula tinha sido preso. Também foram encarcerados — e assim ficaram por um período — ex-ministros, um ex-presidente da Câmara dos Deputados, senadores e ex-senadores, deputados e ex-deputados, governadores e ex-governadores, presidentes de assembleias legislativas e deputados estaduais.[43]

Entre 2014 e 2018, a parceria entre o juiz Sérgio Moro e o Ministério Público Federal levou adiante 57 fases da Operação Lava Jato.[44] Os anos de 2015 e 2016 foram os mais produtivos. Sob a batuta da primeira instância de Curitiba, desenrolaram-se catorze operações em 2015 e dezesseis em 2016.[45] Entre março de 2014 e agosto de 2018, sucederam-se 1.196 buscas e apreensões, 227 conduções coercitivas e 155 prisões preventivas.[46] Foram, em média, quatro conduções coercitivas e três prisões preventivas por mês, recheadas com acusações de desvios bilionários e com o envolvimento de dezenas de executivos de várias empresas de construção civil, dentre elas Odebrecht, Camargo Corrêa, Mendes Júnior, OAS, Queiroz Galvão, Engevix, Iesa, UTC e Galvão Engenharia.[47] Estava-se diante de uma fonte fácil e inesgotável de matéria-prima para o noticiário político, especialmente quando as viaturas da Polícia Federal retornavam das ruas com material apreendido, como aparelhos celulares, computadores e documentos. Não era raro que as ações de busca e apreensão nos domicílios e escritórios de suspeitos e investigados fossem acompanhadas pela mídia, que só podia estar presente porque era informada com antecedência sobre as operações.

Em agosto de 2015, a Lava Jato prendeu um antigo conhecido do noticiário de escândalos de corrupção, José Dirceu, ex-deputado e ex-ministro da Casa Civil do governo Lula. Em novembro, um senador foi preso, Delcídio do Amaral, também do PT. Tratava-se de algo inédito: foi a primeira vez na história que se encarcerou um senador no pleno exercício de seu mandato.[48] O Senado Federal detinha a prerrogativa de votar se ele seria mantido ou não na prisão, o que foi realizado no mesmo dia e ensejou grande interesse da sociedade e cobertura midiática intensa; a maior emissora de TV do país, a Rede Globo, interrompeu a programação para noticiar que os pares de Delcídio decidiram mantê-lo preso.[49]

Todas as ações policiais e jurídicas que envolviam políticos e executivos de grandes empresas com contratos públicos eram intensamente noticiadas. Um estudo com base em 186 edições de quatro revistas semanais de circulação nacional, entre 2014 e 2016, aponta que a corrupção foi tema em 45,2% das capas, sendo a Lava Jato o caso mais recorrente em 40,3% delas.[50] No mesmo período, nada mais nada menos que 79,3% dessas capas de revistas semanais cujo tema era a corrupção apresentaram o enquadramento classificado pelos especialistas no tema como o de "atribuição de responsabilidade", no qual o objetivo é indicar responsáveis pelo desvio de recursos públicos, suposto ou constatado.[51] A Lava Jato dominou o noticiário do *Jornal Nacional* (JN): no ano eleitoral de 2014, o tema da corrupção ocupou 22% do tempo do noticiário político. Tanto em 2015 quanto em 2016, cerca de 65% deste tempo tratou de corrupção e escândalos políticos.[52] Em março de 2016, o Brasil foi surpreendido com a mais importante notícia da Lava Jato até então: a condução coercitiva do ex-presidente Lula determinada pelo ex-juiz Sérgio Moro. Um evento daquela natureza, considerando a importância de Lula, não poderia deixar de ser um grande espetáculo midiático. Mais que isso, de acordo com a visão de mundo inquisitorial expressa no dito *onde há fumaça, há fogo*, a simples condução coercitiva do ex-presidente já o tornava culpado aos olhos de segmentos relevantes da opinião pública, quaisquer que fossem as suspeitas. A importância do líder maior do PT era tamanha que ele representava aproximadamente 31% das menções de uma amostra de 123 notícias sobre corrupção analisadas em revistas semanais entre 2014 e 2016.[53]

O intenso e permanente noticiário sobre corrupção veiculado entre 2014 e 2018 piorou bastante a imagem dos políticos associados ao poder. No mesmo março de 2016, Sérgio Moro autorizou que a Polícia Federal grampeasse conversas telefônicas de Lula, que acabou resultando na gravação de um diálogo entre ele e a então presidente Dilma. As falas de Lula foram amplamente divulgadas pela mídia.[54] A decisão de vazar os áudios dos grampos tinha como objetivo impedir que Lula viesse a ser ministro de Estado, que transferiria seu julgamento da alçada de Sérgio Moro para o Supremo Tribunal Federal (STF). Foi um vazamento ilegal que atingiu não apenas o objetivo de manter Lula fora do ministério de Dilma, mas também motivou a intensificação das manifestações que pediam o impeachment da presidente.

O segundo semestre de 2016 foi fértil em ações e notícias que levavam a opinião pública a acreditar que todo o sistema político estava apodrecido e em ruínas. Em setembro, com Dilma já afastada do cargo, mais um episódio de grande impacto ocupou a mídia. O procurador Deltan Dallagnol decidiu apresentar a denúncia criminal contra Lula em uma entrevista coletiva para a imprensa na qual fez uma apresentação em Power Point que viria a ficar famosa por seu layout, mas, principalmente, por se valer de várias ilações infundadas cuja finalidade era tornar Lula um condenado aos olhos da opinião pública.[55] No mês seguinte, o ex-presidente da Câmara dos Deputados, Eduardo Cunha (MDB), foi preso.[56] Em novembro, o ex-governador do Rio de Janeiro, Sérgio Cabral (MDB), também foi preso.[57]

Ano novo, novos escândalos: em meados de maio de 2017, foi divulgada uma conversa entre o empresário Joesley Batista e Michel Temer em que o então presidente estaria manobrando ilegalmente para impedir Eduardo Cunha de fazer delação premiada.[58] O silêncio do ex-presidente da Câmara seria comprado por recursos intermediados pelo deputado federal Rodrigo Rocha Loures (PMDB), que, por sua vez, foi filmado na saída de uma pizzaria em São Paulo carregando uma mala supostamente cheia de dinheiro.[59] O escândalo rendeu ao todo 32 reportagens, que foram ao ar durante sete semanas, totalizando duas horas e meia de cobertura do *Jornal Nacional*.[60] Joesley também entregou à Procuradoria Geral da República (PGR) uma planilha de dados apontando que um em cada três congressistas eleitos em 2014 teria supostamente recebido, por meios ilegais, dinheiro da JBS para suas campanhas.[61] O escândalo da divulgação do diálogo entre Joesley e Temer ficou conhecido no mercado financeiro como "Joesley Day" e teve forte impacto negativo na Bolsa de Valores, além de impedir a votação da reforma da Previdência.[62] Por fim, o desgaste sofrido pelo governo obrigou o presidente a abrir o cofre do Orçamento da União a fim de evitar que a Câmara aprovasse seu afastamento para ser investigado pelo STF.[63]

O impeachment de Dilma trouxe a esperança de que, com Temer, a economia melhorasse e os escândalos minguassem. Como se sabe, para a opinião pública não foi isso que aconteceu. Temer era vice de Dilma e isso reforçava a noção de que ele foi continuidade dela tanto em relação às denúncias de corrupção, que permaneciam ocupando a mídia, quanto em relação à perda do poder de compra. Ao fim e ao cabo, o presidente liberou milhões de reais em emendas aos parlamentares com a finalidade de salvar a própria pele.

Nenhum grande partido que ocupou o Poder Executivo a partir de 1994, como protagonista ou sócio minoritário das alianças de governo, escapou do massacre midiático das denúncias. O então senador Aécio Neves (PSDB) foi igualmente gravado por Joesley Batista enquanto os dois combinavam um suposto pagamento ilegal de 2 milhões de reais.[64] Aécio foi afastado de seu mandato pelo STF. Figura de grande destaque por ter sido o candidato do PSDB a presidente em 2014, o senador acabou por envolver seu partido no lamaçal midiático das denúncias de corrupção. Em setembro de 2017, em um desdobramento da Operação Cui Bono (operação derivada da Lava Jato),[65] uma diligência da Polícia Federal encontrou malas de dinheiro totalizando 51 milhões de reais[66] em um apartamento utilizado por Geddel Vieira Lima (MDB), ex-ministro do governo Temer. Naquela ocasião, Geddel já tinha sido encarcerado e cumpria prisão domiciliar também por causa da Cui Bono.[67]

Grandes eventos midiáticos da Lava Jato de 2015 a 2018	
Agosto de 2015:	Prisão de José Dirceu (PT).
Novembro de 2015:	Prisão do senador Delcídio do Amaral (PT).
Março de 2016:	Condução coercitiva de Lula (PT) e divulgação de grampos de conversas ao telefone entre Lula e a presidente Dilma (PT).
Setembro de 2016:	Apresentação em Power Point de Deltan Dallagnol com denúncia sobre Lula.
Outubro de 2016:	Prisão de Eduardo Cunha (MDB), ex--presidente da Câmara dos Deputados.
Novembro de 2016:	Prisão de Sérgio Cabral (MDB), ex-governador do Rio de Janeiro.

Maio de 2017:	Divulgação de conversas entre o empresário Joesley Batista e o presidente Michel Temer (MDB) e entre Joesley e o senador Aécio Neves (PSDB).
Setembro de 2017:	51 milhões de reais em dinheiro vivo são encontrados no apartamento de Geddel Vieira Lima (MDB).
Abril de 2018:	Prisão de Lula.
Maio de 2018:	Prisão de Eduardo Azeredo (PSDB), ex-governador de Minas Gerais.
Setembro de 2018:	Prisão de Beto Richa (PSDB), ex-governador do Paraná.

O maior evento da operação Lava Jato, que elevou temporariamente Sérgio Moro à condição de herói para segmentos importantes da opinião pública, foi a prisão de Lula, em abril de 2018. O empenho dos advogados de defesa do ex-presidente em obter um *habeas corpus* no STF, baseado na necessidade de condenação em todas as instâncias do Judiciário para que fosse decretada a prisão, fracassou diante de uma votação apertada, seis votos contra Lula e cinco a favor.[68] No dia seguinte, a prisão do ex-presidente foi decretada por Sérgio Moro. Lula havia sido condenado em duas instâncias do Judiciário no "Caso do tríplex do Guarujá", como ficou conhecido. Entre a decretação da prisão e a sua realização se passaram 48 horas, nas quais o ex-presidente negociou, apoiado por seus seguidores na sede do Sindicato dos Metalúrgicos do ABC, os termos de sua entrega para a Polícia Federal. A mídia cobriu diuturnamente, em tempo real, as últimas horas de Lula antes de ser preso. No mês seguinte, no que muitos acertadamente consideraram uma tentativa inteiramente inócua da Justiça em mostrar que não somente políticos do PT eram encarcerados, o ex-governador de Minas Gerais, Eduardo Azeredo (PSDB), teve a prisão decretada.[69] Em setembro, foi a vez do ex-governador tucano do Paraná, Beto Richa, ser levado ao cárcere[70] e, em outubro, o mesmo

188 A MÃO E A LUVA: O QUE ELEGE UM PRESIDENTE

destino coube ao ex-governador de Goiás, o também tucano Marconi Perillo.[71] A chuva de prisões de políticos foi concluída em novembro, com a detenção, no Rio de Janeiro, de Luiz Fernando Pezão (MDB), ainda no cargo de governador.[72]

O resultado de tantos escândalos em meio a uma crise econômica profunda foi a quase completa derrocada dos políticos que representavam o establishment. Temer decidiu não tentar a reeleição, Dilma foi candidata ao senado por Minas Gerais, ficando atrás de três políticos regionais,[73] ilustres desconhecidos foram eleitos governadores de Minas e do Rio de Janeiro e Bolsonaro deixava o baixo clero da Câmara dos Deputados para presidir o país.

COMO O IMPEACHMENT DE DILMA BENEFICIOU LULA ENTRE A OPINIÃO PÚBLICA

Na disputa política, narrativas e enredos são importantes. A política funciona como um conflito permanente entre, pelo menos, dois lados excludentes; é um jogo de soma zero: quando um ganha, o outro perde, e vice-versa. As cadeiras da Câmara dos Deputados e do Senado são finitas, se um partido conquista mais assentos, é porque outro perdeu espaço. Nesta guerra contínua e infinita por terreno, os discursos são peça-chave, eles é que dão sentido ao mundo e são responsáveis por mobilizar apoiadores e militantes. É assim que cabe compreender a narrativa do "golpe" contra Dilma em relação ao impeachment. O lado vencedor, o PSDB e os partidos liderados por ele, apeou a presidente do cargo a partir de uma base legal frágil, as pedaladas fiscais, um suposto crime de responsabilidade cometido com frequência por inúmeros ocupantes do Poder Executivo. Aí estava a brecha para que os líderes do PT deslegitimassem a derrubada de Dilma, caracterizando o impeachment como golpe. O enredo venceu dentre alguns segmentos do eleitorado, pois acabou construindo a imagem de uma Dilma ingênua, apática e desprovida de recursos de poder, tentando moralizar as práticas políticas em meio às astutas raposas do Poder

2018: O SOCO-INGLÊS NO SISTEMA

Legislativo, figuras ardilosas e desprovidas de qualquer ética. Assim, para tais grupos, tudo que Dilma fizera estava correto e seus opositores ficaram do lado errado da história.

Discursos à parte, considerando as chances eleitorais do principal líder do PT, Lula, em um cenário no qual ele estava longe de ser inelegível, nada poderia ter sido melhor do que o impeachment. Em março de 2016, durante o auge da campanha pelo afastamento de Dilma, a rejeição a Lula atingiu o nível mais elevado: 57% do eleitorado nacional afirmava que não votaria nele de jeito nenhum.[74] A rejeição aumentou antes do impeachment, pois era 47% em novembro de 2015,[75] e passou a cair depois, até atingir 44% em dezembro de 2016.[76] Em junho de 2018, com Lula já condenado e preso, a rejeição caiu para o nível mais baixo, 36%,[77] 20 pontos percentuais menor do que no mês anterior à deposição de Dilma. A série de dados sobre a rejeição a Lula não deixa dúvida alguma: o desempenho do governo Dilma teve mais influência negativa para a rejeição do que a condenação e o encarceramento. Vale recordar que a avaliação ótimo e bom da presidente ficou gravitando em torno de somente 10% durante os doze meses que antecederam seu afastamento. O PT no poder com a economia indo mal prejudicava muito a imagem de Lula, afinal, ele havia feito campanha para Dilma, levando o eleitorado a nutrir a expectativa de que ela manteria o mesmo nível de melhoria do bem-estar que marcou o período 2003-2010.

Quando cai a rejeição, melhora a intenção de voto. Em novembro de 2015, antes de Dilma ser afastada, Lula seria derrotado por Alckmin no segundo turno por 57% a 43% de votos válidos. Logo após o impeachment, a vantagem ainda era de Alckmin, porém bem mais magra: 51% a 49%. Como esperado, em dezembro de 2016, Lula já detinha a liderança, derrotando o tucano com um placar de 53% a 47% e, em abril de 2017, um ano depois de a Câmara dos Deputados afastar a presidente, o petista derrotava seu adversário por 60% a 40%. A vantagem de Lula sobre Alckmin nesta simulação só cresceu em toda a série de dados, atingindo o máximo em agosto de 2018. A diminuição da rejeição e o crescimento da intenção de voto foram peças-chave no desempenho eleitoral de Haddad. Quando Lula finalmente se tornou, do ponto de vista legal, impedido de ser candidato, ele liderava as pesquisas. Dificilmente isso teria sido possível se Dilma ainda fosse a presidente e sem que a economia tivesse tido uma expressiva retomada da atividade e reduzido a inflação. O apoio de Lula a Haddad, em 2018, não rendeu os mesmos resultados colhidos em 2010 por Dilma, afinal, tratava-se de um cenário bastante distinto. Porém, foi melhor que Lula tivesse apoiado o candidato petista com sua intenção de voto em alta do que em baixa, como era o caso antes do impeachment. Ironicamente, do ponto de vista da opinião pública, o "golpe" acabou sendo bom não apenas para Lula, mas também para o PT e para Haddad.

O ENIGMA DA DERROCADA DO PSDB E O POEMA DE CONSTANTINO KAVAFIS

O PT foi o partido que mais sofreu com as denúncias de corrupção da Lava Jato e a cobertura que a mídia proporcionou a este tema, mas foi o PSDB que amargou um péssimo desempenho eleitoral para presidente, tendo seu eleitorado transplantado para Bolsonaro. Eis o enigma. O belo e famoso poema "À espera dos bárbaros", do poeta grego Constantinos Kavafis, mostra cruelmente como os romanos ficavam desorientados ao saberem que os bárbaros não iriam aparecer, como se a vida perdesse o sentido, o próprio conceito que tinham de si se esvai, pois eles só existiam em relação a algo diferente e oposto: os bárbaros. Parece que foi exatamente o que ocorreu ao PSDB em 2018 após o PT deixar de presidir o país. Os mesmos tucanos que lideraram o impeachment foram os principais perdedores da eleição. A aparente contradição teve como causa o embaralhamento das cartas da política diante do eleitorado; desde 1994, somente PT e PSDB tinham chances de governar o Brasil. Pois a saída de cena do PT da presidência reduziu a importância dos tucanos na corrida eleitoral: a opinião pública perdera seu ponto de referência. Todavia, o fenômeno foi mais complexo.

Outros quatro fatores contribuíram para a ruína eleitoral dos tucanos em 2018. Um deles foi a postura de Aécio e de seu partido quanto ao resultado da eleição de 2014. Em vez de legitimarem o processo, passaram a questioná-lo logo em seguida à proclamação do resultado. O segundo turno ocorreu no domingo, em 26 de outubro. Na quinta-feira, dia 30, o PSDB entrou com um pedido formal de auditoria no Tribunal Superior Eleitoral (TSE) para que fosse verificada a lisura das eleições. O coordenador jurídico da campanha presidencial de Aécio, o então deputado Carlos Sampaio (PSDB), foi quem apresentou a petição. O texto protocolado afirmava que a infalibilidade da urna eletrônica e a confiabilidade da apuração estavam sendo questionadas nas redes sociais. Segundo Sampaio, não se tratava de pedir a recontagem de votos, mas de contribuir para que não houvesse o sentimento de fraude expressado nas redes sociais.[78] Não coincidentemente, dois dias depois, 3 mil pessoas foram às ruas, em São Paulo, em uma passeata que saiu da avenida Paulista em direção ao parque do Ibirapuera para denunciar a fraude nas eleições e defender o impeachment de Dilma.

A postura de Aécio ao endossar o questionamento que seu partido fez sobre a lisura das urnas foi absolutamente surpreendente em se tratando de um neto de Tancredo Neves. Seu avô fazia parte da velha cepa de políticos conservadores e habilidosos de Minas Gerais, sempre ciente de que o papel dos que estão no ponto mais elevado da cadeia alimentar da política é proteger o sistema. O neto fez justo o oposto. Aécio tinha sido derrotado por uma margem pequena. Assim, na semana seguinte às eleições, ele estava na mídia como um líder importante de praticamente metade dos eleitores. Cabia a ele, portanto, liderar o partido na direção de reconhecer o resultado das urnas e de se colocar como principal opositor de um governo que, se fracassasse e fosse até o final do mandato, abriria as portas para sua vitória em 2018. A história todos conhecem: os tucanos fragilizaram o sistema em que eram tão importantes quanto os petistas.

Não bastasse isso, o PSDB entrou de corpo e alma no governo Michel Temer. Esta decisão o retirou do confortável papel de oposição a um governo mal avaliado para o desconfortável papel de aliado de um governo que, para ser aprovado, tinha de retirar o país de uma das maiores crises econômicas de sua história. Como se diz corriqueiramente na política, os tucanos deixaram de ser pedra e se tornaram vidraça. Em julho de 2016, dois meses após tomar posse, a administração de Temer tinha somente 14% de ótimo e bom. Aliás, foi a mais elevada aprovação de todo o governo.[79] A pessoa que decide fumar escolhe, ao acender cada cigarro, pequenos prazeres no curto prazo em vez do prazer maior no longo prazo, o de preservar a capacidade respiratória e evitar graves problemas de saúde. O PSDB trocou o prazer maior, que talvez viesse dois anos mais tarde, pelo pequeno prazer imediato do acesso a cargos e aos recursos do Orçamento da União. Ainda que incerta a vitória dos tucanos em 2018, era mais provável com o partido na oposição a um governo mal avaliado, e não dentro dele.

O terceiro fator que se somou à ausência dos bárbaros foi o Joesley Day, quando o vazamento dos diálogos entre o empresário Joesley Batista e Aécio tornou o então senador farinha do mesmo saco. Até maio de 2017, Aécio havia passado relativamente incólume por todos os escândalos de corrupção. As conversas com o empresário foram amplamente divulgadas pela mídia. O ministro Edson Fachin, do STF, afastou Aécio temporariamente do exercício do mandato; a irmã, Andrea Neves, e o primo, Frederico Pacheco de Medeiros, foram presos pela Polícia Federal. A partir daquela data, ele ficou indelevelmente marcado pelo carimbo de envolvido com malfeitos. Foi uma tragédia para sua imagem pública, com reflexos em tudo que ocorreria no ano seguinte: Aécio perdeu a chance de ser candidato a presidente novamente e avaliou que sequer conseguiria renovar o mandato de senador por Minas Gerais, optando por uma eleição segura para deputado federal.

Por fim, o candidato a presidente do PSDB acabou sendo Alckmin, que apresenta o último fator que ajuda a entender a derrocada dos tucanos na eleição nacional, o peso de uma avaliação de governo não muito vistosa: 36% de ótimo e bom, em abril de 2018, quando deixou o cargo para se candidatar.[80] Este nível de avaliação positiva não é ruim, mas é insuficiente para afirmar que o eleitor do estado de São Paulo considerava o governo de Alckmin excelente ou fantástico. Simplesmente, seu governo não empolgava. Dizem que as características pessoais de Alckmin tampouco são empolgantes, tornando-o objeto de piadas: é o candidato "picolé de chuchu", frio e sem gosto. Pode-se afirmar que tal nível de avaliação positiva queria dizer a mesma coisa em relação a seu governo. Ali estavam todos os ingredientes responsáveis pelo colapso eleitoral presidencial do PSDB.

Um ente com vida própria, o antipetismo

Passada a eleição de 2018, os defensores da candidatura derrotada de Ciro Gomes argumentaram nas redes sociais que o antipetismo impedira Haddad de vencer e o mesmo aconteceria com qualquer que fosse o candidato do PT. Depois de iniciado o governo Bolsonaro, e nos debates on-line sobre a eleição seguinte, muitos continuaram argumentando que o antipetismo tornaria quase impossível um candidato do partido enfrentar a reeleição do presidente com chances de derrotá-lo. Em todos os debates que trataram da rejeição ao PT — "Não votaria de jeito nenhum em um candidato petista" —, ela sempre foi abordada como uma entidade com vida própria, sem fazer parte de um contexto específico complexo. Ao menos três elementos são sistematicamente desconsiderados nesta simplificação, que pouco ajuda a compreender o que aconteceu em 2018.

O primeiro deles é que a simpatia e antipatia por partidos políticos não é exclusiva do Brasil, ela ajuda a organizar as escolhas da opinião pública em todos os países democráticos, é um fenômeno geral. Na época em que se falava mais insistentemente de antipetismo em nosso país, ninguém mencionava que Boris Johnson vencera no Reino Unido por causa do antitrabalhismo, ou que Trump fora eleito em função do antidemocratismo ou, ainda, que o PSOE da Espanha tenha ficado aproximadamente dez anos sem governar o país devido ao antipsoeismo. Porém, nestas e em outras nações, os partidos também são objeto de adesão e de repulsa e nenhum deles fica para sempre com esta imagem congelada, mas, ao contrário, varia de acordo com a conjuntura. Um partido muito rejeitado hoje pode e deve ter como estratégia disputar eleições para tentar reduzir o sentimento que tanto dificulta sua volta ao poder. Da mesma forma, é uma obviedade reconhecer que o partido vencedor em uma eleição tem menos rejeição do que o derrotado, e que o derrotado de hoje, um dia, tornará a ganhar quando o adversário for mais rejeitado e, assim, passar a ter menos votos. O "anti alguma coisa" não é eterno.

O segundo fator desconsiderado quando se confere vida própria à rejeição ao PT é que ela depende do desempenho de seus governantes quando estão no poder, e dos adversários quando governam o país. Além disso, depende também da consolidação da imagem do partido entre o eleitorado, ajudando a organizar a disputa política na cabeça do eleitor. No ano em que Lula foi eleito presidente pela primeira vez, o antipetismo era de 13,27%; quando ele saiu, em 2010, era de 17,39%.[81] É de surpreender, levando em conta que os oito anos de Lula foram um período de bonança e o presidente deixou o cargo com avaliação positiva recorde. É aqui que entra o petismo. Em 2002, ele estava na casa dos 21,11%, e em 2010, tinha subido para 24%, o maior patamar desde que passou a ser mensurado pelo Datafolha. Para o bom entendedor, meia palavra basta: o antipetismo aumentou em contraponto ao crescimento do petismo. O governo Lula tornou mais claro para o eleitorado o que significava ser a favor e contra o que o PT propunha e realizava. A situação mudou de figura após o governo Dilma. Em função da crise econômica vivida no período, em 2018 o antipetismo tinha subido para 27,33%, e o petismo, caído para 19,19%. Este simples exemplo de variação das duas medidas revela que ambas não desfrutam de vida própria, pois dependem do desempenho de quem está no governo. Justamente por isso, não é exagerado supor que um presidente de direita mal avaliado com o PT como principal opositor faça o petismo crescer e o antipetismo diminuir, propiciando as condições para a alternância no poder.

Por fim, é evidente que milhões de eleitores não votaram em Haddad em 2018 e racionalizam a decisão dizendo que não queriam mais o PT no poder. Tratava-se, sim, formalmente, de antipetismo, mas, substancialmente, era rejeição ao que haviam experimentado no período Dilma: inflação e desemprego crescentes, recessão e perda do poder de compra, além da Lava Jato atuando contra os políticos do partido. Vocalizar isso como um voto contra o PT é uma maneira simples e econômica de dizer que não gostaria de ser governado no futuro próximo por alguém do partido. Em suma, retirar o antipetismo do contexto político que o engorda ou emagrece acaba resultando em uma avaliação errada do que aconteceu em 2018.

O "ESTELIONATO" ELEITORAL DE 2014 NA VISÃO DA OPINIÃO PÚBLICA

O período 2015-2018 foi iniciado com críticas à mudança de Dilma no segundo mandato. Na campanha para a reeleição, ela defendera o aumento de gastos, mas optou pelo economista Joaquim Levy no Ministério da Fazenda para levar adiante várias medidas de ajuste fiscal. Na cobertura da mídia e dentre os formadores de opinião contrários a Dilma, a situação ficou conhecida como "estelionato eleitoral"; nas hostes petistas, foi tratado publicamente com o eufemismo "cavalo de pau". Dentre as duas expressões, o maior segmento da opinião pública, que avaliava negativamente o governo, teria ficado com a primeira delas — se usasse termos abstratos para compreender o mundo. De alguma maneira, havia gente no governo com esta preocupação, tanto é que, em março de 2015, foram realizados 24 grupos focais espalhados por Porto Alegre, Rio de Janeiro, Salvador e Recife com o objetivo de avaliar as medidas de austeridade e a comunicação do governo quanto a elas.[82] Os resultados foram eloquentes.

Em março de 2015, havia um grupo de eleitores que aprovava o governo no ano anterior, mas que tinha passado a desaprová-lo nos três primeiros meses do segundo mandato. Foi uma pessoa com esse perfil que, em seu julgamento do que estava ocorrendo, fez considerações tanto sobre a inflexão do governo na política econômica (sem utilizar a terminologia), quanto sobre o aumento do desemprego: "Disseram que não mexeriam na área do trabalho, que ia diminuir a luz. Fizeram o contrário. O desemprego está aumentando. Olha quanto pai de família desempregado."[83] Para que o governo federal entendesse o que se passava bastava que os analistas de comunicação tivessem estudado apenas as opiniões dos que mudaram a avaliação de positiva para negativa, como é o caso de todos os depoimentos que se seguem, como o de uma pessoa do município do Rio de Janeiro referindo-se ao aumento do preço da energia: "Parece que fui traída, eu me sinto traída. Disseram que não iriam fazer de forma alguma e fizeram."[84] Detectou-se o sentimento de medo e insegurança quanto ao que poderia ocorrer, já que as pessoas não tinham esquecido da experiência de bonança econômica dos anos Lula: "Há um tempo a gente tinha a impressão que poderia conquistar algo, ter. Hoje, talvez não tenhamos mais essa percepção devido a vários fatores. O medo é mais em cima disso."[85] Os governantes do PT deram o que era bom, mas não deixaram usar: "A gente que é de baixa renda teve muita oportunidade no crédito, mas em compensação, agora, tudo que você conseguiu comprar, você não pode usar. O ar-condicionado você tem, mas não pode ligar. Então, tudo que eles te deram no passado, de alguma forma eles estão te tirando agora."[86]

O aumento do preço dos combustíveis contido pelo governo no ano anterior, mas liberado a partir de 2015, e das denúncias da Lava Jato que envolviam a Petrobras chegou à opinião pública e serviu de argumento para desaprovar a administração federal: "O governo está repassando um prejuízo que nós não causamos, mas estamos sofrendo. É o caso da Petrobras, eu não peguei aquele dinheiro, mas estou pagando na gasolina do carro. A gasolina em si afeta o preço de tudo: transportes. As transportadoras que levam os produtos para o mercado. Sobe o preço de tudo."[87] Ou, ainda, um entrevistado que tinha a percepção de que "com estas coisas da Lava-Jato da Petrobras, a credibilidade que o governo tinha caiu demais".[88] Na cabeça de muitos eleitores, corrupção, aumento dos combustíveis e crise econômica eram uma coisa só: "O aumento do diesel e olha o escândalo da Petrobras. Você acha realmente que vai estabilizar a economia? É um tapa-buraco mais uma vez."[89]

As falas dos eleitores, em 2015, recheiam as pesquisas de 2018 e dão vida ao seu número frio. Aquele período de quatro anos foi um contínuo que combinou crise econômica profunda com noticiário persistente em torno da corrupção. Ainda que durante os anos de Michel Temer na presidência alguns poucos indicadores da economia tenham parado de piorar, não foi essa a percepção da opinião pública. Todos aqueles políticos eram considerados responsáveis pela piora do bem-estar, redução do consumo e roubalheira. Os problemas que começaram em 2015 levaram à eleição de alguém que não poderia ser diretamente culpada por nada daquilo, um obscuro deputado detentor de sete mandatos consecutivos.

BOLSONARO JÁ VENCERIA EM MARÇO DE 2018 MESMO SEM *FAKE NEWS*, FACADA OU APOIO DE EDIR MACEDO

Atribui-se a vitória de Bolsonaro às *fake news* divulgadas na reta final da campanha somadas à visibilidade que o candidato teve em função da facada e ao apoio de Edir Macedo e uma pletora de líderes evangélicos. É o pacote completo de explicações mágicas e *ad hoc* do resultado eleitoral. Porém, ele não explica por que, na ausência de tudo isso, em março de 2018, sete meses antes da eleição, uma pesquisa mostrava Bolsonaro como líder das intenções de voto em primeiro turno.[90] Quando o eleitor foi perguntado em quem votaria no primeiro turno — se em "Bolsonaro, que é candidato a presidente pela primeira vez", "Jaques Wagner, que é do Nordeste, tem apoio do Lula e foi governador da Bahia", "Luciano Huck, que é apresentador de programa de TV na Globo", "Alckmin, do PSDB, que foi governador de São Paulo", e, por fim, "Marina Silva, que foi candidata a presidente em 2014" —, Bolsonaro liderou, com 27% dos votos; seguido de Jaques Wagner, com 21%; Huck, com 16%; Alckmin, com 14%; e Marina Silva, com 11%.

A questão formulada desta maneira expunha ao eleitor os conceitos que surgiriam na campanha; ele era estimulado a pensar como se já estivesse no segundo semestre de 2018, quando os principais ativos de imagem de cada candidato seriam exatamente os mencionados na pergunta.

No caso do candidato do PT, a opção por Jaques Wagner se deveu ao fato de que todas as informações da época indicavam que ele seria o escolhido pelo partido, assim como a ausência de Ciro foi por ele ainda não ter se apresentado de maneira clara como postulante à presidência. Diante disso, é notável que o resultado tenha mostrado quais as duas candidaturas que caminhariam para o segundo turno em outubro — Bolsonaro e o candidato do PT —, assim como sugerido que a situação eleitoral do PSDB não era das melhores. A pergunta formulada, ao afirmar que Bolsonaro seria candidato a presidente pela primeira vez, apresentava ao eleitor um nome já relativamente conhecido do eleitorado naquele período, mas que não era parte do sistema político. Naquela simulação, foram 89% de votos válidos; outros 8% votariam nulo ou estavam indecisos; e 3% não responderam à pergunta. Isso significa que Bolsonaro tinha — enfatize-se, em março de 2018 — 30% dos votos válidos. Além de liderar a disputa, faltavam 16% de sufrágios (justamente a porcentagem de Huck na mesma pesquisa) para que ele obtivesse o resultado final das urnas na contagem dos votos válidos. Isso só era possível porque, também em março, o eleitorado rejeitava o PT, o PSDB e todos os que estivessem associados ao sistema.

Os dois grandes elementos do contexto daquela eleição eram a crise econômica e os escândalos de corrupção. Assim, a Brasilis perguntou, também em março: "Quem é o principal culpado pela crise econômica no Brasil hoje" e, em seguida, "E pela corrupção, quem é o principal culpado pela corrupção no Brasil hoje". Para as duas perguntas, foram oferecidas as mesmas opções de respostas: "O PT e os políticos do PT", "O PSDB e os políticos do PSDB", "O PMDB e os políticos do PMDB", ou "Todos os políticos". Houve quem respondesse espontaneamente a segunda questão — apenas 2% — "Todo mundo, o povo brasileiro, a sociedade brasileira é corrupta."[91] Para a crise econômica, 38% atribuíram a responsabilidade ao PT; 9% ao PSDB; 17% ao PMDB e 23% a todos os políticos. Note-se que, aqui, o PT liderou. Quanto à corrupção, 32% afirmaram que o PT era o principal culpado; 8% e 14%, respectivamente, mencionavam PSDB e PMDB, e 34% afirmaram que era culpa de todos os políticos. Ou seja, o PT ficou em segundo lugar. Estava preparado, já no primeiro trimestre de 2018, o contexto de opinião pública que possibilitou a vitória de Bolsonaro.

Na área econômica, os problemas que mais afligiam a população eram, e tradicionalmente são, a inflação e o desemprego. Quatro perguntas, com as respectivas respostas, foram apresentadas:[92]

1. "Se um candidato do PT, como o Jaques Wagner, for para a TV dizer que vai reduzir a inflação: dá para acreditar porque os políticos do PT fazem coisas certas em várias áreas e, por isso, podem também fazer a coisa certa quanto à inflação, ou não dá para acreditar porque, no governo do PT, com a Dilma, a inflação aumentou": A grande maioria, 75%, respondeu que não dava para acreditar e 21% que era, sim, possível acreditar.

2. "Se um candidato do PSDB, como o Alckmin, for para a TV dizer que vai reduzir a inflação: dá para acreditar porque os políticos do PSDB reduziram a inflação quando fizeram o Plano Real, ou não dá para acreditar porque os políticos do PSDB não tomam as decisões certas na economia": A grande maioria, 67%, disse não acreditar neste compromisso e 28% expressaram acreditar.

3. "Se um candidato do PT, como o Jaques Wagner, for para a TV dizer que vai reduzir o desemprego: dá para acreditar porque os políticos do PT fazem isso, ou não dá para acreditar porque, no governo do PT, com a Dilma, foram tomadas decisões erradas na economia":

Mais uma vez, a grande maioria, 74%, considerou não ser viável acreditar, ao passo que somente 20% achavam a proposta crível.

4. "Se um candidato do PSDB, como o Alckmin, for para a TV dizer que vai reduzir o desemprego: dá para acreditar porque os políticos do PSDB são bons administradores e realizadores, ou não dá para acreditar porque os políticos do PSDB nunca se preocuparam com geração de empregos": Mais uma vez, a descrença, 70%, foi muito maior do que a crença, 24%.

Estas informações, é bom enfatizar, foram levantadas em março de 2018! Impossível ser mais convincente de que se tratava de uma debacle de todo o sistema político, essa era a visão do eleitorado sobre os dois principais partidos que vinham se enfrentado diretamente em todas as eleições presidenciais desde 1994. Indicava que eles não teriam chances de vencer em outubro. Considerando a situação específica do PT, perguntou-se ainda: "Retirar a Dilma da presidência e condenar o Lula foram coisas feitas pelos ricos e poderosos para poderem tirar direitos dos trabalhadores" ou "Nada disso, a Dilma foi retirada da presidência e o Lula condenado porque fizeram coisas erradas, não fizeram isso para diminuir os direitos dos trabalhadores". Exatos 39% ficaram com a narrativa do PT, e 54% com o enredo da Lava Jato, enquanto 3% disseram não concordar com nenhuma das afirmações, e outros 5% não responderam. Mais uma pergunta que revelava que, na visão da opinião pública, as duas figuras mais importantes do PT naquela conjuntura tinham sido punidas porque haviam realmente errado. É curioso notar que a porcentagem final de votos em Haddad, quase 45%, foi apenas um pouco maior do que os 39% que concordavam que Lula e Dilma foram vítimas dos ricos e poderosos porque defendiam os mais pobres. É como se, praticamente, o resultado eleitoral de outubro tivesse sido antecipado, dentro da margem de erro da pesquisa, em março.

Uma pesquisa feita pela Ipsos, em agosto de 2017, e publicada em um relatório do grupo Eurásia, mais de um ano, portanto, antes das *fake news*, da facada ou do apoio evangélico a Bolsonaro, revelava que o eleitorado buscava um líder forte e desconfiava da mídia tradicional. Naquele mês, 90% dos brasileiros adultos consideravam que "os partidos e políticos tradicionais não se preocupam com pessoas como eu"; 85% consideravam que o Brasil precisava de "um líder forte para tirar o país das mãos dos ricos e poderosos" e 84% concordavam que "para consertar o Brasil, precisamos de um líder forte disposto a infringir regras".[93] A falta de credibilidade era generalizada, inclusive dos meios de comunicação que ajudaram a tornar popular a Lava Jato: naquele mês de agosto, 70% concordavam que "a grande mídia está mais interessada em ganhar dinheiro do que dizer a verdade". Sete meses mais tarde, em março de 2018, a mesma Ipsos apontou que 86% diziam estar cansados "das mesmas forças políticas que dominam o país há décadas"; uma porcentagem também muito elevada, 82%, subscrevia que "o noticiário da grande mídia manipula a população para apoiar forças políticas que servem aos ricos e poderosos". O resultado desta desconfiança generalizada foi que 59% afirmaram acreditar mais "nas informações que recebo pelas redes sociais (Facebook e WhatsApp) que do noticiário da grande mídia". Aos olhos da opinião pública, o sistema havia entrado em ruína, até mesmo as instituições privadas, como é o caso da mídia, que tinham relações exclusivamente profissionais com os políticos ao visar tão somente levar notícias ao público. O terreno estava mais que fértil para a vitória de alguém obscuro com um discurso "contra tudo e contra todos".

Em outubro, no olho do furacão entre o primeiro e o segundo turno, foi possível confirmar o que já estava claro em março, que a principal justificativa de quem declarava voto em Bolsonaro era o desejo de mudança: 30% argumentavam querer um candidato novo, que nunca tinha sido presidente, mencionavam renovação, alternância, mudança; outros 25% alegavam votar no então candidato do PSL porque rejeitavam o PT.[94] Tratava-se de uma eleição de mudança atípica, pois o eleitorado não queria apenas mudar de governo para oposição, mas desejava derrotar o sistema político. É nesse contexto que as propostas tiveram papel secundário, uma vez que apenas 20% disseram votar em Bolsonaro por causa do combate à corrupção, e outros 17% em função de suas promessas para a segurança pública.

O CENÁRIO DE OPINIÃO PÚBLICA É DETERMINANTE

A vitória de Bolsonaro foi mais um resultado de eleição presidencial a demonstrar que a nossa heroína é decisiva para quem deseja entender e prever resultados eleitorais. Mais que acompanhar microacontecimentos, *trending topics* em redes sociais, detalhes de CPI, entrelinhas de matérias jornalísticas ou declarações de políticos, o mais relevante é mensurar com perguntas certas na hora certa a situação da opinião pública. E aqui chegamos a um problema insolúvel, qual é a pergunta certa e o momento certo? É a que melhor detecta as variáveis que mais influenciam o voto. Há várias pistas neste livro: a situação da economia, inflação e desemprego, aumento de consumo, políticas públicas que atendam aos mais necessitados, escândalos de corrupção, credibilidade da mídia. O primeiro passo para chegar a elas é estar persuadido pelas evidências de que a nossa heroína realmente tem mais peso no resultado eleitoral do que os pequenos (e grandes) fatores aleatórios de cada campanha.

Quem atribui a vitória de Bolsonaro à disseminação de *fake news* só o faz porque ignora uma conclusão muito bem-estabelecida da psicologia cognitiva: primeiro, as pessoas decidem e, depois, justificam racionalmente a escolha.[95] Primeiro, as pessoas se afastaram do PT e passaram a rejeitar seus políticos em função da emoção negativa causada por perder o emprego e ver seu poder de compra reduzido. Em seguida, recorreram à razão para justificar a escolha de um candidato que não fosse do partido. A emoção veio antes da razão e foi a responsável pela escolha. A razão foi somente uma assessora de imprensa para explicar os motivos da decisão. Considere que seja provado por A mais B a um eleitor de Bolsonaro que a justificativa é mentirosa ou que não faz o menor sentido. Não seria um problema, pois, como a decisão já está tomada e tem como fundamento a emoção, o mesmo eleitor irá encontrar outra justificativa. Imaginar que as pessoas tenham escolhido Bolsonaro por causa de *fake news* é acreditar que elas tenham nascido ontem, o que não é verdade.[96]

Na eleição de 2016, nos Estados Unidos, as *fake news* foram a favor de Donald Trump e contra Hillary Clinton. Ao fim do processo, não faltou quem argumentasse que tinham sido cruciais para a vitória do republicano. Essas pessoas desapareceram, em 2020, quando a guerra de notícias mentirosas foi reeditada contra o democrata Joe Biden e Trump perdeu. Em novembro de 2015, Maurício Macri foi eleito presidente da Argentina ao derrotar o candidato peronista de um governo mal avaliado. Em 2019, o mesmo Macri foi derrotado apesar de sua campanha ter recorrido ostensivamente às *fake news* contra o peronista Alberto Fernández, que acabou vitorioso. O eleitorado avaliava mal o governo Macri e não quis reelegê-lo. O mesmo aconteceu na Bolívia, também em 2019, contra o candidato apoiado por Evo Morales, que, ainda assim, venceu. Quem é vítima de *fake news* pode ganhar ou perder, depende da situação da nossa heroína, a opinião pública. Se o noticiário mentiroso for a favor de um candidato de continuidade em um contexto de continuidade, ele vence, mas se o contexto for de mudança, não há *fake news* que o leve à vitória. O que importa é o contexto de opinião pública, e as *fake news* acabam sendo uma explicação *fake* para o resultado das eleições.

Outra explicação aparentemente consensual sobre o desempenho eleitoral de Bolsonaro atribui a arrancada para a vitória à facada ocorrida em 6 de setembro de 2018. Faltava um mês e um dia para que os brasileiros fossem às urnas. Como sempre, para que esta versão mambembe dos fatos seja aceita, é preciso ignorar informações relevantes e varrer para baixo do tapete argumentos lógicos. Em dezembro de 2016, a intenção de voto no primeiro turno em Bolsonaro era de 8%, patamar que permanecia estável desde o início do mesmo ano.[97] Supreendentemente, na pesquisa seguinte, feita em abril de 2017, esse número havia quase duplicado, aumentado em seis pontos percentuais, passando para 14% e permanecendo neste nível por doze meses até abril do ano seguinte. O que teria ocorrido de tão importante no início de 2017 para que sua intenção de voto tivesse praticamente aumentado 100%? Não foi facada alguma, mas algo comezinho: o pré-candidato ocupou a mídia tradicional com afinco e isso teve efeitos nas mídias sociais.

Em 13 de março, a *Folha de S.Paulo* publicou uma entrevista com Bolsonaro, na qual ele já batia na tecla da imagem de líder forte, cujo objetivo era colocar ordem no país. A própria chamada da entrevista dizia que o pré-candidato se apresentava como alguém que não era limitado em suas ações nem pelo STF nem pela imprensa. Dois dias depois, ele foi o entrevistado do programa do Ratinho; logo no início, várias de suas frases machistas, homofóbicas e polêmicas foram mencionadas e Bolsonaro foi descrito como nacionalista, conservador e contrário à urna eletrônica. A produção do programa entrevistou algumas pessoas nas ruas e um senhor defendia a linha dura representada por ele. O Bolsonaro do programa do Ratinho, em março de 2017, antecipava perfeitamente o candidato que se apresentou ao país na campanha de 2018. No dia 20, ele foi ao programa *The Noite*, de Danilo Gentili, onde repetiu o desempenho de cinco dias antes. A repercussão nas mídias sociais levou a *Vejinha* de São Paulo a fazer uma matéria sobre o programa. No dia 30, ele bateu continência a Sérgio Moro em um encontro casual no aeroporto de Brasília. O episódio viralizou porque Moro reagiu com frieza, mas o fato é que aquilo foi bom para Bolsonaro entre os eleitores conservadores, pois o mostrava sendo reverente a quem ainda era o símbolo maior do combate à corrupção. Para fechar a rodada de exposição midiática antes da pesquisa de abril, Bolsonaro esteve em evento na Hebraica do Rio de Janeiro, onde afirmou que quilombolas não serviam nem para procriar. É evidente que as declarações polêmicas eram combustível precioso para as mídias sociais, tornando-o mais conhecido e votado pelos conservadores.

O crescimento do início de 2017 foi proporcionalmente maior do que o ocorrido após o episódio da facada, quando Bolsonaro saiu de 22% de votos na última pesquisa de agosto para 28% na penúltima semana de setembro.[98] Ou seja, a cobertura da mídia proporcionada pela facada na reta final da eleição teve menos impacto em seu crescimento do que sua exposição nas mídias no começo do ano anterior. Além disso, os 28% que ele atingiu após o atentado eram 27% em março de 2018, desde que, na simulação de voto, fosse dito aos entrevistados que Bolsonaro nunca tinha sido candidato a presidente. Isso mostra que ele cresceria com ou sem aquele evento conforme as pessoas se dessem conta de que ele era o único candidato cuja mão cabia em um soco-inglês contra o sistema.

Por fim, o apoio público do pastor Edir Macedo, líder máximo da Igreja Universal do Reino de Deus, ocorrido em 30 de setembro, poderia ter sido responsável por um crescimento grande da intenção de voto, posto que ela acabou saindo dos 28%, no final de setembro, para 35%, na pesquisa do dia 4 de outubro.[99] Aqui, é impossível separar o que supostamente poderia ser atribuído à força dos líderes evangélicos do que foi a decisão de escolher um candidato próximo ao dia da votação. Em 1989, a candidatura de Mário Covas (PSDB) cresceu bastante na reta final, em particular nas capitais mais populosas e importantes do país. Em 2014, o também tucano Aécio só ultrapassou Marina Silva (PSB) nos dois últimos dias antes do primeiro turno. Em nenhum destes dois casos houve apoio amplo e ostensivo de líderes evangélicos, considerando que, em 1989, eles ainda eram inexpressivos, e, em 2014, estavam divididos. O que tornou Covas, Aécio e Bolsonaro semelhantes foi o crescimento de última hora, às vésperas do pleito, independentemente do apoio evangélico.

A noção de que o apoio dos líderes evangélicos teria sido crucial para o resultado de 2018 supõe que as ovelhas que frequentam as diversas igrejas sejam uma simples massa de manobra passiva à espera do comando de seus pastores. Trata-se de uma idealização (preconceituosa) que precisa ser provada. Pode ter acontecido justamente o inverso, isto é, que os pastores tenham percebido que seu rebanho pouco a pouco vinha decidindo votar em Bolsonaro, até porque a data do pleito se aproximava e, então, acabaram por segui-lo. Seria muito ruim para a reputação dos líderes religiosos entre seus fiéis votar e defender publicamente Haddad quando a maioria preferia Bolsonaro. Lideranças e liderados de um grupo relativamente homogêneo, que compartilham os mesmos valores e crenças acabam tendo interesses alinhados e, consequentemente, escolhas semelhantes. Evangélicos são mais religiosos do que católicos, pois vão mais à igreja, oram com maior frequência e guiam suas vidas de acordo com os preceitos bíblicos com maior intensidade. Pessoas mais religiosas são mais conservadoras e pessoas mais conservadoras tendem a preferir Bolsonaro ao PT.

A dificuldade em compreender o favoritismo de Bolsonaro em 2018 teve origem em dois fatores interconectados. O primeiro deles foram os valores predominantes de analistas e observadores da cena eleitoral. A grande maioria dessas pessoas se opunha às visões de Bolsonaro expressas em declarações antidemocráticas, machistas, homofóbicas e racistas. A oposição entre os seus valores e os do candidato os levou a supor que o eleitorado não daria maioria a alguém como ele. Era inconcebível para jornalistas, políticos, cientistas políticos e todos os que acompanhavam atentamente a eleição que uma pessoa que defendia tais valores fosse abraçada pela maioria do eleitorado. Consequentemente, as análises das chances de sua vitória acabaram sendo influenciadas por uma suposição fundamentada em um profundo conflito de visões de mundo. O segundo motivo foi o fato de o discurso de Bolsonaro, na campanha de 2018, ter sido direcionado para uma minoria. O candidato a presidente falava as mesmas coisas que sempre defendera nas diversas vezes que disputou a eleição para deputado federal. Porém, a eleição para a Câmara é proporcional, e para a presidência da nação é majoritária. Em uma eleição proporcional é inteiramente viável ser eleito sucessivamente com um discurso para uma minoria, mas é considerado impossível ou muito difícil no caso de eleições majoritárias.

O cenário de 2018 foi tão incomum que o símbolo representado pela figura de Bolsonaro, um líder solitário sem apoio político algum, que iria enfrentar um sistema corrupto e ineficiente, sobrepujou toda sorte de discursos. Na verdade, ao fazer declarações incomuns e absurdas do ponto de vista de vários segmentos da elite, ele estava sinalizando para a opinião pública que era diferente de todos os políticos que tinham governado o Brasil nos últimos anos, o que reforçava a imagem de alguém contra o sistema. Por outro lado, o eleitorado que o escolheu considerou menos importante a defesa de pautas ultraconservadoras e preconceituosas quando comparadas a tudo o que ele representava, alguém que acabaria com a corrupção e, por isso, recolocaria o Brasil no rumo do crescimento econômico. Não era raro ouvir de eleitores de Bolsonaro a afirmação de que, caso eleito, ele não perseguiria os negros, os indígenas, os homossexuais e nada faria contra as mulheres. Tratava-se de um recurso cognitivo tradicional, uma vez que o voto em Bolsonaro já estava decidido, porque ele era o candidato que melhor encarnava o enfrentamento da velha política: seu eleitor negava para si mesmo que ele faria coisas das quais discordava. Foi este o motivo final que possibilitou a vitória de Bolsonaro e dificultou a compreensão de seu favoritismo.

2022: a luva da inflação e do desemprego

Um antigo ditado afirma que *não se bate em uma mulher nem com uma flor*. Guiomar, a nossa heroína, não sabia exatamente quem era Bolsonaro em 2018. Em meio a um cenário turbulento e confuso, ela desconsiderou inúmeras falas desse pretendente, que indicavam uma personalidade profundamente machista. Assim, a opinião pública que o escolheu a fim de ter de volta uma vida melhor, talvez tenha se surpreendido com o mau tratamento a ela dispensado. A opinião pública é mulher e há muitas evidências de que o eleito em 2018 reservou um lugar subserviente para ela.

O ano de 2019 indicava que Bolsonaro teria pela frente um cenário muito favorável para sua reeleição. Motivo: o eleitorado imputava aos governos do PT as péssimas condições econômicas em que o país se encontrava, assim, qualquer pequena melhora que ocorresse seria atribuída a seu desempenho e o levaria a vencer em 2022. A visão de que qualquer pequena melhora beneficiaria Bolsonaro só era possível em função de um fenômeno cognitivo propiciado pelo que aconteceu durante o governo Dilma.

O pujante crescimento econômico de 2010 fez com que Lula saísse muito bem avaliado de seus oitos anos de governo. Segundo a série de pesquisas do Datafolha no último ano de seu segundo mandato, a pior avaliação ótimo e bom foi em fevereiro e abril, 73%. No segundo semestre, este indicador ficou um pouco abaixo de 80%, e, após a eleição, um pouco acima. Em março de 2018, a Brasilis perguntou, em pesquisa nacional, qual era a avaliação do governo Lula: o ótimo e bom cravou 65%.[1] Tratava-se de um julgamento positivo muito alto, ainda mais se for levado em conta que, entre 2014 e o início daquele ano, a sua imagem foi surrada pela cobertura que a mídia fez da Lava Jato. O grande problema de Lula acabou sendo a avaliação do governo Dilma. Segundo o Datafolha, de junho de 2015 até seu afastamento do cargo, em abril do ano seguinte, o ótimo e bom da presidente gravitou em torno de 11%, e o ruim e péssimo ficou sempre acima de 62%. Como Lula tinha sido o avalista de sua eleição, gerando no eleitorado a expectativa de que ela daria continuidade à bonança de consumo de seus governos, a péssima avaliação de Dilma foi um tsunami na imagem de Lula.

Em março de 2019, nas pesquisas contratadas pela corretora XP ao Ipespe, quando as pessoas foram perguntadas sobre quem era o responsável pela situação econômica do país, considerada muito ruim na época, 32% diziam ser o governo Lula; 20% o governo Dilma; e 17% o governo Temer.[2] A pergunta foi feita mensalmente por mais de um ano. Em março de 2020, exatos 29% diziam que o governo Lula era o principal responsável pela situação econômica do país, seguido pelo governo Dilma, com 14%, e Temer, com 11%. Há quem ache que essa visão do eleitorado não fizesse sentido, em particular quando se compara o ótimo e bom de Lula e Dilma em seus últimos meses de governo. O fato é que o eleitorado assim avaliava os governos em relação à crise econômica e a única explicação plausível para o resultado estava na responsabilização de Lula pelo que ocorrera no governo Dilma. Dito de outra maneira, Lula e Dilma eram um ente só e a imagem dele era (e é) muito mais presente entre os eleitores do que a dela. A mesma pergunta indicava que, em março de 2019, apenas 5% consideravam que o governo Bolsonaro era o responsável pela situação econômica do país. Um ano mais tarde, com o decorrer do então novo governo e porque a economia não melhorava, a responsabilização atingiu 15%.

Alexis de Tocqueville, o grande pensador liberal francês do século XIX, foi o precursor da ideia de que as pessoas se tornam mais exigentes conforme a situação prospera. Segundo ele, as revoluções ocorrem no momento em que as condições de vida melhoram e não quando pioram. Na medida em que há desenvolvimento, as pessoas se tornam mais insatisfeitas e inquietas, o descontentamento público aumenta e cresce o ódio contra as antigas instituições. Quando não há melhorias, as pessoas aguentam com paciência a pobreza, como se fosse inevitável, mas se os indivíduos notam que não se trata de uma situação inexorável, logo surge a ideia de se livrar dela imediatamente. O ditado popular que expressa essa teoria da mudança e da insatisfação social já foi mencionado anteriormente: *dá a mão, quer o braço*.

Vale notar que o inverso também é verdadeiro. Quando a situação econômica é muito ruim, as pessoas se sentem fracas e desamparadas, são obrigadas a dedicar uma fatia ainda maior de seu tempo à sobrevivência familiar e individual. Tome-se, por exemplo, um cenário de desemprego: promover greves para reivindicar aumentos salariais é bem mais difícil do que quando há pleno emprego, pois os trabalhadores grevistas são mais facilmente substituíveis por inúmeros outros que estão em busca de postos de trabalho. Assim, durante as crises, qualquer pequena melhora é logo percebida e bem-avaliada. Um cenário de bonança aumenta a altura do sarrafo, em termos de exigências feitas aos governantes. Por outro lado, um cenário de ruína financeira e econômica diminui a altura do sarrafo, fazendo com que qualquer melhora seja bem-avaliada e atribuída ao presidente de plantão. Bolsonaro, quando se tornou presidente, era beneficiário desta situação. Aliás, duplamente beneficiário, pois o seu principal opositor, Lula e o PT, era considerado pela opinião pública o maior responsável pela crise.

A esperança depositada em Bolsonaro de que ele mudaria a situação era tão grande que a maioria acabou por elegê-lo mesmo considerando-o defensor dos ricos e dos banqueiros, dois grupos com grande rejeição social. Em pesquisa realizada entre o primeiro e o segundo turno da eleição de 2018, 65% disseram que ele representava os ricos e também os empresários, enquanto 54% consideravam que ele representava os bancos. Estes números, para Haddad, gravitaram em torno de 24%.[3] Aliás, estes segmentos da sociedade, fundamentais para os investimentos que asseguram o bem-estar futuro de todos, de fato se percebiam correspondidos por Bolsonaro. Uma pesquisa feita com 362 presidentes, diretores e conselheiros de grandes empresas apontou que 52% pretendiam aumentar os investimentos em 2019, outros 49% disseram que iriam contratar no primeiro ano do novo governo e 39% acreditavam que o faturamento de suas empresas aumentaria acima de 10% quando comparado com o ano eleitoral.[4] Em janeiro de 2019, o Ibope foi a campo para perguntar qual a avaliação que o eleitorado fazia do governo recém-empossado e o resultado foi 49% de ótimo e bom. Esse dado deve ser visto menos como uma avaliação propriamente dita e mais como uma declaração de esperança frente ao que viria. Tudo favorecia o novo presidente: os empresários o apoiavam ostensivamente, a opinião pública depositava nele expectativas positivas de mudança e a economia, por estar no fundo do poço na visão do eleitorado, era um terreno propício para impulsionar a aprovação do governo, pois qualquer pequena melhora seria colocada na conta de Bolsonaro. Porém, ao que parece, ele não soube aproveitar a oportunidade.

NADA ESTÁ TÃO RUIM QUE NÃO POSSA PIORAR[5]

O ano de 2018 coroava um ciclo de más notícias para o eleitorado na área do emprego: uma média de 12,8 milhões de pessoas desocupadas, equivalente a um aumento de cerca de 90% quando comparado com a desocupação média de 6,7 milhões de trabalhadores em 2014.[6] Emprego em baixa e informalidade em alta. Pouco mais de um quarto do total da população ocupada buscava sustento por conta própria. Em 2018, atingiu-se o menor número da série histórica de trabalhadores com carteira assinada, quase 33 milhões.[7] Além disso, 11,2 milhões de empregados do setor privado estavam sem registro; dos 6,2 milhões de empregados domésticos, um terço tinha carteira assinada. O desemprego estava muito elevado e as pequenas oscilações positivas do número de desocupados ocorriam graças à piora da remuneração e da qualidade do trabalho.[8]

A situação social do eleitorado caminhou de mãos dadas com a piora do mercado de trabalho. O IBGE revelou que, entre 2017 e 2018, nada menos do que 10,3 milhões de pessoas enfrentaram, em algum momento, privação alimentar severa.[9] Das quase 70 milhões de residências do Brasil, em torno de 37% estavam com algum grau de insegurança alimentar, o que significava aproximadamente 84,9 milhões de pessoas e metade das crianças com menos de 5 anos de idade. No Nordeste, o problema era mais grave e atingia pouco mais de 50% dos domicílios. Vivia-se o pior nível de insegurança alimentar desde que os dados começaram a ser levantados, em 2004. Além disso, a situação era tão ruim que as más notícias eram variadas e, muitas vezes, surpreendentes, pois vinham de áreas onde o Brasil sempre tivera um bom desempenho. Em 2018, o Brasil estava sob a real ameaça da volta de doenças combatidas com sucesso no passado, como o sarampo e a paralisia infantil. Foram 10.326 casos de sarampo em 2018[10] e, em junho do mesmo ano, o Ministério da Saúde alertava que 312 municípios tinham vacinado menos do que 50% das crianças na faixa etária recomendada contra a poliomielite.[11]

Já em seu primeiro ano de governo, 2019, Bolsonaro emitira vários sinais de que não se comportaria de acordo com os padrões tradicionais da política, o que acabaria por resultar em inúmeras crises e na deterioração do bem-estar econômico do eleitorado. Em fevereiro de 2019, ele foi pessoalmente ao Congresso Nacional entregar a proposta do Poder Executivo para a reforma da Previdência.[12] Um ato que parecia alvissareiro, indicando um presidente empenhado em governar, foi rapidamente ofuscado por inúmeros eventos típicos de alguém beligerante. No mês seguinte, ele entraria em conflito com o presidente da Câmara, o deputado federal Rodrigo Maia (DEM), figura-chave para a tramitação das proposições de interesse do governo. Em uma controvérsia pública com Maia, Bolsonaro afirmou que alguns políticos não queriam largar a "velha política".[13] Em maio, ocorreram manifestações pelo país em defesa da reforma da Previdência, em apoio a medidas de combate à criminalidade propostas pelo então ministro da Justiça, Sérgio Moro, ataques aos presidentes da Câmara e do Senado, críticas ao Centrão, pedidos de fechamento do Supremo Tribunal Federal (STF) e de intervenção militar.[14] No mesmo período, o ministro da Economia, Paulo Guedes, também em rota de confronto com deputados e senadores, ameaçava deixar o cargo caso a reforma da Previdência não fosse aprovada.[15] Eram sinais de que Bolsonaro desejava substituir o presidencialismo de coalizão pelo presidencialismo de colisão.

As permanentes brigas e discussões patrocinadas por Bolsonaro foram temperadas por declarações preconceituosas, sarcásticas e inverídicas. Em um café com jornalistas, no dia 25 de abril, ao ser questionado se a fama de homofóbico poderia afastar investimentos estrangeiros, ele disse: "O Brasil não pode ser o país do turismo gay. Quem quiser vir aqui fazer sexo com uma mulher, fique à vontade. Agora, não pode ficar conhecido como paraíso do mundo gay."[16] Em julho, ele ironizou o desaparecimento do pai do então presidente da Ordem dos Advogados do Brasil (OAB), Felipe Santa Cruz: "Um dia, se o presidente da OAB quiser saber como é que o pai dele desapareceu no período militar, conto pra ele. Ele não vai querer ouvir a verdade. Conto pra ele."[17] No mesmo mês, em uma conversa captada sem que ele soubesse estar sendo gravado, Bolsonaro foi preconceituoso em relação aos nordestinos e estimulou o conflito federativo: "Daqueles governadores de paraíba, o pior é o do Maranhão [Flávio Dino, do PCdoB]. Tem que ter nada com esse cara."[18] Ainda no final do primeiro semestre, diante da divulgação de dados de um relatório do Instituto Nacional de Pesquisas Espaciais (Inpe), que apontava um aumento de 57% no desmatamento da Amazônia, em junho de 2019 vis-à-vis junho de 2018, Bolsonaro afirmou: "Com toda a devastação que vocês nos acusam de estar fazendo e de ter feito no passado, a Amazônia já teria se extinguido. Isso acontece com muitas revelações, como a de agora (...), e inclusive já mandei ver quem está à frente do Inpe para que venha explicar em Brasília esses dados que foram enviados à imprensa. Nosso sentimento é que isso não coincide com a verdade, e parece até que [o presidente do Inpe] está a serviço de alguma ONG."[19] Eram muitas brigas e declarações fora do prumo da racionalidade para pouco tempo de mandato.

Seis meses foram suficientes para que Rodrigo Maia, entusiasta da reforma da Previdência e alguém afinado com a agenda do mercado financeiro, afirmasse em um evento da Fundação Lemann, no dia 8 de agosto: "Bolsonaro é produto de nossos erros e a pergunta é: onde erramos?"[20] A declaração de Maia era um desabafo diante da constatação de que as ações e falas de Bolsonaro eram desagregadoras, dirigiam-se para uma minoria e não para a maioria, cujo apoio é fundamental obter quando se deseja governar sem sobressaltos. Dois meses mais tarde, Bolsonaro postou em suas redes sociais um vídeo em que um leão era cercado por uma alcateia de hienas. O leão era identificado como o próprio Bolsonaro, e as hienas, os seus rivais: vários partidos políticos, o STF, a OAB e veículos da imprensa.[21]

Não surpreende que Bolsonaro tenha passado a figurar como o presidente que menos tenha transformado em lei as proposições enviadas ao Legislativo no primeiro ano de mandato: do total de 29 propostas, somente três foram aprovadas.[22] Dentre o que seria relevante para o mercado, vingou somente a reforma da Previdência. Além disso, a grande maioria das Medidas Provisórias editadas caducaram, foram rejeitadas ou tiveram tramitação muito lenta. O deputado federal Arthur Lira (PP), importante líder do Centrão, afirmou, em dezembro de 2019, que a articulação do governo na Câmara era nula: "Ela não existe. Ela, às vezes, dificulta o trabalho dos líderes."[23]

É normal que presidentes tenham de lidar com períodos de bonança e tempestades, que sejam beneficiados por ciclos benignos e prejudicados por crises. Fernando Henrique enfrentou os efeitos negativos de várias crises financeiras internacionais, como a do México, a das economias do leste da Ásia e da Rússia. Além disso, houve a crise hídrica e a necessidade de racionar energia. Lula sobreviveu ao escândalo do Mensalão e considerou uma marolinha os efeitos da grave crise financeira internacional de 2008, cujo epicentro foi nada mais nada menos do que a economia dos Estados Unidos. Dilma enfrentou o fim do ciclo de *commodities*, cujos elevados preços durante os mandatos de seu antecessor acabaram despencando justamente em seu governo. Além disso, ela teve de gerenciar uma crise aguda com o principal parceiro da aliança que conferiu a formidável estabilidade política do período Lula, o MDB. Presidentes podem se sair melhor ou pior no gerenciamento de crises, é incerto. Porém, uma coisa é certa: haverá crises. No caso do governo Bolsonaro, o ineditismo da tempestade tem a ver com o fato de que uma crise não econômica, a pandemia, levou à ruína do bem-estar da população. Em geral, o que causa uma debacle econômica são fatores relacionados à própria economia ou, eventualmente, à política, raramente acontecimentos sanitários e de saúde pública causam recessão, desemprego e inflação. A capacidade do chefe de governo de lidar com acontecimentos negativos pode, muitas vezes, ser crucial para sua sobrevivência política, e isso ficou muito claro para todos que viram como Lula e Dilma enfrentaram os acontecimentos negativos de seus respectivos governos.

De acordo com o Fundo Monetário Internacional (FMI), a crise econômica global causada pela pandemia foi a pior desde a Grande Depressão de 1929.[24] Todos os países, em maior ou menor medida, pararam suas economias a fim de proteger a população do risco do contágio e da morte. Várias medidas foram tomadas, dentre as primeiras, a suspensão das aulas, em seguida, a adoção do trabalho remoto e, por fim, o completo *lockdown*. Já foi demonstrado por meio de robustas evidências que autocracias e regimes ditatoriais foram mais velozes do que democracias na adoção de duras medidas de restrição às liberdades individuais.[25] Além disso, na Europa, considerando apenas as democracias, as mais pujantes e consolidadas tiveram maior dificuldade de restringir tais liberdades do que os regimes menos firmes na defesa dos princípios democráticos.[26] Instituições à parte, os líderes também tiveram papel relevante no combate à pandemia.

Ficou demonstrado que os chefes de governo com doutorado, isto é, os que mais valorizaram a ciência e o conhecimento empírico, foram também os mais rápidos na adoção de ações para impedir o avanço da pandemia.[27] Isso ficou particularmente claro quando comparados os países que registraram o primeiro caso de Covid-19 em janeiro e fevereiro. Os governantes das nações que, como o Brasil, souberam do primeiro caso em março ou abril já puderam contar com protocolos estabelecidos pela Organização Mundial da Saúde (OMS), o que mitigou a importância de se ter um doutorado para que fossem adotadas medidas mais adequadas de contenção da pandemia. Como a doença era a causa da grave crise econômica, detê-la se tornou prioridade, não apenas por razões humanitárias, mas também para possibilitar que a economia voltasse ao normal mais rapidamente.

Bolsonaro não apenas não tem doutorado como rejeitou explicitamente todas as medidas consideradas pela ciência as mais adequadas para possibilitar o retorno à normalidade. O primeiro caso de Covid-19 no Brasil foi registrado no final de fevereiro de 2020 e a primeira morte ocorreu na segunda semana de março. Neste mesmo mês, no dia 11, a OMS declarou oficialmente que o mundo vivia uma pandemia. No dia 15, um domingo, em meio a um noticiário quase unânime sobre a pandemia, e já com governos estaduais, municipais e vários setores da economia agindo para restringir a circulação de pessoas, Bolsonaro cumprimentou, sem máscara, manifestantes em frente ao Palácio do Planalto. Na noite do dia 24, ele fez o famoso pronunciamento nacional em cadeia de rádio e televisão, no qual minimizou o que estava acontecendo ao afirmar que se tratava de uma gripezinha e que por causa de seu histórico de atleta não precisaria se preocupar com a doença.[28] O discurso ocorria após o país inteiro ser bombardeado por notícias que atestavam o espalhamento do vírus na Ásia, milhares de mortes nos países europeus e com as chocantes imagens de uma longa fila de caminhões militares transportando os corpos de vítimas da Covid-19 em Bergamo, na Itália.[29] A história veio mostrar que o discurso de Bolsonaro definiria o caminho escolhido por ele para enfrentar a pandemia.

A incapacidade de o governo lidar corretamente com a doença não se restringia à contenção do vírus, mas estendia-se à economia. Também em março, o ministro da Economia, Paulo Guedes, em entrevista à revista *Veja* afirmou que a crise do novo coronavírus seria uma oportunidade para que o país fizesse reformas com a finalidade de aliviar as contas públicas e atrair investimentos. Em meio a evidências gritantes vindas de outros países sobre o elevado custo do enfrentamento da doença, ele acreditava que uma bagatela seria suficiente para debelar a pandemia: "Com 3 bilhões, 4 bilhões ou 5 bilhões a gente aniquila o coronavírus." Na entrevista, ele não sinalizou sobre a adoção de nenhuma medida concreta que tranquilizasse os empresários que tinham 3, 4 ou 5 mil empregados sob seu comando e que estavam preocupados com o que estava por vir.

Três meses depois do discurso da gripezinha, em 25 de junho, o Brasil já acumulava cerca de 55 mil[30] vidas ceifadas pela Covid-19, sendo que, naquelas últimas 24 horas, 1.180 pessoas tinham falecido por conta da doença.[31] Naquela semana, Bolsonaro afirmou em sua fala nas redes sociais que houve "um excesso de preocupação apenas com uma questão [saúde]" e que não se deveria deixar de se preocupar com a economia.[32] Eram palavras ao vento. Ele não se empenhou ou não teve capacidade de coordenar ações de combate à aguda crise sanitária e seus efeitos econômicos. Foram meses de conflitos com os demais poderes da República e com os entes federados. O Poder Executivo comandado por Bolsonaro sequer foi o protagonista na necessária apresentação de proposições legislativas de combate à pandemia e à crise econômica, sendo superado pela pronta atuação de representantes eleitos do Poder Legislativo.[33] Com os óbitos, vieram as más notícias na economia, o número de desempregados chegou a 14,1 milhões no trimestre encerrado em outubro de 2020, um aumento de 7,1% em relação ao trimestre encerrado em julho.[34] As despesas de consumo das famílias caminharam ladeira abaixo, ficando em -0,7%, -12,2%, -6% e -3%[35] nos quatro trimestres de 2020. Tratava-se de uma situação apavorante, para ficar apenas em uma das expressões do mandatário maior do país.[36]

A redução do consumo das famílias foi enfrentada com a aprovação do Auxílio Emergencial (AE), um benefício em dinheiro que seria mensalmente concedido às famílias mais pobres prejudicadas pela crise. A proposta do novo auxílio foi originada no Poder Legislativo e, em sua tramitação, o Palácio do Planalto atuou para que o valor do benefício ficasse em 200 reais. No final de março de 2020, a Câmara dos Deputados e o Senado Federal aprovaram o benefício de 600 reais.[37] Os destinatários eram pessoas maiores de 18 anos, trabalhadores por conta própria que pagavam contribuição individual à Previdência Social, microempreendedores individuais (MEI), mão de obra contratada de forma intermitente, como garçons e serventes de obra, trabalhadores informais, como vendedores ambulantes, os inscritos no Cadastro Único para Programas Sociais (CadÚnico), desempregados, autônomos e pessoas que não faziam parte da força de trabalho, como os beneficiários do Bolsa Família. As mulheres provedoras de família monoparental tiveram direito ao dobro do valor-base, ou seja, 1.200 reais.[38] Os senadores, diante da imensa pressão advinda da crise econômica, ampliaram a lista dos que poderiam receber o auxílio, incluindo pescadores profissionais e artesanais, motoristas de van escolar, seringueiros, quilombolas, artesãos, cabeleireiros, profissionais de Educação Física e de Artes, além de vários outros segmentos.[39]

Ao fim e ao cabo, mais de 66 milhões de pessoas receberam diretamente a primeira parcela do auxílio em abril. Em torno de 6 milhões de mulheres chefes de família foram beneficiadas pelo valor dobrado de 1.200 reais[40] e os moradores das regiões Norte e Nordeste respondiam por 75% do total de atendidos pelo programa.[41] Em setembro de 2020, o auxílio foi prorrogado com o valor menor, de 300 reais, a ser pago mensalmente até o último mês do ano. O público-alvo foi inicialmente reduzido para 43,6 milhões de pessoas em setembro e em seguida aumentou para algo próximo a 55 milhões de beneficiários em dezembro. No total, em 2020, foram quase 68 milhões[42] de pessoas diretamente atendidas e cerca de 295 bilhões de reais despendidos com o Auxílio Emergencial.[43] A despeito da decisão de Bolsonaro de fazer do Poder

Executivo um espectador de luxo da crise, as instituições democráticas permitiram que a pressão social por medidas que mitigassem a crise levasse os demais poderes da República a agir. Foi por isso que deputados e senadores abriram a caixa de ferramentas do Orçamento da União e acabaram por propiciar um fortíssimo estímulo para a economia.

A distribuição mensal do Auxílio Emergencial teve impacto benigno, de curto prazo, avassalador na redução da pobreza. Em maio, em torno de 76% dos recursos do benefício alcançaram a base da pirâmide social, cuja renda domiciliar não ultrapassava 645,54 reais.[44] O resultado tão dramático quanto alvissareiro foi que o consumo de alimentos nas classes D e E cresceu 8% em 2020.[45] A população pobre não apenas passou a comprar mais, como também ampliou o cardápio: presuntos e apresuntados passaram a ser consumidos por 8,5 milhões de famílias das classes D e E; outros 6,2 milhões de domicílios experimentaram empanados de frango, carne ou vegetais do tipo nuggets; aproximadamente 4,5 milhões de lares passaram a consumir hambúrguer, linguiça e maionese; outros 5,1 milhões incrementaram o café da manhã e o lanche da tarde com manteiga e requeijão, e 7,1 milhões temperaram a salada com azeite de oliva ou do tipo misto.[46]

A explosão de consumo não se limitou aos alimentos processados. Comparando julho de 2020 com o mesmo mês de 2019, as vendas de artigos farmacêuticos, médicos, ortopédicos e de perfumaria apresentaram aumento de 13,4%; móveis e eletrodomésticos cresceram 26,4% e materiais de construção tiveram um volume de vendas 22,7% maior. De junho a julho de 2020, na série com ajuste sazonal, houve aumento de 5,2% na média nacional de vendas do comércio varejista — após a alta recorde de 13,3% em maio e de 8,5% em junho —, com resultados positivos em 21 das 27 unidades da federação, especialmente nos estados do Amapá, 34%; da Paraíba, quase 20%; e, de Pernambuco, praticamente 19%.[47] Não surpreende, portanto, que tenha ocorrido uma abrupta e vertiginosa melhoria das condições de vida da população. Comparando os números de julho de 2019 e julho de 2020, o Auxílio Emergencial retirou 13,1 milhões de pessoas da pobreza, uma queda de impressionantes 20,69% do número de pobres.[48] Um estudo feito pela Fundação Getulio Vargas mostrou que a velocidade de redução da pobreza observada neste período foi maior do que em períodos da história que ficaram marcados pela bonança do consumo, como na época do Plano Cruzado (1986) e do Plano Real (1994).[49]

Reza a cartilha que um aumento de demanda não atendido pelo respectivo aumento de oferta acaba resultando em inflação, e foi o que começou a acontecer a partir de setembro.[50] Três meses mais tarde, em dezembro, a inflação alcançou 1,35%, tornando-se o maior índice mensal desde fevereiro de 2003, e o maior índice para o mês de dezembro desde 2002. No acumulado do ano de 2020, dispararam os preços do óleo de soja, 103,79%, e do arroz, 76,01%, com altas expressivas nos preços do leite longa vida, 26,93%; das frutas, 25,40%; das carnes, 17,97%; da batata-inglesa, 67,27%; e, do tomate, 52,76%.[51] Alguns preços de alimentos podem ser indiretamente controlados pelo governo com estoques reguladores que, na segunda metade da década de 2010, começaram a ser diminuídos ou simplesmente zerados. É possível que isso tenha ocorrido em função de decisões inspiradas em uma visão econômica exacerbadamente liberal. Neste caso, os estoques são considerados intervenção governamental custosa e desnecessária nos preços. Assim sendo, em 2020, os estoques reguladores de milho, arroz, feijão, soja, café, mandioca e leite encontravam-se em níveis muito baixos ou totalmente zerados.[52] O custo coletivo de manter um estoque público de alimentos — sem saber se será utilizado e quando — foi transferido para os indivíduos.[53] A enxurrada da inflação de alimentos causada pelo rápido aumento de demanda não encontrou pela frente sequer este dique, as águas do aumento de preços iriam derrubar tudo que estivesse pela frente, inclusive a avaliação do presidente.

A bonança econômica, resultado da concessão do Auxílio Emergencial, não foi acompanhada por abundância equivalente de vacinas contra a Covid-19. No primeiro caso, a concessão do auxílio estava inteiramente nas mãos do Congresso; já a aquisição de vacinas dependia, em grande medida, do empenho do Poder Executivo. Enquanto a população aumentava o padrão de consumo graças ao Orçamento da União, o desenvolvimento dos imunizantes estava avançando a passos largos e o noticiário especializado indicava que seria possível iniciar a vacinação em massa já no início de 2021. No caso de doenças contagiosas, prevenir é sempre imensamente melhor do que remediar. O custo de uma dose de vacina é muito inferior ao da manutenção de um paciente em uma Unidade de Terapia Intensiva (UTI), estimado em até 3 mil reais por dia, em valores de 2020. Ademais, a simples implantação de apenas um novo leito de UTI onerava os cofres públicos em cerca de 180 mil reais, um gasto necessário por ser o único modo de enfrentar o vírus para os pacientes mais graves.[54] Ainda assim, a eficácia era baixa, uma vez que oito em cada dez intubados com Covid-19 morriam.[55] Por outro lado, o custo de uma dose das primeiras vacinas disponíveis — CoronaVac, Pfizer e AstraZeneca — variava entre 3 e 10 dólares.[56] Considerando que todas as vacinas tinham ao menos 70% de eficiência comprovada para evitar internações hospitalares, estava-se diante de uma excelente e rara relação entre custo e benefício.[57] A celeridade na compra de vacinas superposta à capacidade de vacinação do Sistema Único de Saúde (SUS) poderia ter feito do Brasil um dos primeiros países do mundo a finalizar a imunização de toda a população, e teria sido fundamental para que a atividade econômica se recuperasse com rapidez e de maneira sustentável.[58]

Uma pesquisa global realizada em 32 países entre outubro e dezembro de 2020 revelou que os brasileiros ocupavam a sétima colocação dentre as populações mais dispostas a se vacinar: 83% afirmavam que iriam se imunizar contra a Covid-19.[59] Esse número era apenas de 66% nos Estados Unidos, 65% na Alemanha e 44% na França. A criação do Programa Nacional de Imunizações data de 1973 e, desde então, ele não apenas protegeu a população de doenças contagiosas, mas contribuiu para que fosse criada uma sólida cultura pró-vacinas.[60] Após quase meio século de campanhas de vacinação, os brasileiros aprenderam, por experiência própria, algo que os cientistas conhecem por meio de sofisticados experimentos: os imunizantes inventados pelo ser humano protegem a saúde individual e coletiva. Bolsonaro decidiu bater de frente com esta crença quase unânime da sociedade brasileira. Não foram poucas as suas falas contra a ciência e em favor de tratamentos sem eficácia alguma no combate à pandemia. Em setembro de 2020, com o falso argumento de que se preocupava em proteger a liberdade individual, ele se empenhou em induzir as pessoas a não se vacinarem: "Ninguém pode obrigar ninguém a tomar vacina."[61] No mês seguinte, insistiu no tema e sugeriu algo não demonstrado por nenhuma pesquisa de opinião: "O meu ministro da Saúde já disse claramente que não será obrigatória esta vacina e ponto final. (...) Não quero acusar ninguém de nada aqui, mas essa pessoa está se arvorando e levando terror perante a opinião pública. Hoje em dia, pelo menos metade da população diz que não quer tomar essa vacina."[62] Ao contrário, a quase totalidade dos brasileiros desejava se vacinar e era tanta a vontade que não havia necessidade alguma de tornar a imunização obrigatória.

Bolsonaro insistiu em ir contra a posição dominante da opinião pública quanto à importância das vacinas. Em 21 de outubro de 2020, ele disse que não compraria a CoronaVac: "A vacina chinesa de João Doria, qualquer vacina antes de ser disponibilizada à população, deve ser comprovada cientificamente pelo Ministério da Saúde e certificada pela Anvisa. O povo brasileiro não será cobaia de ninguém. Minha decisão é a de não adquirir a referida vacina."[63] Em dezembro, ele passou a fazer ironias em relação aos imunizantes. Dessa vez, o alvo foi outra fabricante: "Na Pfizer, está bem claro no contrato: 'Nós não nos responsabilizamos por qualquer efeito colateral.' Se você virar um jacaré, é problema de você. Não vou falar outro bicho aqui para não falar besteira. Se você virar o super-homem, se nascer barba em alguma mulher aí ou um homem começar a falar fino, eles não têm nada a ver com isso."[64] As mortes se avolumavam enquanto Bolsonaro importava para o Brasil algo que poderia funcionar nos Estados Unidos ou na França, o discurso antivacina, mas que jamais encontraria eco na nossa opinião pública.

Todo político aprende por experiência que quando não é possível impedir que algo ocorra, resta tentar que se atrase. É fato que o governo anunciou, em junho de 2020, um acordo de cooperação para a produção da vacina AstraZeneca/Oxford pela Fiocruz, com a previsão de que fossem entregues 15,2 milhões de doses em dezembro.[65] Levando em conta a demanda mundial por vacinas, não convinha contar com apenas um fabricante. Em função de diversas intercorrências, a vacina da AstraZeneca só chegou ao Brasil na última semana de janeiro de 2021, ainda assim, com um lote irrisório — tendo em vista a população do país — de 2 milhões de doses.[66] Desde o primeiro semestre de 2020, a gestão Bolsonaro não agiu com urgência para a obtenção dos imunizantes. Exemplos eloquentes desse comportamento foram as negociações para a compra da CoronaVac, que tiveram dois meses de atraso — 45 milhões de doses deixaram de ser recebidas em 2020 —, assim como as gestões para a obtenção da vacina da Pfizer, que atrasaram três meses — 4,5 milhões de doses deixaram de ser recebidas entre dezembro de 2020 e março de 2021.[67]

A falta de urgência pagou seu preço em vidas perdidas. O ano de 2020 terminou com mais de 190 mil óbitos causados pelo SARS-CoV-2.[68] Há quem considere que se o governo tivesse adquirido com celeridade as doses ofertadas pelos laboratórios, cerca de 95 mil mortes poderiam ter sido evitadas.[69] A primeira brasileira vacinada, a enfermeira Mônica Calazans, recebeu o imunizante no dia 17 de janeiro de 2021 depois de muita pressão social e política para que o governo federal efetivasse a compra da CoronaVac.[70] O ritmo de imunização seguiu a passos lentos justamente devido a todos os atrasos na aquisição das vacinas. Quanto à demanda, havia uma população ansiosa para se vacinar. Quanto à operacionalização da campanha, havia a formidável estrutura do SUS pronta para agir. Em 17 de junho de 2021, cinco meses após a aplicação da primeira vacina, o país contava com somente 11,37% de sua população totalmente imunizada, sendo que 28% (cerca de 60,3 milhões de pessoas) tinham tomado apenas a primeira dose.[71] Cabe lembrar que, em 2010, durante a campanha de vacinação contra a gripe H1N1, o

SUS vacinou mais de 92 milhões de pessoas em apenas três meses.[72] O negacionismo de Bolsonaro desprezou o fato de que as doses de vacinas contra a Covid-19 não apenas controlariam a pandemia como também ajudariam a retomada econômica do país.

É possível que Bolsonaro soubesse intuitivamente que suas decisões e não decisões que resultaram no prolongamento da pandemia também retardariam a volta da economia aos trilhos da normalidade. Na primeira semana de janeiro de 2021, dirigindo-se a apoiadores no cercadinho do Palácio Alvorada, ele disse que o Brasil estava quebrado e que, por isso, não conseguia fazer nada.[73] Uma segunda onda de infecções, potencializada por novas variantes do SARS-CoV-2, se abateu sobre o país no primeiro semestre de 2021. De março a maio, a grande maioria dos estados enfrentou níveis críticos de ocupação de UTIs: entre 80% e 100% de lotação.[74] Durante alguns dias, no início de abril, foram registradas mais de 4 mil mortes diárias; muitos dos que morreram não conseguiram vaga em um leito de UTI.[75] Os médicos foram obrigados a decidir quem viveria e quem não viveria. O triste e evitável cenário teve impacto negativo na economia. Em junho de 2021, o comércio varejista amargou uma queda de 1,7% em relação ao mês anterior;[76] o consumo das famílias, que responde por 60% do PIB, foi 6% inferior ao registrado no final de 2020.[77] Em julho, 7,36 milhões de pessoas estavam trabalhando menos horas do que gostariam, um recorde negativo, com aumento de 27% em relação ao mesmo período do ano anterior.[78] Os empregos perdidos no primeiro ano de pandemia estavam se transformando em subempregos. O PIB do segundo trimestre de 2021, que havia registrado três altas seguidas nos trimestres imediatamente anteriores (7,7%, 3,1% e 1,2%), estacionou em −0,1%.[79]

Em abril de 2021, uma nova rodada do Auxílio Emergencial começou a chegar ao bolso da população, dessa vez, para um público menor e com valores menores.[80] Ao contrário do que aconteceu no ano anterior, o dinheiro mais magro do benefício teve que ser utilizado em meio a um quadro de elevada carestia. De abril a setembro, a inflação acumulada em doze meses foi de 6,76% para 10,25%.[81] A inflação de setembro foi a maior para o mês desde 1994: 1,16%.[82] O aumento da cesta básica encostou nos 16% de alta em doze meses.[83] Em agosto, em reportagem exibida no *Jornal Nacional*, uma consumidora desempregada, que recebera 250 reais de Auxílio Emergencial, fazia seus cálculos e afirmava, de maneira dramática: "Se eu for levar a farinha, tenho que levar o óleo, e eu não tenho dinheiro para o óleo, porque o óleo está muito caro. Então, prefiro levar o biscoito do que a farinha. Deixa para próxima."[84] No mesmo mês dessa reportagem, o óleo de soja tinha subido quase 70% em um ano.[85] Ao lado do óleo de soja, estavam o açúcar refinado (37,74%), o arroz (32,68%), o acém (32,55%), o tomate (31,41%), o frango (25,94%), o café moído (22,54%), o feijão-preto (17,69%), a banana-prata (15,46%), a farinha de trigo (14,23%) e a batata-inglesa (9,9%).[86] Em setembro, a cesta básica na cidade de São Paulo custava R$ 1.094,80. Considerando o salário mínimo oficial de 1.100 reais,[87] sobravam 5,20 reais para a compra de outros itens.[88] No mesmo mês de 2019, a cesta básica custava 728,18 reais e o salário mínimo era de 998 reais, sobrando ao consumidor 269,82 reais para outras despesas.[89] Do ponto de vista da população, a inflação estava fora de controle.

O próprio Bolsonaro admitiu, referindo-se ao aumento de preço dos combustíveis: "Nada está tão ruim que não possa piorar." Desde junho de 2021, as negociações entre trabalhadores e empresas resultavam em reajustes salariais abaixo da inflação acumulada nos últimos doze meses. Em setembro, quase sete em cada dez negociações tiveram como desfecho aumentos de salários menores do que a inflação.[90] Um item de consumo essencial passou a se destacar nos aumentos generalizados de preços. A falta de chuvas, que já vinha sendo anunciada havia tempos, fez baixar o nível dos reservatórios das usinas hidrelétricas[91] e o Operador Nacional do Sistema Elétrico (ONS) precisou lançar mão da geração mais cara, proporcionada pelas termoelétricas.[92] Em setembro, a "bandeira de escassez hídrica" foi adicionada à bandeira vermelha na conta de luz, aumentando enormemente, para o consumidor final, o custo da conta de energia. Aliás, em agosto, a inflação anual da energia elétrica residencial já atingia 21%.[93] A nova tarifa ficou prevista para vigorar até abril de 2022.[94] Questionado sobre seu impacto na inflação, o ministro Paulo Guedes respondeu: "Qual o problema de a energia ficar um pouco mais cara?"[95] A carestia da energia não ficou restrita à eletricidade. Nos doze meses completados em setembro, o etanol subira 64,77%; a gasolina, 39,6%; o gás de botijão, 34,67%; e o óleo diesel, 33,05%.[96] A inflação atingira todas as faixas de renda.[97] Coube ao Banco Central o remédio amargo de começar a subir a taxa de juros, que, no início de 2021, estava em 2%, e em outubro do mesmo ano, já aumentara para 6,25%.[98]

Em meio a esse grave cenário de crise sanitária e econômica, Bolsonaro continuou convocando manifestações antidemocráticas que pediam o fechamento do Congresso e do STF. Ele participou pessoalmente de algumas delas e chancelou outras, replicando em suas redes sociais vídeos enviados por manifestantes. De março de 2020 até setembro de 2021, houve manifestações contra a democracia praticamente todos os meses. O auge foi entre agosto e setembro de 2021. Bolsonaro afirmou, em agosto, opondo-se à já consolidada votação por meio da urna eletrônica, que sem o voto impresso não haveria eleição em 2022.[99] Na manifestação do dia 7 de setembro, fez ameaças contra o STF e exortou a população à desobediência civil. Em uma fala na Esplanada dos Ministérios, Bolsonaro intimidou diretamente o então presidente do Supremo, o ministro Luiz Fux: "Ou o chefe desse Poder [Fux] enquadra o seu ministro [Alexandre de Moraes] ou esse Poder pode sofrer aquilo que nós não queremos." Na tarde do mesmo dia, em São Paulo, referindo-se aos militantes bolsonaristas presos e ao ministro do STF responsável pela medida, ele declarou: "Nós devemos, sim, porque eu falo em nome de vocês, determinar que todos os presos políticos sejam postos em liberdade. Dizer a vocês, que qualquer decisão do senhor Alexandre de Moraes, esse presidente não mais cumprirá. A paciência do nosso povo já se esgotou."[100]

O comportamento de Bolsonaro na presidência, não apenas em relação à pandemia e, consequentemente, frente à situação econômica do país, mas também pelas constantes ameaças ao regime democrático, teve impacto negativo na disposição de se investir no Brasil. Por mais que se prove cientificamente que nossas instituições democráticas são sólidas e fortes, os gestores de recursos acabam sendo avessos a qualquer tipo de risco. Uma comparação entre o Brasil e países de renda média, tais como Chile, México, Rússia, Colômbia e África do Sul, indicou que, de janeiro de 2020 até agosto de 2021, o real tinha sido a moeda nacional que mais sofrera depreciação frente ao dólar.[101] As falas negacionistas, os atrasos na vacinação, as ameaças à democracia, os conflitos com governadores e prefeitos, com o Congresso Nacional e o Supremo Tribunal Federal (STF) levaram o dólar a valer 5,82 reais em março de 2021.[102] A inflação ficou em alta, o Ibovespa em queda, e o real desvalorizado. Os grandes produtores de grãos passaram a ter mais incentivo para plantar o que dava retorno em dólar, como soja e milho, em detrimento de culturas remuneradas na moeda nacional, como arroz e feijão.[103] Além disso, a importação de gasolina e de diesel ficava mais cara a cada desvalorização do real, provocando impacto negativo grande para os proprietários de automóveis. O principal causador de incerteza era o próprio presidente. Suas ações e declarações alimentavam o círculo vicioso da fuga de investimentos, desvalorização cambial e inflação difícil de ser controlada.

A perda do poder de compra do eleitorado vinha sendo detectada por inúmeras pesquisas e passou a ser objeto de vários noticiários e programas televisivos. Em setembro de 2021, a apresentadora Ana Maria Braga, no programa *Mais Você*, que vai ao ar nos dias de semana na Rede Globo, ensinou receitas feitas com pés de galinha, chamando a atenção para os "benefícios" para a saúde dessa parte até então desprezada da ave.[104] Entre setembro de 2020 e o primeiro trimestre de 2021, o total de brasileiros abaixo da linha da pobreza mais que triplicou, passando de 9,8 milhões para 34,3 milhões.[105] A renda individual média do brasileiro, no segundo semestre de 2021, incluindo informais, desempregados e inativos, estava 9,4% abaixo da renda mensurada no final de 2019. Nesse quesito, os mais afetados foram os idosos, com 14,2% de perda, os nordestinos, com −11,4%, e as mulheres, com −10,35%. Já a renda dos 50% mais pobres teve queda de 21,49% entre abril de 2020 e fevereiro de 2021. O rosário de más notícias econômicas era longo. No período de abril de 2020 a abril de 2021, a taxa de desemprego da metade mais pobre da população subiu de 26,55% para 35,98%.[106] O índice de miséria, obtido pela soma da inflação com o desemprego, atingiu 23,4% em maio de 2021, o maior nível desde setembro de 2016, quando alcançou 20,3%.[107] Além da mortalidade avassaladora causada pela pandemia, o noticiário veiculava histórias dramáticas sobre a fome: em Cuiabá (MT), pessoas famintas andaram 4 quilômetros e esperaram duas horas para ter acesso a ossos bovinos doados pelos proprietários de um açougue;[108] na maior cidade do país, famílias inteiras, incluindo avós e netos, foram flagradas consumindo sobras de alimentos de supermercados e feiras livres;[109] em Fortaleza (CE), várias pessoas foram fotografadas vasculhando caminhões de lixo em busca de restos de comida.[110] Desenvolveu-se um incipiente "mercado da fome" com a comercialização de ossos bovinos, carcaças temperadas de frango e de peixes, pés e pescoço de galinha. A demanda por estas "fontes de proteína", até então descartadas, despertou o instinto animal dos empresários. Em outubro de 2021, uma consultoria constatou que o preço desses produtos tinha subido até 60% nos últimos doze meses.[111] Tudo indica que muita gente os tenha cozinhado graças à lenha, já que, possivelmente, estava sendo mais utilizada do que o gás de botijão.[112] O cenário de aumento do consumo propiciado pelo início do Auxílio Emergencial, em 2020, dera lugar a uma miséria desoladora em 2021.

UMA POSSÍVEL LUVA PARA QUATRO DEDOS DA MÃO ESQUERDA

Lula perdeu o dedo mindinho da mão esquerda em 1964, de madrugada, em um acidente de trabalho na Metalúrgica Independência. Este tipo de acontecimento era algo normal na época. Três de seus irmãos tiveram acidentes semelhantes: Vavá, o irmão mais velho, Zé Cuia e

Jaime, o campeão nesta triste fatalidade, com três dedos perdidos total ou parcialmente em diferentes ocorrências.[113] Anos mais tarde, acidentes de trabalho se tornariam fatos raros e motivo de grande indignação. Porém, nos anos 1960 e 1970, faziam parte da vida. A socialização política de Lula foi antes a socialização na vida de pessoas comuns não pertencentes à elite e, portanto, sujeitas a todas as agruras e dificuldades que caracterizam a vida dos pobres. Uma delas, que marcou para sempre suas preocupações, falas e ações, diz respeito ao poder de compra dos salários. Antes de se tornar sindicalista, ele já conhecia, por experiência própria, a força da inflação na corrosão dos salários, ainda mais em um período que não havia acesso a mecanismos financeiros de proteção da renda. Alçado à posição de líder trabalhista, Lula lutou diuturnamente para que os reajustes salariais de seus representados acompanhassem a inflação. Uma das mais importantes mobilizações do Sindicato dos Metalúrgicos de São Bernardo e Diadema que ele presidiu, no final da década de 1970, foi motivada pela falsificação do índice de inflação de 1973, que só veio a público quatro anos mais tarde e resultou nas grandes greves de 1978.[114] A vida que levou Lula a perder um dedo foi a mesma que lhe deu pleno conhecimento de como a inflação prejudica o bem-estar dos trabalhadores.

Duas eleições nacionais, com resultados opostos, realizadas no primeiro ano da pandemia, em 2020, revelam que os chefes de governo podem ser recompensados ou punidos em função do que fizeram para conter o avanço da Covid-19 e de como lidaram com as consequências econômicas. No caso dos Estados Unidos (EUA), somente dez presidentes, em toda a história do cargo, não conseguiram se reeleger. Tomando-se os séculos XX e XXI, seis tentaram permanecer como mandatário máximo do país e não conseguiram, e no pós-Segunda Guerra, quatro tiveram esse destino. Por outro lado, contando as três vezes que Franklin Delano Roosevelt foi reconduzido ao cargo, desde 1900 houve catorze vitórias em reeleições. O que aconteceu com Donald Trump, portanto, foi raríssimo. É impossível separar a sua derrota eleitoral de como ele enfrentou a Covid-19 e as consequências econômicas da pandemia. Todos sabem que o então presidente dos EUA seguiu o caminho do negacionismo e da anticiência, posicionou-se contra as vacinas e o uso de máscaras, minimizou a importância das medidas de quarentena e fez tudo o que estava a seu alcance para dificultar a contenção do vírus. Há evidências robustas de que se a gravidade da pandemia nos Estados Unidos tivesse sido mitigada em 30%, Donald Trump teria sido derrotado no voto popular, mas vencido no colégio eleitoral.[115]

Do lado oposto dos EUA, encontra-se um país, também anglo-saxão, a Nova Zelândia. Nas eleições de outubro de 2020, a então primeira-ministra, Jacinda Ardern, foi reconduzida ao cargo e o Partido Trabalhista, do qual é líder, conquistou a maior vitória desde o estabelecimento do sistema eleitoral proporcional, em 1996. Pela primeira vez, desde a adoção deste sistema, um partido conquistou mais de 50% das cadeiras do parlamento, obtendo a prerrogativa de formar um governo sem precisar de coligação. Durante a pandemia, quando quase todos os cientistas e chefes de governo afirmavam que era preciso suavizar a curva de contágio, Jacinda Ardern disse que o objetivo de seu governo era mais ambicioso: iria eliminar a curva. Dito e feito, a Nova Zelândia foi um dos países com menos mortes por Covid-19 per capita em todas as fases da pandemia, tornando-se um dos modelos da Organização Mundial da Saúde para lidar com a crise. No início de 2021, avaliações preliminares mostraram que os países que reagiram à pandemia mais rápido foram os que experimentaram as menores desacelerações de suas economias. A Nova Zelândia estava nesse grupo, com China, Vietnã, Noruega e Austrália.[116]

O grande ensinamento das duas eleições nacionais ocorridas durante a pandemia — nos Estados Unidos e na Nova Zelândia — foi o de que, no calor dos acontecimentos, o desempenho do chefe de governo ao lidar com a crise da saúde teve impacto relevante no resultado eleitoral. Jamais se deve negligenciar a relação entre a disseminação da Covid-19 e o desempenho das economias domésticas. Representantes eleitos respondem à pressão da sociedade. Com receio de morrer em função de uma doença infecciosa, as populações exigiram que os políticos tomassem medidas para impedir o contágio. Isso foi feito em todo o mundo, por governos nos mais diferentes níveis — nacional, regional e mesmo local, a administração pública municipal. Em seguida, os governos nacionais escolheram endividar-se para assegurar parte do sustento de indivíduos e empresas e, consequentemente, manter a economia funcionando em compasso de espera. A volta à normalidade dependeu do desenvolvimento de vacinas — realizado em tempo recorde desde a invenção do primeiro imunizante dessa natureza —, mas também da manutenção de medidas de distanciamento social, monitoramento de casos e óbitos, higiene e utilização de máscaras. As dimensões populacionais e territoriais dos Estados Unidos e da Nova Zelândia, assim como o fato de o primeiro ser uma federação de estados e o segundo, um país unitário, além dos diferentes níveis de polarização social, também influenciaram o desfecho político da crise sanitária e econômica. Como sempre, ainda que saibamos que o mundo é complexo, o eleitor médio decide, de maneira simples e direta, punindo ou recompensando quem está no cargo em função do que considera ser sua responsabilidade. Nos Estados Unidos, esse eleitor rejeitou Trump ao avaliar seu desempenho em lidar com o duplo problema da pandemia e da economia. Na Nova Zelândia, aconteceu o oposto. Nos dois casos, a eleição se deu durante a pandemia.

O Brasil comandado por Bolsonaro nesse período de crise aguda ficou profundamente dividido. Enquanto ele, líder maior do país, induzia os seguidores a continuar trabalhando normalmente e participando de atividades que demandavam aglomeração, a não usar máscaras, a utilizar medicamentos sem eficácia no combate à Covid-19 e a não se vacinarem, dezenas de outras autoridades bem menos importantes do que o presidente da República, e, portanto, incapazes de pautarem a mídia, indicavam ações opostas e de acordo com a ciência e as recomendações da OMS. O país não seguiu uma orientação clara e única que de fato protegesse a população contra o pior. Concomitantemente, um presidente sem partido político, como era o caso nesse período, e sem noção de como conduzir o país aceitou que fosse aprovada uma proposta de aumento de gasto público, o Auxílio Emergencial, necessária para atravessar o período de crise. Contudo, a completa ausência de liderança e de base política coesa permitiu que a proposição aprovada resultasse em um passivo fiscal imenso contratado no curto prazo, sem que, em paralelo, estivessem sendo implementadas medidas necessárias para que a economia retornasse lentamente aos trilhos até o final da vigência do benefício. Bolsonaro abdicou de trabalhar. Como resultado, houve mais mortes, aumento exorbitante do gasto público e economia em crise, com inflação crescente e desemprego elevado. Tudo isso no ano anterior ao da eleição em que Bolsonaro, assim como Trump, pretenderia ser reconduzido ao cargo.

A situação nacional em 2021 e o contexto da opinião pública estavam francamente desfavoráveis a Bolsonaro. Era evidente que 2022 se trataria de uma eleição de mudança, em que o favorito seria um candidato de oposição ao governo — a propósito, quanto mais claro o oposicionista fosse, mais votos teria condições de angariar. As pesquisas públicas daquele ano foram eloquentes ao indicar o favorito em tais circunstâncias: Lula. Em março de 2021, quando o ministro Edson Fachin, do STF, anulou as condenações de Lula, permitindo que se tornasse elegível em 2022, o candidato do PT tinha, na média de cinco pesquisas, 23% das intenções de voto em primeiro turno, atrás de Bolsonaro, com 31%, e da soma dos demais candidatos — todos postulantes à terceira via, nem Lula nem Bolsonaro —, com 39%.[117] Note-se que, já em março, o candidato governista, o que disputa a reeleição, ficou com menos de um terço das preferências, ao passo que a soma de todos os candidatos de oposição foi de 62%. Em maio, a mesma média das pesquisas públicas mostrou Lula com 33% dos votos e Bolsonaro com 31%; os demais candidatos haviam murchado para 25%.[118] O principal candidato de oposição ao governo continuou crescendo: em julho, ele atingiu 40% de intenções de voto, Bolsonaro ficou com 30% e os candidatos da terceira via, juntos, caíram para 20%.[119] Mais dois meses se passaram e Lula continuou crescendo. Em setembro, ele alcançou 43%, Bolsonaro pontuou 28% e os demais candidatos permaneceram com os mesmos 20%.[120]

De março até setembro, Lula saíra de 23% para 43% de intenções de votos em primeiro turno, Bolsonaro permanecera no mesmo patamar, variando de 31% para 28%, e os candidatos "nem Lula nem Bolsonaro", somados, despencaram de 39% para 20%. Duas coisas ficaram evidenciadas por esta evolução das pesquisas. A primeira, a fraqueza de Bolsonaro. A soma de votos dos candidatos de oposição, que não concorreriam à reeleição, gravitou em torno de 60%. A segunda, o crescimento de Lula retirando votos dos candidatos da terceira via: ele subiu 20 pontos percentuais e a terceira via caiu 19. O eleitor médio sentia-se mais seguro votando no candidato que presidira o país por oito anos e, portanto, o oposicionista mais conhecido. Basicamente, o que as pesquisas mensuraram foi o confronto entre um presidente que tinha em torno de 25% de ótimo e bom — Bolsonaro — e um ex-presidente que havia deixado o poder com 80% de ótimo e bom — Lula. Um presidente e um ex-presidente bem avaliado e habilitado a disputar uma nova eleição não é pouca coisa: são duas das posições de maior visibilidade no país, ambos são capazes de pautar a mídia com o que fazem e falam, tornando os demais candidatos coadjuvantes.

O crescimento de Lula durante 2021 e a fraqueza das intenções de voto em Bolsonaro podem ser compreendidos à luz da persistência e da piora da situação econômica do país. Uma pesquisa realizada na última semana de outubro apresentou vários temas ao eleitor, incluindo corrupção e violência, e perguntou qual deles era o mais importante para ser tratado pelo próximo presidente no início de seu governo.[121] A formulação da pergunta induzia os respondentes a pensarem no que era prioritário. Em primeiro lugar, com 18%, ficou inflação e custo de vida; em terceiro lugar, desemprego, com 14%; em quarto lugar, fome e miséria, com 11%; e, em último lugar, salário, com 1%.[122] O segundo lugar na lista de prioridades foi ocupado por saúde, com 15%, algo que Bolsonaro teria dificuldade de lidar na campanha devido a tudo o que fez e deixou de fazer durante a pandemia. Na mesma pesquisa,

56% afirmaram desejar que o próximo presidente mudasse totalmente a forma como o Brasil estava sendo administrado, e somente 14% disseram que deveria dar continuidade à maneira como o país estava sendo governado. Faltando pouco menos de um ano para o pleito presidencial, estava configurado um evidente cenário de eleição de mudança, sendo a economia o tema mais relevante.

Votos seguem a Lei de Pareto, também conhecida como regra 80/20 ou exponencial. É comum que 20% dos candidatos recebam 80% dos sufrágios. Se não for exatamente isso, é algo um pouco menor. Mesmo assim, ainda é uma porcentagem muito elevada a ponto de permitir afirmar que se trata de uma regularidade do mundo do voto. Em 2006, no primeiro turno, os dois candidatos mais votados tiveram 90% dos votos válidos; em 1988, os dois primeiros concentraram 85% dos votos; em 2002, os dois líderes tiveram apenas 70% dos votos — porque estavam concorrendo dois ex-governadores de estado.

A melhor forma de avaliar a força da terceira via é empírica e, neste caso, é preciso aprender com o passado. Na eleição de 1994, o terceiro candidato mais votado ficou com 7% dos votos válidos; na de 1998, com 11%; e, na de 2002, com 18%. Em 2002, Anthony Garotinho (PSB) tinha acabado de sair do governo do estado do Rio de Janeiro, o terceiro maior colégio eleitoral do Brasil, para tentar a sorte grande rumo a Brasília. Em 2006, o terceiro colocado mais votado teve 7% dos votos válidos; em 2010, 19%; em 2014, 21%; e, em 2018, coube a Ciro Gomes (PDT) a honrosa terceira via, com 12% dos votos válidos. Assim, do ponto de vista empírico, as maiores votações de um terceiro colocado gravitaram em torno de 20 pontos percentuais e as menores ficaram um pouco acima de 5%. Os percentuais mais elevados de terceiros colocados foram obtidos por Marina Silva. O fato de ela ter origem política em um estado muito pequeno, o Acre, e de em 2010 ter concorrido pelo PV, um partido pouco relevante, indica que um quinto dos eleitores realmente não estava satisfeito com as opções oferecidas por PSDB e PT: Serra, em 2010; Aécio, em 2014; e Dilma, nas duas eleições. A insatisfação com os dois partidos mais votados desde 1994 resultou na vitória de Bolsonaro quatro anos mais tarde.

Um dos episódios que ajuda a compreender as possibilidades eleitorais de uma terceira via se deu na eleição de 2014: a dificuldade enfrentada por Aécio para conseguir chegar ao segundo turno. O então candidato do PSDB havia sido eleito governador de Minas Gerais em 2002 e em 2006. No pleito seguinte, ele foi novamente muito bem votado no estado que congrega o segundo maior colégio eleitoral do país, mais de 10% do eleitorado nacional. Naquela oportunidade, ele foi eleito senador. É interessante notar que, mesmo assim, Aécio teve enorme dificuldade em ser um candidato competitivo quando enfrentou Dilma, em 2014, ultrapassando Marina Silva apenas nos últimos dias do primeiro turno. O caso de Aécio revela que, em relação à opinião pública, há uma grande barreira a ser ultrapassada quando se deseja ser primeira, segunda ou terceira via na eleição para presidente: o nível de conhecimento nacional do candidato. Mesmo depois de governar por quase oito anos 10% dos brasileiros e de se eleger senador no pleito seguinte — uma situação privilegiada em termos de visibilidade regional e nacional —, o candidato tucano, em 2014, só conseguiu conquistar o direito de ir para o segundo turno no final da primeira fase da campanha. Naquela oportunidade, ele disputava contra uma presidente que concorria por sua reeleição, sendo, portanto, conhecida pelo eleitorado do país, e contra Marina Silva, que tinha obtido na eleição anterior praticamente 20% dos votos para presidente. A tarefa de Aécio era hercúlea, ele precisava deslocar do segundo turno duas candidaturas muito mais conhecidas.

Configurada a disputa entre o presidente que concorre à reeleição e um ex-presidente que teve oito anos em dois mandatos bem avaliados e lembrados, tudo indica que, em 2022, o objetivo é ainda mais difícil. O eleitor ficará diante de duas opções: manter o governante votando em Bolsonaro ou mudar o governante, escolhendo alguém já testado e aprovado.

Eleições são de mudança ou de continuidade. No caso das eleições de 2018, tratou-se de algo raro: uma eleição de mudança em relação a tudo que representasse o establishment, disso decorre o sucesso de

Bolsonaro. Em 2022, é ele quem representa a continuidade. Os que avaliam seu governo como ótimo e bom tendem a votar nele. A esperança de alguns defensores de uma terceira via é que tal avaliação despenque e alguém de direita possa ficar com seus votos. É possível, mas não é provável. Durante alguns dos piores momentos da crise, que combinou mortes devido à pandemia, desemprego, inflação e perda do poder de compra, a avaliação positiva do governo Bolsonaro chegou a um mínimo de 25%. Qualquer melhora da conjuntura poderá resultar também na melhora de sua avaliação positiva e no crescimento de sua intenção de voto. Por outro lado, quem avalia o governo como ruim e péssimo vê em Lula a chance de mudança. Bolsonaro encarnou o antipetismo em 2018 e, desde então, o PT se tornou o principal opositor de seu governo. A decisão que reabilitou Lula politicamente colocou no jogo eleitoral alguém muito conhecido nacionalmente e aprovado por aqueles que se consideram beneficiados por seus governos. Não há nenhum candidato de oposição a Bolsonaro que reúna estas duas características.

A barreira à terceira via se chama opinião pública e sua inércia é imensa. A visão que os eleitores têm dos candidatos não funciona como uma lancha que se pode manobrar com rapidez e facilidade, mas sim como um petroleiro, cuja dificuldade de mudar de direção é bem conhecida. Além disso, o desenho geral da eleição já está definido com um presidente que disputa a reeleição como pião do jogo, algo inexistente em 2018. Do ponto de vista dos eleitores insatisfeitos com este pião, nada mais adequado para derrubá-lo do centro do terreno do que outro pião já conhecido de todos.

Três dos temas mais importantes de 2022 já são especialidades de Lula há algum tempo: desemprego, poder de compra e inflação. Sua primeira vitória eleitoral ocorreu graças a seu domínio sobre o tema do desemprego, como demonstrado no capítulo 5. Em 2002, havia no Brasil pouco mais de 178 milhões de habitantes, dos quais 115,7 milhões tinham 18 anos ou mais.[123] Em 2022, para uma população de praticamente 215 milhões de pessoas e aproximadamente 94 milhões com 38 anos de idade ou mais, é possível estimar que em torno de 21 milhões faleceram entre as duas eleições, separadas por vinte anos. Ou seja, considerando apenas quem tem 18 anos de idade ou mais em 2022 — quase 162 milhões de brasileiros —, 94 milhões eram maiores de idade em 2002 e foram testemunhas oculares da campanha eleitoral de Lula, asseverando que geraria 10 milhões de empregos. Mais que isso, essas pessoas vivenciaram os oito anos de seu governo e experimentaram tanto o controle da inflação quanto o aumento do poder de compra da metade inferior da pirâmide social. Em 2022, esse grupo representa 58% do eleitorado acima dos 18 anos. É verdade que se trata de todo o eleitorado e, portanto, há um importante segmento contrário a Lula e ao PT. Ainda assim, está presente, em 2022, uma massa crítica formidável disposta a divulgar as realizações do governo Lula, sendo uma delas o combate ao desemprego.

Quanto à inflação, não existe memória no eleitorado de que Lula tenha descuidado do dragão que corrói o poder de compra dos salários. Nos oito anos de seu governo, a inflação acumulada foi de 56,68%. A título de comparação, nos dois mandatos de Fernando Henrique, ela foi de 100,67%. É fato que Fernando Henrique teve de lidar com a inércia inflacionária herdada dos anos que precederam o Plano Real, mas o eleitorado não trabalha com informações detalhadas ou sofisticadas. Para ele, a inflação, durante o governo Lula, foi menor do que durante o governo Fernando Henrique — e isso se deve ao desempenho dos presidentes. O estrito controle da inflação no período Lula, assegurado por uma política monetária agressiva combinada com responsabilidade fiscal, foi um dos fatores que possibilitou o aumento do poder de compra, a explosão de consumo e a melhoria do bem-estar econômico de milhões de brasileiros.

Na reeleição de Lula e na primeira vitória de Dilma, todos os dados de pesquisas de opinião demonstraram que o eleitorado havia experimentado melhoria das condições de vida e consideravam Lula o responsável por isso — como foi abordado em detalhes nos capítulos que tratam das eleições de 2006 e 2010. Para 2022, nada seria mais simples e fácil, portanto, do que resgatar os oito anos de Lula, conferindo ênfase no aumento do consumo, e comparar com o que foi realizado no governo Bolsonaro, além de chamar a atenção para o fato de que os candidatos de terceira via nada têm para apresentar nessa área.

Haddad alcançou 29% dos votos válidos em 2018, o pior momento até ali na história do PT e de seus políticos. Massacrados pela Lava Jato, com Lula preso em Curitiba e um desempenho eleitoral municipal sofrível em 2016, o PT e seu principal líder conseguiram levar ao segundo turno um candidato escolhido na vigésima quinta hora que ficou 10 pontos percentuais abaixo de Bolsonaro, desempenho melhor que o de Serra quando foi derrotado por Dilma em 2010. Um partido que atingiu esse percentual de votos, em 2018, com um candidato que tinha sido ex-ministro e ex-prefeito de São Paulo parece ter mais condições de ir além com um candidato que foi presidente do país por oito anos, elegeu sua sucessora e se tornou um dos políticos mais importantes do século XXI no Brasil. A principal barreira para a vitória de Lula, isto é, para o desejo de mudança, é a melhora da economia.

Em apenas uma eleição presidencial, desde 1989, o contexto mudou de forma abrupta, beneficiando o governo: o Plano Real derrubou sem perdão a intenção de voto de Lula e acabou elegendo Fernando Henrique. Em todas as demais eleições, o ano anterior ao pleito definiu o contexto em que a eleição ocorreu. Segundo o editorial do *Financial Times* de 1º de novembro de 2021, Bolsonaro terá uma economia fraca no ano eleitoral. A ousadia do jornal britânico especialmente direcionado para o mundo dos negócios e o mercado financeiro é compartilhada pelos autores deste livro. A situação nacional de 2021 definiu em grande medida o que vai ocorrer em 2022, uma eleição de mudança favorecendo o candidato que melhor encarna a oposição: um ex-presidente muito conhecido pelo eleitorado que deixou seus oito anos de governo bem avaliado e cuja imagem se encaixa perfeitamente na luva de quatro dedos formada pelo combate ao desemprego, o controle da inflação, o aumento do poder de compra e o acesso a coisas que as pessoas já tiveram e perderam nos últimos anos.

A luva de Occam

A política é muito complexa e isso acontece porque a política imita a vida ou, melhor ainda, a política é a própria vida, e a vida é complexa. Há inúmeras variáveis que influenciam o desfecho de uma negociação, assim como o resultado de uma eleição. Collor e Lula foram ao segundo turno, em 1989, por causa do completo fracasso que foi o governo Sarney. Eleito como vice-presidente de Tancredo, Sarney nunca havia se debruçado sobre os grandes problemas do Brasil e suas respectivas soluções, mas sempre se preocupou em como ocupar cargos públicos e distribuir recursos do Orçamento a seus aliados. Tornar-se presidente foi uma peça pregada pelo acaso que pôs uma economia complexa nas mãos de um político sem a envergadura exigida pela situação. O que ocorreu foram tentativas frustradas de controle do principal problema do eleitorado — a inflação —, com um governo fraco, sem rumo, incapaz de implementar políticas públicas minimamente coerentes e uma chuva de denúncias de corrupção. Este é um breve resumo da imensa complexidade da conjuntura que fez da primeira eleição presidencial após a ditadura militar uma eleição de mudança, de oposição. O mesmo breve resumo acerca da complexa conjuntura do país foi feito ao longo deste livro para cada eleição que tivemos desde então. Ainda assim, as grandes verdades possibilitam que a complexidade possa ser compreendida e expressada de forma simples.

Na economia, há a lei da oferta e da procura. Quando um produto ou serviço tem o preço muito elevado, ele é pouco procurado. Baixa-se o preço e a procura aumenta. A lei da gravidade em suas duas versões — de Newton e de Einstein — explica uma enorme variedade de movimentos baseada em esquemas analíticos simples. A teoria da evolução de Darwin também é assim, poucas variáveis explicam a grande diversidade de plantas, animais e espécies. O estudo e a compreensão da política não fica de fora desta regra.

Uma regra simples sobre a opinião pública — nossa Guiomar — é a de que os eleitores que aprovam um governo tendem a votar no candidato governista e os eleitores que o desaprovam tendem a votar no candidato de oposição. Ou, como diria Nelson Rodrigues de um modo, talvez, mais charmoso e rebuscado, "só os profetas enxergam o óbvio" — embora há quem prefira ignorar a célebre frase. O fato é que a simplicidade é óbvia. Durante 2009 e 2010, um respeitado observador da política e de eleições defendeu o argumento complexo e nada óbvio de que Lula não seria capaz de transferir votos para Dilma. Segundo ele, "a transferência de votos entre políticos de personagens diferentes é muito difícil. No caso de Lula e Dilma, trata-se de personagens antípodas. Aliás, o personagem Dilma — séria, tecnocrática, vertical, inflexível — foi criado pelo próprio Lula pós-Mensalão. Lula, do ponto de vista da psicologia social, é um personagem feminino, próximo, amigo, *acarinhável, vitimizável*. Dilma é um personagem, do ponto de vista da psicologia social, masculino, distante, vertical. Talvez Patrus fosse um personagem com perfil mais próximo a Lula. Agora é tarde, Inês é morta".[1] O raciocínio é detalhado, minucioso, bastante complexo e inteiramente errado. Na época em que se tornou público, certamente agradou àqueles que eram contra uma nova vitória do PT, encaixando-se no que é conhecido como "viés de confirmação": tendemos a gostar de tudo que reforça nossas crenças e o que desejamos que ocorra. Mas a verdade não se importa com isso.

O autor da análise que garantia a derrota de Dilma em 2010 certamente julgava que estava elaborando um raciocínio sofisticado e inteligente com um texto bem-escrito e sedutor. A realidade foi mais dura e simples. O eleitorado que avaliava de forma positiva o governo, amplamente majoritário desde 2009, ao tomar conhecimento de quem era a candidata governista, decidiu votar nela. Esse processo, de a candidata apoiada pelo governo se tornar cada vez mais conhecida, se acelerou e se massificou com o início do horário eleitoral gratuito e todos os raciocínios supostamente bem-elaborados foram atropelados por fatos simples que podem ser resumidos na conversão de avaliação positiva do governo em votos para quem era apoiada pelo governo. O mesmo observador da eleição que cometeu o erro de previsão apelou, naquela temporada eleitoral, para termos e metáforas pouco usuais, tais como "luta de espadachins", "jogo de xadrez", "jogo go", e "jogo de coordenação", este último para se referir ao processo de distribuição de informações e de troca de opiniões entre as pessoas até que a intenção de voto se transforme em decisão de voto. Deixando de lado este raro e sedutor palavreado, o que realmente aconteceu é que conforme a opinião pública tomou conhecimento de que Dilma era a candidata do governo, a sua votação aumentou. Como a grande maioria aprovava o governo, a grande maioria decidiu, no decorrer do último ano, abandonar a candidatura de oposição, José Serra, e votar em Dilma.

Os dados — nem sempre sedutores, mas verdadeiros — mostram que, em janeiro de 2009, nas simulações de voto para segundo turno, Serra tinha 63% dos votos de quem avaliava o governo Lula como ótimo e bom. A porcentagem caiu gradativamente, atingindo 43% em maio, ficou estabilizada até dezembro, período em que Dilma se retirou para tratar de um câncer, e voltou a cair depois disso, alcançando 31% em maio de 2010, e apenas 21% em agosto.[2] Por outro lado, em janeiro de 2009, a candidata apoiada por Lula tinha somente 15% dos votos de quem avaliava o governo Lula como ótimo ou bom, subindo para 39% em maio, estabilizando-se em quase 50% no primeiro semestre de 2010 e passando a subir, de maneira rápida, depois de iniciada a propaganda no rádio e na TV, alcançando a conversão de 70% dos votos. Ocorreu o óbvio e ululante. Não era uma novidade na política brasileira.

Em 1996, os bem avaliados prefeitos César Maia (PFL), do Rio de Janeiro, e Paulo Maluf (PP), de São Paulo, elegeram seus sucessores, respectivamente o arquiteto Luiz Paulo Conde e o economista Celso

Pitta. Marconi Perillo (PSDB) foi governador de Goiás por oito anos, entre 1999 e 2006. Impossibilitado por lei de disputar uma nova reeleição, fez campanha para Alcides Rodrigues (PP), que acabou vencendo. O governo de Perillo foi bem avaliado pela opinião pública de seu estado e a simples verdade é que o eleitor de Goiás decidiu pela continuidade. Quatro anos antes, o mesmo tinha ocorrido no Pará. Almir Gabriel (PSDB) tinha sido eleito duas vezes consecutivas, em 1994 e 1998. Em 2002, ele indicou Simão Jatene (PSDB) para sucedê-lo. Mais uma vez, o governo bem avaliado foi capaz de fazer seu candidato vencer. Ninguém hoje sabe dizer se Perillo era um personagem próximo, amigo e feminino, ou se Alcides era vertical, distante e inflexível. O que se sabe é que Perillo tinha, em 2006, um governo bem avaliado e seu candidato era Alcides Rodrigues, algo suficientemente simples para entender o desfecho daquela eleição.

A eleição de 2010 foi pródiga em ensinamentos acerca de como não devem ser analisadas as pesquisas de opinião e, portanto, o que deve ser evitado para compreender, adequadamente, a opinião pública. Um importante executivo de uma empresa de pesquisa afirmou categoricamente, em 2009, que Lula não faria seu sucessor. Quando isso foi dito, o candidato do PSDB liderava com folga as pesquisas de intenção de voto. Dez meses mais tarde, no começo de junho de 2010, o mesmo executivo falou que tanto Serra quanto Dilma poderiam vencer aquela eleição e que isso aconteceria no primeiro turno. Poucos dias antes da declaração, no evento do Grupo de Líderes Empresariais (Lide), fora publicada uma pesquisa do Ibope em que Serra e Dilma estavam empatados em 37% das intenções de voto. Note-se que as afirmativas públicas mudaram de acordo com o resultado de uma pergunta apenas da pesquisa, a que mensurava o voto. Tempos depois, quando Dilma abriu larga margem sobre Serra, a previsão da mesma pessoa se tornou "vitória de Dilma no primeiro turno". Mais uma vez, a suposta análise da opinião pública não passou da repetição, em palavras, do resultado numérico das pesquisas de intenção de voto do momento.

Retomando a afirmação de David Hume, de que "um homem sábio faz com que sua crença seja proporcional à evidência", vale lembrar que, nos anos que separam 1998 de 2014, exatos 72 governadores eleitos disputaram a reeleição.[3] Estes 72 governadores referem-se apenas aos que receberam o voto direto do eleitorado quatro anos antes, isto é, os que eram vice-governadores e assumiram o comando de seu estado em substituição ao governador eleito não são considerados. A primeira regularidade importante é que praticamente todos os governadores com a soma de ótimo e bom igual ou maior do que 46% que disputaram a reeleição foram reeleitos. Sérgio Cabral (PMDB) está neste grupo; foi reeleito em 2010 quando sua avaliação positiva estava em torno de 60% no final de setembro.[4] Aécio, em 2006, tinha mais de 65% de ótimo e bom. Eduardo Campos (PSB) tinha, em 2010, às vésperas da eleição, mais que 70% de ótimo e bom. Os que ficaram mais próximos do limite de 46% foram Joaquim Roriz (PMDB), em 2002; Cássio Cunha Lima (PSDB), em 2006, que tinha 47%; Roseana Sarney (PMDB), em 2010, com 48%; e Jarbas Vasconcelos (PMDB), em 2002, com 50% de avaliação positiva. Os governadores reeleitos dos estados do Nordeste, em 2018, tinham todos a soma de ótimo e bom acima de 50%: Rui Costa (PT), na Bahia; Renan Filho (PMDB), em Alagoas; Camilo Santana (PT), no Ceará; e Flávio Dino (PCdoB), no Maranhão. Em 2014, foram reeleitos Raimundo Colombo (PSD), em Santa Catarina, e Beto Richa (PSDB), no Paraná, ambos com a avaliação positiva de 49% e 48%, respectivamente.

Igualmente importante é a evidência de que os candidatos à reeleição com 33% ou menos de ótimo e bom foram derrotados. Alguns deles foram Miguel Arraes (PSB) em Pernambuco, em 1998; Yeda Crusius (PSDB) no Rio Grande do Sul, em 2010; José Bianco (PFL) em Rondônia, em 2002; e Valdir Raupp (PMDB) no mesmo estado, quatro anos depois; Ana Júlia Carepa (PT) no Pará, em 2006; Germano Rigotto (PMDB) no Rio Grande do Sul, no mesmo ano; e Paulo Afonso (PMDB) em Santa Catarina, em 1998. Em 2018, os derrotados foram José Ivo Sartori (PMDB), no Rio Grande do Sul; Fernando Pimentel (PT), em Minas Gerais; Robinson Faria (PSD), no Rio Grande do Norte; e Rodrigo Rollemberg (PSB), no Distrito Federal. As avaliações desses políticos eram muito negativas e, quando isso acontece, o desejo de mudança é mais disseminado do que o desejo de continuidade. O eleitorado foi claro em todas essas ocasiões: queremos trocar de governo.

Se o céu de um governador é a vitória na reeleição e o inferno é a derrota, ficaram no limbo todos aqueles com avaliação ótimo e bom entre 34% e 45%. Há, neste grupo, candidatos vitoriosos e derrotados: Esperidião Amim (PP) em 2002, em Santa Catarina, tinha 45% e perdeu, mas Teotônio Vilela Filho (PSDB), com a mesma porcentagem de avaliação positiva, foi reeleito em Alagoas, em 2010. Wellington Dias (PT) acabou sendo reeleito no Piauí, em 2018, com 34% de ótimo e bom, e Renato Casagrande (PSB) não foi reconduzido ao cargo no Espírito Santo, em 2014, quando tinha 41% de ótimo e bom. A palavra "limbo" vem do latim *limbus*, que significa "beira", à beira de cair para um lado ou para o outro, prestes a vencer ou ser derrotado.

Tornar a crença proporcional à evidência, como proposto por Hume, significa dizer que é bastante elevada a chance de que um governador disputando a reeleição vença quando ele desfrutar de 46% ou mais de ótimo e bom, já aconteceu 35 vezes. A propósito, até agora não há um exemplo sequer de derrota nesta condição, mas, evidentemente, pode acontecer uma ou mais vezes. Por outro lado, também são altas as chances de que um candidato à reeleição com menos de 34% seja derrotado, fato ocorrido em quinze disputas.[5] O curioso é que quatro governadores foram vitoriosos mesmo com avaliações positivas reduzidas: Simão Jatene (PSDB) em 2014, no Pará, com 32% de ótimo e bom; Paulo Câmara (PSB) em 2018, em Pernambuco, com 26% de avaliação positiva; e os dois maiores sortudos das urnas, Waldez Góes (PDT), no Amapá, em 2018, reeleito com apenas 18% de ótimo e bom, e Confúcio Moura (PMDB), em Rondônia, mantido no cargo pelo eleitorado em 2014 com apenas 13% de ótimo e bom.[6]

Em 2014, o governo Dilma tinha 36% de ótimo e bom. Se ela tivesse concorrido a uma eleição para governo de estado não estaria na faixa cuja vitória era muito provável, acima de 46% de ótimo e bom, nem no segmento em que a derrota é bastante frequente, abaixo de 34% de julgamento positivo. O patamar de avaliação do governo Dilma — entre 35% e 45% de ótimo e bom — a colocava na faixa em que go-

A LUVA DE OCCAM

vernadores que disputaram a reeleição foram tanto vitoriosos quanto derrotados. Nas duas reeleições presidenciais ocorridas anteriormente, em 1998 e em 2006, os candidatos foram vitoriosos com uma avaliação muito próxima dos 46% de ótimo e bom: Fernando Henrique tinha 43% às vésperas da eleição e Lula tinha 47%. Considerando as margens de erro das pesquisas, é possível que Fernando Henrique tivesse uma avaliação um pouco melhor, talvez 44% ou 45% de ótimo e bom. O fato é que a diferença entre os 43% de Fernando Henrique e os 46% mínimos com os quais todos os governadores foram reeleitos era irrisória. Os dois candidatos a presidente que disputaram a reeleição se encaixaram na regra dos governadores.

Os cargos de presidente ou de governador, ao contrário do que acontece com os de prefeito, estão distantes do eleitor, são cargos que suscitam uma relação mais impessoal entre o representante e o representado. Dificilmente o eleitor encontrará com um deles em uma campanha eleitoral ou durante o mandato. A melhor maneira de escolher, a mais racional e eficiente, é por meio de um critério igualmente distante e impessoal. Entra em cena a avaliação do governo. É neste sentido que, talvez, seja possível aproximar a eleição de presidente com a eleição de governador. Além disso, não devemos nos esquecer de que muitos de nossos estados são, em área geográfica e em população, maiores do que inúmeros países.

A LUVA DAS LUVAS

Um dos autores deste livro já utilizou o princípio da parcimônia, a navalha de Occam, para acalmar a filha por causa de uma viagem de automóvel do namorado. Ao enviar sucessivamente mensagens de WhatsApp para saber como estava, ela percebeu pelos sinais do aplicativo que ele sequer as tinha recebido. A preocupação sobreveio e várias hipóteses complexas e pessimistas passaram a ser aventadas, tais como acidente e assalto. Ainda que a violência do trânsito no Brasil seja bem maior do que nos países desenvolvidos e que nossas taxas de assassinato estejam dentre as piores do mundo, tais fenômenos são estatisticamente raros. Por isso, o argumento utilizado para afastar as possibilidades catastróficas se baseava em algo simples e corriqueiro: bateria do celular zerada e carregador esquecido em casa. No fim, o que ocorreu foi igualmente elementar e frequente no mundo dos jovens: ele não viajou, foi dormir e deixou o celular desligado. Fez tudo isso sem ter avisado a namorada apaixonada, algo inaceitável!

São muitas as situações em que a explicação mais simples sobre um fenômeno acaba sendo a mais fidedigna ao que realmente aconteceu e a melhor para explicar diversos outros acontecimentos correlatos. Sabe-se que os físicos Albert Einstein e Hendrik Lorentz obtiveram os mesmos resultados matemáticos para as equações que explicavam o que ocorria no contínuo espaço-tempo, elucidando, inclusive, fatos estranhos, como a contração do comprimento devido ao sistema inercial do observador e o aumento da massa de um corpo com a velocidade.[7] A vitória de Einstein se deveu, dentre outras coisas, ao fato de que a explicação de Lorentz era mais complicada ao recorrer à noção de éter, algo que não era observado empiricamente. Na vida diária, é comum encontrarmos suposições conflitantes para o mesmo fato quando, na maioria das vezes, ao se constatar o que realmente aconteceu, a suposição mais simples e econômica acaba sendo a verdadeira. Quando alguém não sabe por que o pneu do carro esvaziou, tende a supor que foi devido a um prego e não à ação do vizinho, que, deliberadamente, rasgou o pneu com um canivete. Da mesma maneira, quando se vê um clarão no céu, é mais simples supor que seja um raio advindo de uma tempestade e jamais a passagem de discos voadores. Sacos de lixo rasgados e revirados fora de casa são, na quase totalidade das vezes, resultado da ação de animais famintos e não obra de um ladrão especializado em invadir domicílios. O que vale para o mundo científico vale também para as situações prosaicas de nossas vidas.

Afirmar que Dilma não seria eleita em 2010 tomando como fundamento uma suposta diferença entre intenção de voto manifestada em pesquisas e realização do voto na urna, além de outras explicações nada simples, como as personalidades antípodas de Lula e da candidata, não passava no teste da navalha de Occam. O princípio da parcimônia

A LUVA DE OCCAM

afirma que se há duas ou mais explicações para o mesmo fenômeno, a mais simples delas tende a ser a correta. O que está por trás disso é que as explicações simples são obtidas por meio de evidências empíricas que já conhecemos. Este é o caso quando consideramos que governos bem avaliados caminham para vencer as eleições e governos mal avaliados têm como destino mais provável a derrota para a oposição.

O passeio que fizemos ao longo deste livro visitando brevemente todas as eleições presidenciais ocorridas a partir de 1989 possibilitou enfocar uma grande quantidade de fatos, acontecimentos, indicadores, números, eventos, decisões de políticos, variáveis como inflação, desemprego e consumo das famílias, escândalos de corrupção, cobertura de mídia, além de dezenas de datas específicas e nomes próprios, como Lava Jato, Mensalão, Fernando Henrique, Lula, Dilma e Nova Matriz Econômica. O mundo é complexo! Isso não impede de expressá-lo de maneira simples e que todos já conhecem e sabem que funciona nas eleições: por meio da avaliação de governo.

A mente humana guia as pessoas a tomarem decisões lógicas que podem ser mensuradas. Quem avalia positivamente um governo tende a votar no candidato governista, e quem o avalia mal tende a votar no principal oposicionista. São probabilidades que se repetem a cada eleição. Em setembro de 1994, dentre os que consideravam ótimo o governo Itamar Franco, 62% votavam em Fernando Henrique e apenas 14% declaravam voto em Lula.[8] Quando a avaliação de Itamar Franco permanecia positiva, mas baixava um degrau, tornando-se boa, a votação do ex-ministro da Fazenda caía para 57% e a de Lula dava sinais de melhora, subindo para 16%. O candidato governista apoiado pelo grupo de eleitores que avaliavam aquele governo como regular tinha ainda menos votos, 43%, e a votação do candidato de oposição mais forte subia para 25%. Note-se que nas avaliações ótimo, bom e regular do governo Itamar Franco, Fernando Henrique derrotava Lula por margens confortáveis, porém decrescentes conforme piorava a avaliação. Não é surpresa, portanto, que os eleitores que consideravam Itamar Franco ruim votassem mais em Lula, 42%, do que em Fernando Henrique, 25%. Por fim, na avaliação do governo como péssimo, Lula abocanhava 36% de votos e o candidato governista, 24%. A redução de votos em Lula quando piorava a avaliação de ruim para péssimo pode simplesmente ser explicada pela margem estatística de erro, estando muito longe de invalidar a lógica do voto.

Em 1998, tratava-se de uma reeleição. Por isso, a aderência do voto a avaliação foi maior. Uma pesquisa de setembro daquele ano revelou que Fernando Henrique, entre os eleitores que o avaliavam ótimo, bom, regular, ruim e péssimo, tinha, respectivamente, 85%, 73%, 41%, 5% e 3% de votos.[9] Lula tinha, respectivamente, 5%, 10%, 28%, 57% e 58% de votos. Note-se que 90% dos eleitores que avaliavam o governo como ótimo já estavam decididos em quem votar, ao passo que apenas 61% dos eleitores que consideravam o governo Fernando Henrique péssimo tinham escolhido entre um dos dois candidatos. Isso acontece por dois motivos. O primeiro é que, em eleições, há somente um candidato de governo e vários oposicionistas. Havia quem avaliasse negativamente o governo e que declarava voto em outro candidato que não fosse Lula. A outra razão é que o eleitorado com uma visão negativa do governo tende a se decidir mais próximo da data da eleição do que o eleitorado com uma visão positiva.

Tanto 1994 quanto 1998 foram eleições de continuidade, venceu o candidato que representava a continuidade do governo. A mesma relação entre avaliação e voto se aplica às eleições de mudança, que foi o caso de 2002, quando o voto em Lula dentro de cada grupo de avaliação do governo Fernando Henrique — ótimo, bom, regular, ruim e péssimo — foi, respectivamente, 23%, 26%, 39%, 51% e 51%.[10] Ou seja, a votação em Lula crescia conforme piorava a avaliação de Fernando Henrique. Ora, mas o mesmo aconteceu nas duas eleições anteriores. Qual teria sido, então, a diferença que fez Lula ser eleito? Simples. A avaliação do governo em 2002 era bem pior do que em 1994 e 1998. Isso, inclusive, tem como consequência aumentar a fatia de votos que o principal candidato de oposição obtém dos que avaliavam negativamente o governo. Naquela eleição, o candidato governista foi Serra. Ele só tinha 45% de votos de quem considerava Fernando Henrique ótimo; 34% dos eleitores que julgavam o governo regular;

21%, 8 e 7%, respectivamente, nos grupos de votantes que avaliavam o governo regular, ruim e péssimo. Serra teve menos votos em 2002 do que Fernando Henrique teve em 1994 e 1998 entre os grupos de eleitores que avaliavam o governo ótimo, bom e regular. A razão principal para ter acontecido isso foi a avaliação positiva do governo no ano de 2002 ter sido pior do que nos anos eleitorais anteriores. Além disso, em 1998 tratava-se de uma reeleição.

A regra da conversão de avaliação em voto independe da coloração partidária do governo: pode ser do PSDB, do PT, de direita, esquerda, pode ser Bolsonaro, em qualquer circunstância, o eleitor segue a lógica. Em 2006, com Lula como presidente e o PT no poder, a regra valeu tanto quanto na reeleição de Fernando Henrique, em 1998, inclusive com números de conversão de avaliação em voto muito próximos dos obtidos pelo presidente tucano em sua reeleição. Lula tinha entre os eleitores que o avaliavam ótimo, bom, regular, ruim e péssimo, respectivamente, 90%, 74%, 31%, 3% e de novo 3% de votos.[11] Por outro lado, seu principal opositor, Alckmin (PSDB), tinha, respectivamente, 5%, 13%, 40%, 63 e 60% de voto. Também muito semelhante ao que Lula teve em 1998 quando enfrentava um presidente que concorria ao segundo mandato. Nos três meses que antecederam a eleição presidencial de 1998, a avaliação ótimo e bom do governo foi 38%, 39% e 43% (julho, agosto e setembro); nos mesmos meses de 2006, essa avaliação foi de 40%, 48% e 48%. É muito impressionante a regularidade do fenômeno da conversão entre avaliação e voto! Os candidatos à reeleição de dois governos inteiramente diferentes, que desfrutavam de avaliações equivalentes às vésperas do pleito, apresentaram mais ou menos as mesmas taxas de conversão de cada avaliação (ótimo, bom, regular, ruim e péssimo) em voto.

Em 2010, foi a primeira vez que um presidente proibido por lei de disputar a reeleição, pois já havia feito isso quatro anos antes, conseguiu fazer a sucessora. Isto foi possível porque 75% dos que consideravam o governo Lula ótimo declararam intenção de votar em Dilma e 50% da avaliação regular de Lula fizeram o mesmo.[12] No grupo de eleitores que avaliavam Lula regular, 20% diziam votar em Dilma e, como esperado, apenas 4% e 8% do ruim e péssimo, nessa ordem. O outro lado da moeda era a votação do principal candidato de oposição. Serra, que viria a ser derrotado mais uma vez pelo PT, tinha somente 13% de votos entre os eleitores que consideravam o governo ótimo e aumentava gradativamente para 25%, 49%, 57% e 57% nos grupos de eleitores com avaliações bom, regular, ruim e péssimo, nesta sequência. A aderência do voto à avaliação positiva do governo é maior em reeleições vitoriosas do que quando um governo bem avaliado consegue eleger a candidata de sua preferência.[13] E faz todo sentido: a continuidade é mais segura e evidente para o eleitor quando ele vota no governante já conhecido que está fazendo um bom governo do que quando é chamado para votar em uma pessoa desconhecida como administradora apenas baseado na promessa de que ela irá dar prosseguimento a um bom governo. Há sempre um risco quando se muda o governante, e foi justamente o que ocorreu com Dilma.

A apertada eleição de 2014 só teve aquele resultado porque os que avaliavam o governo Dilma como regular, ruim e péssimo já declaravam voto em candidatos de mudança desde setembro, fato que não ocorrera nas disputas anteriores. Os eleitores que julgavam o governo péssimo votavam em Marina Silva, 52%, e em Aécio, 24%, um total de 76% já decididos a votar em candidatos de oposição.[14] Dentre os que avaliavam Dilma como ruim, Marina Silva obtinha 51% de votos e Aécio, 26%; dentre os que a avaliavam como regular, 43% ficavam com a candidata do PSB e 14% com o tucano. Aécio só ultrapassou Marina Silva nos últimos dias do primeiro turno, devido, basicamente, à mudança de voto dos eleitores que queriam mudança e, portanto, avaliavam negativamente o governo. Dilma tinha 86% de votos no grupo de eleitores que avaliavam seu governo como ótimo e 66% entre os que considerava bom. Eis aqui novamente a constância da opinião pública: a porcentagem de votos na candidata da continuidade é maior quando há reeleição.

Em todos os pleitos ocorridos entre 1994 e 2014, a avaliação do presidente sempre foi suficiente para colocar no segundo turno um candidato governista. Por outro lado, Sarney e Michel Temer eram tão mal avaliados em suas respectivas administrações que todos os principais candidatos a presidente em 1989 e 2018 sequer se referiram ou defenderam o governo. Nessas duas eleições, a porcentagem da opinião pública que julgava o governo ruim e péssimo, quase a totalidade do eleitorado, foi responsável pelo voto em todos os candidatos competitivos. A completa debacle destes presidentes abriu a porta para candidatos e governantes aventureiros, sem enquadramento partidário, socializados na política sem passar por dentro do establishment e com passado mais fisiológico do que programático. Há quem ache que quanto pior para o governo, melhor para a oposição. O que esses dois exemplos revelam é outra coisa: quanto pior, pior mesmo.

A vantagem de utilizar a avaliação de governo para compreender a opinião pública em contextos de eleição presidencial é que permite economizar informação. Ninguém precisa de informações detalhadas sobre conjuntura, índices de inflação de alimentos e de vendas de bens de consumo duráveis, quantidade de manchetes nos principais jornais com denúncias de corrupção e coisas do gênero, basta aguardar a publicação de pesquisas de opinião e observar os percentuais de avaliação do governo na escala que varia de ótimo a péssimo.[15] Neste resultado, está depositada a imagem que a sociedade tem do governo depois de processadas todas as informações que recebe através da mídia, assim como a experiência concreta com o que é considerado resultado de decisões tomadas em Brasília. É preciso admitir que se trata de uma simplificação bastante útil para a compreensão de um fenômeno extremamente complexo e relevante, o desfecho da escolha dos que governam um país.

Há, porém, duas desvantagens, e a primeira tem a ver com situações em que a eleição não está ancorada em torno de um candidato de governo. Foi esse o caso de 2018, quando o então presidente Michel Temer não era candidato à reeleição, tampouco apoiava algum candidato. O mesmo se passou em 1989, quando ainda não havia reeleição e porque Sarney era um presidente fraco e desmoralizado. Na realidade, o que estes dois casos mostram é que nas situações em que a avaliação de governo é muito ruim, a disputa está aberta para a vitória de um candidato de oposição, mas que dificilmente será possível indicar com alguma clareza qual deles se tornará o favorito. Em 1989, ocorria a primeira eleição presidencial depois de quase trinta anos — era uma eleição solteira porque se escolheu apenas o presidente da República — e não havia uma competição entre dois candidatos de partidos estruturados, Collor pertencia ao pequeno e irrelevante Partido da Renovação Nacional (PRN). Ainda assim, houve um segundo turno entre um representante da direita e outro da esquerda. A opinião pública daquela corrida presidencial não indicava um tema e seu dono; não ocorreu como o que vimos posteriormente, quando Fernando Henrique se tornou o dono do tema da inflação e Lula, o dono do tema do acesso a bens e serviços que as pessoas jamais tiveram antes.

Na França de 2017, quando Emmanuel Macron e Marine Le Pen se qualificaram para o segundo turno, houve uma completa derrocada eleitoral dos que se revezavam na disputa presidencial desde o pós-guerra. Nos segundos turnos das eleições francesas, sempre estiveram presentes um candidato do Partido Socialista (PS) ou um candidato dos Republicanos (LR), a direita tradicional arregimentada por Charles de Gaulle em torno de um partido que muda de nome de tempos em tempos, mas que permanece gaullista em sua doutrina e visão de mundo. A propósito, em várias oportunidades, o segundo turno foi travado entre essas duas forças políticas. Em 2017, pela primeira vez depois da Segunda Guerra Mundial, tanto republicanos como socialistas ficaram de fora do segundo turno. Considerando apenas esse resultado, isto é, os partidos dos candidatos que foram para o segundo turno, a eleição de 2017 na França foi muito mais antissistema do que a de 2018 no Brasil quando, ao menos o PT, um dos dois que sempre disputava a rodada eleitoral final, enfrentou Bolsonaro. O caso da França ilustra a raridade deste evento. O Reino Unido não conhece exceção à regra na disputa entre Conservadores e Trabalhistas; tampouco a Espanha no que diz respeito ao Partido Popular (PP) *versus* o Partido Socialista Operário Espanhol (PSOE); e também não a Alemanha quanto ao conflito entre democratas-cristãos e social-democratas. Isso significa que a métrica da avaliação de governo, mesmo considerando a primeira de suas desvantagens, raramente deixa de indicar que o mais provável vencedor sairá de um dos dois maiores partidos políticos.

A segunda desvantagem para todos que desejam previsões acuradas dos resultados eleitorais tem a ver com algo que afeta qualquer conclusão científica: a incerteza existente no mundo. Há uma faixa de ótimo e bom dentro da qual o governo pode ganhar ou perder. Era esse o caso de Dilma na eleição de 2014 e, justamente por isso, foi a eleição mais apertada ocorrida no Brasil, com uma vantagem final de somente 3,28% dela sobre Aécio. Existem ainda os casos de governadores reeleitos com uma avaliação positiva muito pequena, três deles com menos de 30% de ótimo e bom, que nos faz humildes quanto à capacidade humana de explicar e prever os fenômenos. Ainda que a conversão entre avaliação do governo e voto em candidatos de governo e de oposição explique a grande maioria dos resultados eleitorais e tenha enorme peso na decisão dos eleitores, sabemos que outros fatores também contam. É provável que governadores vitoriosos com avaliações ruins tenham enfrentado adversários de partidos pequenos, sem muitos recursos de campanha, e com imagens negativas perante os eleitores de seus estados. Porém, não é simples e tampouco barato obter tantas informações sobre campanhas eleitorais. Resultado, a vantagem de se utilizar a avaliação de governo permanece, pois é possível fazer muito com pouco, prever muitos resultados eleitorais com somente uma informação de pesquisa.

"Dê-me uma alavanca e um ponto de apoio e levantarei o mundo", disse Arquimedes com uma hipérbole cuja finalidade era explicar a noção de torque. Tome-se a avaliação de governo e preveja o resultado eleitoral, eis mais uma hipérbole, desta feita para mostrar que a política tem lógica e resultados eleitorais podem ser previstos desde que se tenha em mãos uma simples informação. A antecedência da previsão tem a ver não com a conversão de avaliação de governo em voto, pois ela acontece em qualquer momento e tenderá a se consolidar no último mês da campanha, mas sim com a variação no tempo da porcentagem de avaliação positiva (ou negativa) do governo. A segurança que se tem sobre conclusões fundamentadas em fatos depende de sua quantidade. De 1989 até 2018 foram apenas oito eleições presidenciais, é pouca coisa. O que os vários anos de pesquisas mostram é que a avaliação de governo dificilmente variou de maneira abrupta. A mudança mais rápida aconteceu nos protestos de junho de 2013; a segunda mais rápida ocorreu após o controle da inflação no segundo semestre de 1994. Outras modificações relativamente velozes no humor da opinião pública quanto ao julgamento de governos aconteceram depois da desvalorização do real, em janeiro de 1999, durante o escândalo do Mensalão, no segundo semestre de 2005 e no período da pandemia do coronavírus, em 2020 e 2021. Ainda assim, afirmar que a mudança da avaliação foi razoavelmente rápida significa admitir que ela leva aproximadamente três meses para acontecer e depende de fatos políticos ou econômicos de grande impacto, com cobertura contínua da mídia. Não se trata de algo trivial e frequente.

Em setembro de 1997, o governo Fernando Henrique tinha 43% de ótimo e bom e somente 15% de ruim e péssimo; pouco mais de um ano depois, ele venceu no primeiro turno.[16] Em setembro de 2005, no decorrer do escândalo do Mensalão, Lula tinha 31% de ótimo e bom e 26% de ruim e péssimo; um ano e um mês mais tarde, ele ganhou a eleição no segundo turno com uma distância folgada sobre Alckmin. Na primeira semana de setembro de 2013, a avaliação ótimo e bom de Dilma era de 36%, e ruim e péssimo, de 22%; ela acabou vencendo no segundo turno de 2014 com uma vantagem muito pequena sobre Aécio. O que a opinião pública do ano anterior revela é que o ponto de chegada depende do ponto de partida. Fernando Henrique partiu de uma avaliação melhor que a de Lula e de Dilma e acabou por vencer já no primeiro turno. Lula e Dilma, por sua vez, foram ao segundo turno, sendo que — ao contrário do que indicavam as avaliações de um ano antes — ele teve desempenho bem melhor do que ela nos dois turnos. A história, todos sabemos. Nos meses que antecederam o pleito, o ótimo e bom de Lula em 2006 era mais elevado do que o de Dilma em 2014 e tal diferença tinha a ver com o desempenho da economia. Lula perdeu avaliação positiva durante o escândalo do

Mensalão, mas o pano de fundo era inflação em trajetória de queda e consumo aumentando. Quando passou a cobertura da mídia sobre as denúncias, sua popularidade voltou para o patamar anterior. No caso de Dilma, os protestos coincidiram com inflação de alimentos em alta e consumo caindo. Portanto, depois de finalizada a onda de protestos, sua avaliação se manteve no mesmo patamar por um longo período e melhorou apenas discretamente antes da eleição.

A avaliação de Bolsonaro mensurada pela média das pesquisas públicas em julho de 2021 era de 25% de ótimo e bom e de 52% de ruim e péssimo, uma avaliação muito pior do que as de Fernando Henrique, Lula e Dilma.[17] Em setembro, novamente mensurada por meio da média das pesquisas publicadas na mídia, o governo Bolsonaro ostentava 24% de ótimo e bom e 55% de ruim e péssimo.[18] Novamente, números muito piores do que os de seus três antecessores quando faltava um ano para submeterem seus nomes às urnas na tentativa de se reelegerem. Bolsonaro é pior não apenas na soma de ótimo e bom, mas, principalmente, na avaliação negativa do governo. De acordo com o que aprendemos sobre as eleições presidenciais ocorridas desde 1989, é raro que no ano da eleição ocorram modificações abruptas na situação do país com impacto significativo na opinião pública. O único caso foi o controle da inflação propiciado pelo Plano Real, que modificou da água para o vinho a visão do eleitorado sobre o governo. Nas demais eleições, o cenário do ano ímpar que antecede a eleição condicionou a opinião pública que escolheu o presidente, tenha sido ele de bonança ou de crise. É possível que tenha ocorrido assim por uma simples razão já mencionada: a visão da opinião pública acerca da eleição — se é de mudança ou de continuidade — no ponto de chegada, isto é, no mês do pleito, depende fortemente do ponto de partida quando considerado um ano antes de os eleitores irem às urnas. Sendo assim, a avaliação do governo Bolsonaro no segundo semestre de 2021 sugere a sua derrota pelo candidato que melhor represente a mudança. Tradicionalmente, quem mais faz oposição a um determinado governo é quem melhor encarna a mudança.

Na pesquisa on-line coordenada por um dos autores deste livro, que mensura a moralidade da esquerda e da direita, foi possível associar as visões morais com a avaliação positiva ou negativa de oito políticos de grande visibilidade: Bolsonaro, Lula, Sérgio Moro, Haddad, Ciro Gomes, João Doria, Marina Silva e Guilherme Boulos. Os resultados indicaram que os eleitores portadores da moralidade de direita avaliavam Bolsonaro, Moro e Doria de maneira positiva, e Lula, Haddad e Boulos de maneira negativa.[19] Justo o inverso aconteceu com os eleitores que têm moralidade de esquerda.[20] Isto significa afirmar que candidaturas presidenciais que tenham o mesmo perfil de Sérgio Moro ou João Doria tendem a disputar votos com Bolsonaro, ao passo que candidaturas com perfil semelhante a Haddad e Boulos concorrem na mesma faixa de votos de Lula. A dificuldade de retirar votos de Bolsonaro reside no fato de que seu núcleo mais firme de apoiadores avalia seu governo como ótimo e bom. Esse eleitor acaba por considerar que um candidato com perfil semelhante a Bolsonaro não tem uma característica fundamental: as realizações de governo. Por outro lado, os que avaliam negativamente a administração federal caminham para votar em alguém que tenha se posicionado constantemente e de maneira clara no terreno da oposição. Em eleição de mudança, é essa figura que se torna a favorita.

É sempre possível que uma terceira via vença uma eleição presidencial, mas não é o mais provável. A eleição de 2022 confronta um presidente de extrema direita, que conquistou o numeroso voto dos mais pobres com uma agenda dos costumes, posicionando-se, dentre outras coisas, contra o aborto e o casamento de pessoas do mesmo sexo, com um ex-presidente que deixou seus oito anos de governo muito bem avaliado em função de realizações na área do bem-estar e do consumo e que, por isso, também tem o voto dos mais pobres, aliás, em maior porcentagem do que seu principal adversário. Impedir que um presidente e um ex-presidente sejam um dos dois mais votados não é uma tarefa fácil. Depende menos da competência desse ou daquele indivíduo, de um candidato supostamente bem-preparado ou de um marqueteiro genial, e muito mais do contexto que condiciona a eleição. Apenas um contexto excepcional tem a capacidade de levar a um resultado raro e não parece ser esse o caso do Brasil de 2022.

Notas

APRESENTAÇÃO

1. Para uma discussão profunda e detalhada do que se convencionou denominar "voto econômico", ver DUCH, Raymond M. e STEVENSON, Randolph T. *The Economic Vote:* How Political and Economic Institutions Condition Election Results. Cambridge: Cambridge University Press, 2008.

2. Esta referência à frase de Einstein se encontra em KING, Gary; KEOHANE, Robert O.; VERBA, Sidney. *Designing Social Inquiry: Scientific Inference in Qualitative Research.* Princeton University Press, 1994, p. 7. Observação: este livro, por sua vez, cita Schumpeter em [1936] 1991, "Can Capitalism Survive?". In: RICHARD Swedberg (ed.). *The Economics of Sociology and Capitalism.* Princeton: Princeton University Press.

3. Uma abordagem ao mesmo tempo resumida, clara e detalhada sobre o conceito de opinião pública pode ser encontrada em CLAWSON, Rosalee A. e OXLEY, Zoe M. *Public Opinion.* Califórnia: Sage Publications, 2013.

4. PAGE, Scott E. *The Difference:* How the Power of Diversity Creates Better Groups, Firms, Schools and Societies. Princeton: Princeton University Press, 2007.

A NOSSA HEROÍNA

1. MAQUIAVEL, Nicolau. *O Príncipe*. Tradução de Lívio Xavier. São Paulo: Nova Cultural, 1987. p. 105.

2. ASSIS, Machado de. *A mão e a luva*. Rio de Janeiro: W. M. Jackson Inc. Editores, 1957. p.213.

3. O psicanalista Bruno Bettelheim observou a importância do controle dos internos dos campos de concentração na Alemanha nazista, ao passo que os estudos em asilos foram realizados por uma das pioneiras da psicologia do controle, a psicóloga Ellen Langer. MLODINOV, Leonard. *O andar do bêbado*. Rio de Janeiro: Zahar, 2008. p. 197.

4. Quando um político se qualifica para ser candidato a presidente, ele já passou por um processo de aprendizado que o fez dar mais declarações felizes que trazem votos do que declarações infelizes que afastam os eleitores. Por isso, é razoável supor que todos os postulantes ao mesmo cargo acabem por cometer acertos e erros nas mesmas proporções.

5. O vazamento da declaração de Rubens Ricupero ficou conhecido como o Escândalo da Parabólica.

6. A narrativa completa de Maquiavel está em "A vida de Castruccio Castracani". MAQUIAVEL, Nicolau. *A arte da guerra e outros ensaios*. Brasília: Editora Universidade de Brasília, 1982. p. 45-61.

7. Segundo o Censo de 2010, exatos 52,5% dos domicílios eram formados por casais com filhos; 15,3% por mães com filhos e 2,2% por pais com filhos.

8. A discussão apresentada aqui sobre as moralidades que orientam direita e esquerda está fortemente fundamentada em HAIDT, Jonathan. *The Righteous Mind: Why good people are divided by politics and religion*. Nova York: Vintage Books, 2012. Um dos autores deste livro levou a cabo uma pesquisa on-line com as perguntas sugeridas por Haidt e obteve para o Brasil os mesmos resultados encontrados em todos os lugares do mundo onde as mesmas perguntas foram aplicadas: os pilares morais do voto de esquerda e direita estão associados aos políticos que ocupam estes respectivos terrenos eleitorais. Os resultados podem ser encontrados em: <https://albertocarlosalmeida.com.br/wp-content/uploads/2021/11/Pesquisa-moralidade-e-pol%C3%ADtica.pdf>.

NOTAS

9. Uma detalhada apresentação e discussão de tais moralidades pode ser encontrada em HAIDT, Jonathan. *The Righteous Mind:* Why good people are divided by politics and religion. Nova York: Vintage Books, 2012.

10. Há quem argumente que o governo Fernando Henrique não foi de direita em função de ter aumentado a carga tributária, dado reajustes reais ao salário mínimo, implementado uma reforma agrária, universalizado o ensino fundamental e iniciado políticas de redistribuição de renda, dentre outras coisas. Todavia, a moralidade principal dos eleitores do PSDB sempre esteve mais próxima da moralidade de direita. Além disso, os representantes tucanos, ao contrário do que acontece na esquerda, não eram egressos de movimentos sociais ou do sindicalismo, mas de atividades empresariais ou do mundo profissional liberal. Isso fez com que a ênfase dos governos tucanos fosse na geração de eficiência econômica, diferentemente dos governos petistas, cuja prioridade foram as políticas sociais.

11. Do ponto de vista acadêmico, este livro admite a complexidade do mundo ao beber na fonte de três das mais importantes teorias que explicam o voto: a escolha racional, a escolha de Michigan e o modelo sociológico. Para um resumo destas teorias, ver SPAREMBERGER, Cristian. *Como os eleitores decidem o seu voto?* Uma revisão bibliográfica do processo de decisão do eleitor. Trabalho realizado para a disciplina Tópicos Especiais: Partidos e Eleitores em Perspectiva Comparada, Programa de Pós-Graduação em Sociologia Política, Universidade Federal de Santa Catarina.

12. INSTITUTO DATAFOLHA. *Avaliação da presidente Dilma Rousseff, 7 e 8 abr. 2016.* Disponível em: <http://media.folha.uol.com.br/datafolha/2016/04/11/avaliacao-presidente-dilma.pdf>. Acesso em 28 jul. 2021.

13. INSTITUTO DATAFOLHA. *Avaliação do governo FHC, 15 dez. 2002.* Disponível em: <http://media.folha.uol.com.br/datafolha/2013/05/02/aval_pres_15122002.pdf>. Acesso em 28 jul. 2021.

14. INSTITUTO DATAFOLHA. *Avaliação do governo Collor, 1º jun. 1992.* Disponível em: <http://media.folha.uol.com.br/datafolha/2013/05/02/aval_pres_01061992.pdf>. Acesso em 28 jul. 2021.

15. INSTITUTO DATAFOLHA. *Avaliação do governo Lula, 17 e 19 nov. 2010.* Disponível em: <http://media.folha.uol.com.br/datafolha/2013/05/02/ aval_pres_20122010.pdf>. Acesso em 28 jul. 2021.

16. INSTITUTO DATAFOLHA. *Avaliação do presidente Michel Temer, 18 e 19 dez. 2018.* Disponível em: <http://media.folha.uol.com.br/datafo- lha/2019/01/03/4ad661bf31d5880195877403e2f4769at.pdf>. Acesso em 28 jul. 2021.

17. O maior período sem alternância de poder que se tem notícia em regimes democráticos coube ao Partido Revolucionário Institucional, cujos presidentes governaram o México entre 1930 e 2000.

18. INSTITUTO DATAFOLHA. *Avaliação do governo Lula, 17 a 19 nov. 2010.* Disponível em: <http://media.folha.uol.com.br/datafolha/2013/05/02/ aval_pres_20122010.pdf>. Acesso em 28 jul. 2021.

19. Os dados completos podem ser encontrados em <https://albertocarlos- almeida.com.br/pesquisas-de-2018/>. Esta pesquisa foi feita por telefone com 1.200 casos, por meio de discagem aleatória e ponderada por cotas de idade, sexo, escolaridade e população economicamente ativa. Todas as pesquisas da Brasilis utilizadas neste livro podem ser encontradas em: <https://albertocarlosalmeida.com.br/dados/a-mao-e-a-luva/>.

20. Vale lembrar que o papel da mídia é relevante naquilo que em inglês é denominado *"agenda setting"*, ou "definição da agenda". A intensa e contínua cobertura da mídia sobre um assunto com determinada an- gulação, algo raro, mas que ocorre, pode induzir parcelas da opinião pública a valorizar um ponto de vista em particular. O clássico no assunto é IYENGAR, Shanto e KINDER Donald R. *News that Matters*: Television and American Opinion. Chicago: Chicago University Press, 1987. Ver também CARMINES, Edward G. e STIMSON, James A. *Issue Evolution*: Race and The Transformation of American Politics. Princeton: Princeton University Press, 1989.

21. Este argumento está bem-fundamentado academicamente em GEL- MAN, Andrew e KING, Gary. Why Are American Presidential Election Campaign Polls so Variable When Votes Are So Predictable? *British Journal of Political Science*, n. 23, p. 409-451, 1993.

22. HOLBROOK, Thomas M. *Do Campaigns Matter?* Thousand Oaks: Sage Publications, 1996. p. 133.

NOTAS

1989: A MÃO QUE SE MOLDOU À LUVA DA ENTROPIA

1. FGV, CPDoc, pesquisa por "Diretas Já". Disponível em: <http://www.
fgv.br/cpdoc/acervo/dicionarios/verbete-tematico/diretas-ja>. Acesso
em 14 out. 2021.

2. IBGE. Índice Nacional de Preços ao Consumidor Amplo (IPCA). Disponível em: <https://sidra.ibge.gov.br/tabela/1737#/n1/all/v/63,69/p/19
8503,198504,198505,198506,198507,198512/d/v63%202,v69%202/l/v,p,t/
resultado>. Acesso em 6 out. 2021.

3. NORONHA, Eduardo G. Ciclo de greves, transição política e estabilização: Brasil, 1978-2007. *Lua Nova*: Revista de Cultura e Política [on-line],
n. 76, p. 126 e 134, 2009. Disponível em: <https://www.scielo.br/j/
ln/a/8JCGHMp45KzKf8CxfLdnctv/abstract/?lang=pt&format=ht-
ml#>. Acesso em 10 out. 2021.

4. OLIVEIRA, Ariovaldo Umbelino de. *A grilagem de terras na formação
territorial brasileira* [recurso eletrônico]. São Paulo: FFLCH/USP, 2020.
p. 25. Disponível em: <http://www.livrosabertos.sibi.usp.br/portalde-
livrosUSP/catalog/download/581/517/1969-1?inline=1>. Acesso em 10
out. 21.

5. MACIEL, David. *De Sarney a Collor:* reformas políticas, democratização
e crise (1985-1990). Tese (doutorado em História). Universidade Federal
de Goiás, Goiânia, 2008. p. 118.

6. LABORATÓRIO Brasil. Direção, pesquisa e entrevistas: Roberto Stefanelli. TV Câmara, 2007. Disponível em: <https://www.camara.leg.
br/tv/176995-laboratorio-brasil/>. Acesso em 10 out. 2021.

7. VENDAS no varejo crescem 19% em 4 meses. *O Globo*, 14 jun. 1986.
Disponível em: <https://acervo.oglobo.globo.com/busca/?tipoConteu-
do=artigo&ordenacaoData=relevancia&allwords=varejo&anywor-
d=&noword=&exactword=&decadaSelecionada=1980&anoSelecio-
nado=1986&mesSelecionado=6>. Acesso em 14 abr. 2021.

8. IBGE. Índice Nacional de Preços ao Consumidor Amplo (IPCA). Disponível em: <https://sidra.ibge.gov.br/tabela/1737#/n1/all/v/63,69/
p/198612/d/v63%202,v69%202/l/v,p,t/resultado>. Acesso em 6 out. 2021.

9. IBGE. Índice Nacional de Preços ao Consumidor Amplo (IPCA).
Disponível em: <https://sidra.ibge.gov.br/tabela/1737#/n1/all/v/63/
p/198612/d/v63%202/l/v,p,t/resultado>. Acesso em 6 out. 2021.

10. LABORATÓRIO Brasil. Direção, pesquisa e entrevistas: Roberto Stefanelli. TV Câmara, 2007. Disponível em: <https://www.camara.leg.br/tv/176995-laboratorio-brasil/>. Acesso em 10 out. 2021.

11. EMPRESÁRIOS refutam acusação de sabotagem ao Cruzado. *Folha de S.Paulo*, 18 jul. 1986, p 23. Disponível em: <https://acervo.folha.com.br/leitor.do?numero=9567&keyword=%22estabelecimentos+fechados+pela+Sunab%22&anchor=4292234&origem=busca&originURL=>. Acesso em 10 out. 2021.

12. Jornadas não trabalhadas (*working-day-lost*) é o indicador mais sintético das greves. Trata-se da somatória da multiplicação do número de trabalhadores de cada greve pelo número de dias parados dessa mesma greve num determinado período de tempo. NORONHA, Eduardo G. Ciclo de greves, transição política e estabilização: Brasil, 1978-2007. *Lua Nova*: Revista de Cultura e Política [on-line], n. 76, p. 122 e 134, 2009. Disponível em: <https://www.scielo.br/j/ln/a/8JCGHMp45KzKf8CxfLdnctv/abstract/?lang=pt&format=html#>. Acesso em 10 out. 2021.

13. LABORATÓRIO Brasil. Direção, pesquisa e entrevistas: Roberto Stefanelli. TV Câmara, 2007. Disponível em: <https://www.camara.leg.br/tv/176995-laboratorio-brasil/>. Acesso em 10 out. 2021.

14. SCHPREJER, Pedro. A economia do pãozinho. *Piauí*, n. 86, nov. 2013. Disponível em: <https://piaui.folha.uol.com.br/materia/a-economia-do-paozinho/>. Acesso em 10 out. 2021.

15. LABORATÓRIO Brasil. Direção, pesquisa e entrevistas: Roberto Stefanelli. TV Câmara, 2007. Disponível em: <https://www.camara.leg.br/tv/176995-laboratorio-brasil/>. Acesso em 10 out. 2021.

16. AVERBUG, Marcello. Plano Cruzado: crônica de uma experiência. *Revista do BNDES*, Rio de Janeiro, v. 12, n. 24, p. 224, 2005. Disponível em: <https://web.bndes.gov.br/bib/jspui/bitstream/1408/11943/1/RB%2024%20Plano%20Cruzado_Crônica%20de%20uma%20Experiência_P_BD.pdf>. Acesso em 6 out. 2021.

17. LABORATÓRIO Brasil. Direção, pesquisa e entrevistas: Roberto Stefanelli. TV Câmara, 2007. Disponível em: <https://www.camara.leg.br/tv/176995-laboratorio-brasil/>. Acesso em 10 out. 2021.

NOTAS

18. IBGE. Índice Nacional de Preços ao Consumidor Amplo (IPCA). Disponível em: <https://sidra.ibge.gov.br/tabela/1737#/n1/all/v/69/p/198712/d/v69%202/l/v,p,t/resultado>. Acesso em 06 out. 2021.

19. FGV, CPDoc, pesquisa por "Ibrahim Abi-Ackel". Disponível em: <http://www.fgv.br/cpdoc/acervo/dicionarios/verbete-biografico/ibrahim-abi-ackel>. Acesso em 10 out. 2021.

20. FGV, CPDoc, pesquisa por "Orestes Quércia". Disponível em: <http://www.fgv.br/cpdoc/acervo/dicionarios/verbete-biografico/orestesquercia>. Acesso em 10 out. 2021.

21. FERROVIA Norte–Sul: Longo histórico de corrupção. *O Globo* 25 mai. 2017. Disponível em: <https://oglobo.globo.com/politica/ferrovia-norte-sul-longo-historico-de-corrupcao-21392482>. Acesso em 10 out. 2021.

22. CPI recomendou o impeachment de Sarney em 88. *Folha de S.Paulo*, 8 abr. 2002. Disponível em: <https://www1.folha.uol.com.br/fsp/brasil/fc0804200213.htm>. Ver também em <https://www1.folha.uol.com.br/fsp/1994/11/20/brasil/29.html>. Acesso em 10 out. 2021.

23. LOBATO, Elvira. Política marca história das telecomunicações. *Folha de S.Paulo*, 3 set. 1995. Disponível em: <https://www1.folha.uol.com.br/fsp/1995/9/03/brasil/14.html>. Acesso em 10 out. 2021.

24. BATISTA, Liz. Reportagem de Ricardo Boechat no Estadão venceu Prêmio Esso de 1989. *Estadão*, 11 fev. 2019. Disponível em: <http://m.acervo.estadao.com.br/noticias/acervo,reportagem-de-boechat-no-estadao-venceu-esso-de-1989,70002716789,0.htm>. Acesso em 10 out. 2021.

25. LEITE, Edmundo. Centrão e Sarney instituíram "é dando que se recebe". *Estadão*, 7 jun. 2019. Disponível em: <https://acervo.estadao.com.br/noticias/acervo,centrao-e-sarney-instituiram-e-dando-que-se-recebe,70002861270,0.htm>. Acesso em 15 out. 2021.

26. FGV, CPDoc, pesquisa por "Centrão". Disponível em: <http://www.fgv.br/cpdoc/acervo/dicionarios/verbete-tematico/centrao>. Acesso em 26 abr. 2021.

27. LEITE, Edmundo. Centrão e Sarney instituíram "é dando que se recebe". *Estadão*, 7 jun. 2019. Disponível em: <https://acervo.estadao.com.br/noticias/acervo,centrao-e-sarney-instituiram-e-dando-que-se-recebe,70002861270,0.htm>. Acesso em 15 out. 2021.

28. SARNEY responde à CNBB: Nem o Vaticano escapa da corrupção. *Jornal da Tarde*, 3 fev. 1988, p. 3. Disponível em: <https://www2.senado.leg.br/bdsf/bitstream/handle/id/231517/PS1988%20-%200599.pdf?sequence=1>. Acesso em 14 out. 2021.

29. NORONHA, Eduardo G. Ciclo de greves, transição política e estabilização: Brasil, 1978-2007. *Lua Nova*: Revista de Cultura e Política [on-line], n. 76, p. 126 e 134, 2009. Disponível em: <https://www.scielo.br/j/ln/a/8JCGHMp45KzKf8CxfLdnctv/abstract/?lang=pt&format=html#>. Acesso em 10 out. 2021.

30. IBGE. Calculadora IPCA. Disponível em: <https://www.ibge.gov.br/explica/inflacao.php>. Acesso em 12 out. 2021.

31. FGV, CPDoc, pesquisa por "Centrão". Disponível em: <http://www.fgv.br/cpdoc/acervo/dicionarios/verbete-tematico/centrao>. Acesso em 26 abr. 2021.

32. Dados do Ibope, ver: CARREIRÃO, Yan de Souza. *A decisão do voto nas eleições presidenciais no Brasil (1989 a 1998)*: a importância do voto por avaliação de desempenho. Tese (doutorado em Ciência Política). Universidade Federal de Santa Catarina, 2000. p. 55. Somente em 2015, no governo Dilma, a avaliação negativa de Sarney foi superada.

33. FGV, CPDoc, pesquisa por "Fernando Collor". Disponível em: <http://www.fgv.br/cpdoc/acervo/dicionarios/verbete-biografico/collor-fernando>. Acesso em 12 out. 2021.

34. CARREIRÃO, Yan de Souza. *A decisão do voto nas eleições presidenciais no Brasil (1989 a 1998)*: a importância do voto por avaliação de desempenho. Tese (doutorado em Ciência Política). Universidade Federal de Santa Catarina, 2000. p. 60.

35. Os senadores biônicos foram instituídos em 1977 durante o governo do presidente Ernesto Geisel a fim de manter o Senado sob o controle do partido governista, a Arena. Eles eram escolhidos por um colégio eleitoral que assegurava a lealdade governista dos selecionados. O termo *biônico* foi popularizado em função de uma famosa série da época, *O homem de seis milhões de dólares*, na qual o herói tinha partes do corpo mecânicas e artificiais, que o tornavam mais forte e veloz.

36. ALMEIDA, Monica Piccolo. A trajetória de Fernando Collor rumo à presidência: estratégias eleitorais televisivas. *Simpósio Nacional de His-*

NOTAS

tória, Natal, n. 27, p. 6, 2013. Disponível em: <https://bibliotecadigital. tse.jus.br/xmlui/handle/bdtse/4507>. Acesso em 15 out. 2021.

37. FGV, CPDoc, pesquisa por "Fernando Collor". Disponível em: <http:// www.fgv.br/cpdoc/acervo/dicionarios/verbete-biografico/collor-fernando>. Acesso em 12 out. 2021.

38. Pesquisa do Datafolha. CARREIRÃO, Yan de Souza. *A decisão do voto nas eleições presidenciais no Brasil (1989 a 1998)*: a importância do voto por avaliação de desempenho. Tese (doutorado em Ciência Política). Universidade Federal de Santa Catarina, 2000. p. 69.

39. Idem.

40. NOGUEIRA, André. Como a expressão "filhotes de ditadura" marcou um dos momentos mais caóticos da TV brasileira. *Aventuras na história*, 26 jan. 2020. Disponível em: <https://aventurasnahistoria.uol.com.br/ noticias/reportagem/filhote-da-ditadura-quando-leonel-brizola-gritou-com-paulo-maluf-em-rede-nacional.phtml>. Acesso em 15 out. 2021.

1994: A LUVA COM NOME PRÓPRIO

1. O economista Ricardo Henriques foi eloquente quanto ao caos econômico da década que antecedeu o ano de 1994: "O Brasil da última década é exemplar: 8 programas de estabilização econômica, 15 políticas salariais, 54 alterações de sistemas de controle de preços, 18 mudanças de políticas cambiais, 21 propostas de renegociação da dívida externa, 11 índices inflacionários diferentes, 5 congelamentos de preços e salários e 18 determinações presidenciais para cortes drásticos nos gastos públicos." Ver VIEIRA, J. Ribas. et al. (orgs). *Na corda bamba*: doze estudos sobre a cultura da inflação. Rio de Janeiro: Relume Dumará, 1993. p. 58.

2. Collor foi afastado pela Câmara dos Deputados em 29 de setembro de 1992, em seguida Itamar Franco assumiu o cargo. A deposição definitiva só iria acontecer nos últimos dias de dezembro com a conclusão do processo de votação do impeachment no Senado Federal.

3. Esses dados foram obtidos inserindo "outubro de 1992" e "maio de 1993" na calculadora da inflação em <https://www.ibge.gov.br/expli-

ca/inflacao.php>. A soma de ruim e péssimo subiu de 8% para 26% de fevereiro a maio de 1993. Os dados de opinião pública podem ser encontrados no Instituto Datafolha. Avaliação governo Itamar Franco, 1º dez. 1994. Disponível em: <https://datafolha.folha.uol.com.br/opiniaopublica/avaliacaodegoverno/presidente/itamarfranco/indice-1.shtml>. Acesso em 05 nov. 2021.

4. Esta mudança de patamar da votação de Lula foi apontada pelo Datafolha entre o final de 1992 e maio de 1993. ALMEIDA, Jorge. *Como vota o brasileiro*. São Paulo: Editora Xamã, 1998. p. 39.

5. Na Carta de 1988, havia a previsão de uma revisão constitucional após cinco anos; esse objetivo acabou não se realizando e poucas mudanças foram aprovadas: <https://www12.senado.leg.br/noticias/materias/2008/08/19/o-fracasso-da-revisao-constitucional-de-1994>. Acesso em 17 nov. 2021.

6. TOLEDO, Roberto Pompeu de. *Fernando Henrique Cardoso*: o presidente segundo o sociólogo. São Paulo: Companhia das Letras, 1998. p. 65.

7. IBGE. Calculadora IPCA. Disponível em: <https://www.ibge.gov.br/explica/inflacao.php>. Acesso em 12 out. 2021.

8. *Diário Oficial da União* de 2 de jul. 1993, p. 9.082 e 9.083. Portaria Interministerial nº 11, de 1º de julho de 1993. O art. 2º fixava o salário mínimo em Cr$ 4.639.800,00 (quatro milhões, seiscentos e trinta e nove mil e oitocentos cruzeiros) mensais. Disponível em: <https://portal.trt3.jus.br/internet/servicos/valores/downloads/salario-minimo/portaria-interministerial-n-11-de-1o-de-julho-de-1993.pdf>. Acesso em 1º out. 2021.

9. LEITÃO, Miriam. *Saga brasileira*: a longa luta de um povo por sua moeda. Rio de Janeiro: Record, 2011.

10. SILVIO Santos entrevista FHC. Lançamento da URV em 1994. Canal da Fundação FHC no Youtube. Disponível em: <https://www.youtube.com/watch?v=xWwTyOgRGeo&t=213s>. Acesso em 1º out. 2021.

11. IBGE. Índice Nacional de Preços ao Consumidor Amplo (IPCA). Fonte: <https://sidra.ibge.gov.br/tabela/1737#/n1/all/v/2265/p/199403/d/v2265%202/l/v,p,t/resultado>. Acesso em 1º out. 2021.

12. BANCO CENTRAL DO BRASIL. *25 anos do Real*. Disponível em: <https://www.bcb.gov.br/controleinflacao/25anosreal>. Acesso em 1º out. 2021.

NOTAS

13. IBGE. Índice Nacional de Preços ao Consumidor Amplo (IPCA). Disponível em: <https://sidra.ibge.gov.br/tabela/1737>. Acesso em 1º out. 2021. Observação: Ao acessar o link, selecione "IPCA — Variação Mensal" e selecione também o período desejado.

14. FGV, CPDoc, pesquisa por "Plano Cruzado". Disponível em: <http://www.fgv.br/cpdoc/acervo/dicionarios/verbete-tematico/plano-cruzado >. Acesso em 14 out. 2021.

15. *O Globo*, 5 abr. 1987, p. 9.

16. BANCO CENTRAL DO BRASIL. *25 anos do Real*. Disponível em: <https://www.bcb.gov.br/controleinflacao/25anosreal>. Acesso em 1º out. 2021.

17. FGV, CPDoc, pesquisa por "Plano Verão". Disponível em: <http://www.fgv.br/cpdoc/acervo/dicionarios/verbete-tematico/plano-verao>. Acesso em 1º out. 2021.

18. IBGE. Índice Nacional de Preços ao Consumidor Amplo (IPCA). Disponível em: <https://sidra.ibge.gov.br/tabela/1737>. Acesso em 1º out. 2021. Observação: Ao acessar o link, selecione "IPCA — Variação Mensal" e selecione também o período desejado.

19. FGV, CPDoc, pesquisa por "Plano Verão". Disponível em: <http://www.fgv.br/cpdoc/acervo/dicionarios/verbete-tematico/plano-verao>. Acesso em 1º out. 2021.

20. ALVARENGA, Darlan. Entenda os planos econômicos Bresser, Verão, Collor 1, Collor 2 e as perdas na poupança. *G1*, 29 nov. 2017. Disponível em: <https://g1.globo.com/economia/noticia/entenda-os-planos--economicos-bresser-verao-collor-1-e-collor-2-e-as-perdas-na-poupanca.ghtml>. Acesso em 1º out. 2021.

21. BANCO CENTRAL DO BRASIL. *25 anos do Real*. Disponível em: <https://www.bcb.gov.br/controleinflacao/25anosreal>. Acesso em 1º out. 2021.

22. TOLEDO, Roberto Pompeu de. *Fernando Henrique Cardoso*: o presidente segundo o sociólogo. São Paulo: Companhia das Letras, 1998. p. 65.

23. FERNANDO Collor explica o Plano Collor (Globo/1990). Disponível em: <https://www.youtube.com/watch?v=zdT0WrXbIhw>. Acesso em 1º out. 2021. Observação: a fala se dá a partir de dois minutos e trinta segundos do vídeo.

24. STF recusa ação do PDT contra o Plano Collor. *Folha de S.Paulo*, 6 abr. 1990, p. A8. Disponível em: <acervo.folha.com.br>. Acesso em 2 out. 2010.

25. ENTRE infartos, falências e suicídios: os 30 anos do confisco da poupança. *G1*, 17 mar. 2020. Disponível em: <https://g1.globo.com/economia/noticia/2020/03/17/entre-infartos-falencias-e-suicidios-os-30-anos-do--confisco-da-poupanca.ghtml>. Acesso em 2 out. 2021.

26. ANDOZIA, Francine De Lorenzo. *Passaram a mão na minha poupança*: um estudo sobre o impacto do Plano Collor no cotidiano da população brasileira urbana em 1990. Dissertação (mestrado em História Econômica). Universidade de São Paulo, São Paulo, 2019. p. 172 a 180. Disponível em: <https://teses.usp.br/teses/disponiveis/8/8137/tde-04092019-155409/pt-br.php>. Acesso em 2 out. 2021.

27. BRASIL. Presidência da República. Medida Provisória n. 175, de 27 de março de 1990. Disponível em: <http://www.planalto.gov.br/ccivil_03/MPV/1990-1995/175.htm>. Acesso em 2 out. 2021.

28. ANDOZIA, Francine De Lorenzo. *Passaram a mão na minha poupança*: um estudo sobre o impacto do Plano Collor no cotidiano da população brasileira urbana em 1990. Dissertação (mestrado em História Econômica). Universidade de São Paulo, São Paulo, 2019. p. 68. Disponível em: <https://teses.usp.br/teses/disponiveis/8/8137/tde-04092019-155409/pt-br.php>. Acesso em 2 out. 2021.

29. IBGE. Índice Nacional de Preços ao Consumidor Amplo (IPCA). Disponível em: <https://sidra.ibge.gov.br/tabela/1737#/n1/all/v/69/p/199012/d/v69%202/l/v,p,t/resultado>. Acesso em 2 out. 2021.

30. ANOS de recessão do Brasil. *G1*, 3 mar. 2016. Disponível em: <http://especiais.g1.globo.com/economia/2016/ultimos-anos-de-recessao-no-brasil/>. Acesso em 9 out. 2021.

31. BANCO CENTRAL DO BRASIL. *25 anos do Real*. Disponível em: <https://www.bcb.gov.br/controleinflacao/25anosreal>. Acesso em 1º out. 2021.

32. IBGE. Índice Nacional de Preços ao Consumidor Amplo (IPCA). Disponível em: <https://sidra.ibge.gov.br/tabela/1737> Acesso em 1º out. 2021. Observação: Ao acessar o link, selecione "IPCA — Variação Mensal" e selecione também o período desejado.

NOTAS

33. PLANO Real. *Jornal da Cultura*, 16 jun. 1994. Disponível em: <https://www.youtube.com/watch?v=SsV-fac_kZE>. Acesso em 2 out. 2021.

34. Pesquisas do Datafolha. Veja-se http://media.folha.uol.com.br/datafolha/2013/05/02/intvoto_pres_01101994.pdf

35. SILVA, Fernando de Barros e. Mercadante faz crítica ambígua ao real. *Folha de S.Paulo*, 29 jul. 1994. <https://www1.folha.uol.com.br/fsp/1994/7/29/brasil/12.html>. Acesso em 28 set. 2021.

36. "É maquiavélico", diz Conceição Tavares. *Folha de S.Paulo*, 2 mar. 1994. Disponível em: <https://www1.folha.uol.com.br/fsp/1994/3/02/brasil/47.html>. Acesso em 28 set. 2021.

37. MENDES, Antônio Manuel Teixeira e VENTURI, Gustavo. Eleição presidencial: o Plano Real na sucessão de Itamar Franco. *Opinião Pública*, Campinas, vol. II, n. 2, p. 59-72, dez. 1994.

38. Dados do Datafolha, ver em CARREIRÃO, Yan de Souza. *A decisão do voto nas eleições presidenciais no Brasil (1989 a 1998): a importância do voto por avaliação de desempenho.* Tese (doutorado em Ciência Política). Universidade Federal de Santa Catarina, 2000. p. 117.

39. Idem, p. 123.

40. TOLEDO, Roberto Pompeu de. *Fernando Henrique Cardoso*: o presidente segundo o sociólogo. São Paulo: Companhia das Letras, 1998. p. 79.

41. Idem, p. 80.

1998: A LUVA DA INFLAÇÃO SOB CONTROLE

1. MARCINIUK, Fernanda L.; BUGARIN, Maurício S. A influência da reeleição nas políticas fiscais subnacionais. *Revista Brasileira de Economia*, v. 73, n. 2, p. 181-212, 2019.

2. CARDOSO, Fernando Henrique. *Diários da Presidência*: 1997-1998. v. 2. São Paulo: Companhia das Letras, 2016.

3. CARDOSO, Fernando Henrique. Reeleição e crises. *Estadão*, 6 set. 2020.

4. A concentração de recursos de poder entre poucos partidos políticos não necessariamente é um mal. Aliás, diferentemente do Brasil, a maior parte das democracias funciona adequadamente com poucos partidos

políticos. Em 2021, o Brasil tinha dezesseis partidos efetivos, ao passo que a grande maioria dos países democráticos tinha, no máximo, seis partidos efetivos. Após a adoção da reeleição, o número de partidos aumentou no Brasil, indicando que a mudança, sozinha, não foi suficiente para reduzir o número de partidos ou concentrar poder em poucos deles, o que anularia este diagnóstico realizado por Fernando Henrique.

5. LARA, Lorena; COTRIM, Jonathas. Jingles eleitorais que marcaram época. *Estadão, s. d.* Disponível em: <https://infograficos.estadao.com. br/focas/politico-em-construcao/materia/jingles-eleitorais-que-marcaram-epoca>. Acesso em 8 ago. 2021.

6. CARDOSO, Fernando Henrique. Uma revolução silenciosa. *Folha de S.Paulo*, 29 dez. 1996. Disponível em: <https://www1.folha.uol.com. br/fsp/1996/12/29/opiniao/8.html>. Acesso em 9 set. 2021.

7. IBGE. Calculadora do IPCA. Disponível em: <https://www.ibge.gov. br/explica/inflacao.php>. Acesso em 9 set. 2021.

8. IBGE. Índice de Preços ao Consumidor Amplo (IPCA). Disponível em: <https://sidra.ibge.gov.br/tabela/1737#/n1/all/v/69/p/199312,199412, 199512,199612,199712,199812/d/v69%202/l/v,p,t/resultado>. Acesso em 8 set. 2021.

9. IBGE. Pesquisa Mensal de Emprego — antiga metodologia (IBGE/ PME antiga). Série deflacionada. Disponível em: <http://ipeadata.gov. br>. Acesso em 12 set. 2021. Observação: Ao acessar o link, digite no campo de buscas "massa de rendimentos" e clique no link: "Massa de rendimentos do trabalho principal — índice (jul. 1994 = 100)".

10. CARDOSO, Fernando Henrique. Uma revolução silenciosa. *Folha de S.Paulo*, 29 dez. 1996. Disponível em: <https://www1.folha.uol.com. br/fsp/1996/12/29/opiniao/8.html>. Acesso em 9 set. 2021.

11. VALENÇA, Antonio Carlos de Vasconcelos; MATTOS, René Luiz Grion. *Papéis para fins sanitários*. Rio de Janeiro: Banco Nacional de Desenvolvimento Econômico e Social, 1999. p. 7. Disponível em: <http://web. bndes.gov.br/bib/jspui/handle/1408/17143>. Acesso em 17 set. 2021.

12. CARVALHO, Thiago Bernardino de. *Estudo da elasticidade-renda da demanda de carne bovina, suína e de frango no Brasil*. Dissertação (mestrado em Economia Aplicada). Escola Superior de Agricultura Luiz de Queiroz, Universidade de São Paulo, Piracicaba, 2007. p. 31. Disponível em:

NOTAS 273

\<https://teses.usp.br/teses/disponiveis/11/11132/tde-05062007-130618/pt-br.php>. Acesso em 9 set. 2021.

13. BOURROUL, Marcela; FERREIRA, Michelle. 20 anos do Plano Real. *Época Negócios*. Disponível em: \<http://20anosdoreal.epocanegocios.globo.com/#apresentacao>. Acesso em 9 set. 2021.

14. MARION FILHO, Pascoal; MATTE, Vilmar Antonio. Mudanças institucionais e reestruturação na indústria brasileira de laticínios (1990-2000). *Revista Economia e Desenvolvimento* (on-line), Universidade Federal de Santa Maria, n. 218, p. 56, 2006. Disponível em: \<https://periodicos.ufsm.br/eed/article/view/3472/2012>. Acesso em 10 set. 2021.

15. GERTNER, David; GERTNER, Rosane; GUTHERY, Dennis. CocaCola's Marketing Challenges in Brazil: The Tubaínas War. *Thunderbird International Business Review*, v. 47, v. 2, p. 231-254, 2005. Disponível em: \<https://www.researchgate.net/publication/230088627_Coca-Cola%27s_marketing_challenges_in_Brazil_The_Tubainas_war>. Acesso em 11 set. 2021.

16. SANTOS JUNIOR, Marcelo Ferreira; MOURÃO, Gustavo Nunes. Análise da concentração de mercado na indústria de refrigerantes do Brasil. *MTCG*, v. 2, n. 1, p. 95, 2016. Disponível em: \<https://memorialtcccadernograduacao.fae.edu/cadernotcc/article/viewFile/137/38>. Acesso em 11 set. 2021.

17. GERTNER, David; GERTNER, Rosane; GUTHERY, Dennis. Coca-Cola's Marketing Challenges in Brazil: The Tubaínas War. *Thunderbird International Business Review*, v. 47, v. 2, p. 231-254, 2005. Disponível em: \<https://www.researchgate.net/publication/230088627_Coca-Cola%27s_marketing_challenges_in_Brazil_The_Tubainas_war>. Acesso em 11 set. 2021.

18. DIEESE. Secretaria de Política Econômica do Ministério da Fazenda. In: BRASIL. Presidência da República. *Brasil 1994-2002: a era do Real*. SECOM, 2002. p. 19. Disponível em: \<http://www.biblioteca.presidencia.gov.br/presidencia/ex-presidentes/fernando-henrique-cardoso/publicacoes/brasil-1994-2002-ae-ra-do-real-1/1994-2002-a-era-do-real/view?TSPD_101_R0=2 93f3269eee08206baeeb2d49088649p0800000000000000007c280c 1ffff00000000000000000000000000000613b9f95001aa8652f08282a

9212ab20008396dbb9bcce5ace670dcd37f57e0dd393ce18164382dbce73c
599939ca854b0086e0f45b90a2800fcf5744095208e8c57178355dbf39a
8c055b1e094acc3e3d79f0b2195db481b311356b9634774958>. Acesso em
10 set. 2021.

19. IBGE. Contas Nacionais Trimestrais. Despesas de consumo das famílias. Total acumulado no ano. Disponível em: <https://sidra.ibge. gov.br/tabela/5932#/n1/all/v/6563/p/first%2012/c11255/93404/d/ v6563%201/l/v,p+c11255,t/resultado>. Acesso em 10 set. 2021.

20. IPEA. In: BRASIL. Presidência da República. *Brasil 1994-2002: a era do Real.* SECOM, 2002. p. 24. Disponível em: <http:// www.biblioteca.presidencia.gov.br/presidencia/ex-presidentes/fernando-henrique-cardoso/publicacoes/brasil-1994-2002-a era-do-real-1/1994-2002-a-era-do-real/view?TSPD_101_R0=2 93f3269eee08206baeeb2d49088649p0800000000000000007c280c 1ffff00000000000000000000000000000613b9f95001aa8652f08282a 9212ab20008396dbb9bcce5ace670dcd37f57e0dd393ce18164382dbce73c 599939ca854b0086e0f45b90a2800fcf5744095208e8c57178355dbf39a 8c055b1e094acc3e3d79f0b2195db481b311356b9634774958>. Acesso em 10 set. 2021.

21. BRASIL. Presidência da República. Biblioteca. *FHC — Trechos de Pronunciamentos em 1996. Solenidade de Inauguração do Linhão de 230 KV de Transmissão de Energia Elétrica da Eletronorte — Sinop — MT, 11/10/96.* p. 93. Disponível em: <http://www.biblioteca.presidencia.gov.br/publicacoes-oficiais/catalogo/fhc/fhc-trechos-de-pronunciamentos-1996.pdf/view?TSPD_101_R0=05e8e782c75a36492424fd 765fb05b1ci4P00000000000000007c280cb1fff-f00000000000000000000000000000613bb5700015a4c65f08282a9212ab-2000dbe5e9699f0459049a08ab808e3003cf1dfd161ad0054e2a5b763e1f8a-befaeb0842a710290a2800dc6f9702de18c107d0e1a92c7d8e1a75bc522a2f-ffb3460342daafa9ea18723113b40308b8c3bb02>. Acesso em 10/09/21.

22. SNIC. Sindicato Nacional da Indústria do Cimento. Disponível em: <http://ipeadata.gov.br>. Acesso em 10 set. 2021. Observação: no campo de busca do site digite "cimento" e depois clique em "indústria cimento — produção — quantidade — tonelada — mensal 1970-2020/12".

23. ABINEE. Associação Brasileira da Indústria Elétrica e Eletrônica. Disponível em: <http://ipeadata.gov.br>. Acesso em 10 set. 2021. Observação:

NOTAS

no campo de busca do site digite "abinee" e depois clique em "Vendas industriais — fogões — qde".

24. Idem. Observação: no campo de busca do site digite "abinee" e depois clique em "Vendas industriais — refrigeradores — qde".

25. Idem. Observação: no campo de busca do site digite "abinee" e depois clique em "Vendas industriais — televisores em cores — qde".

26. Idem. Observação: no campo de busca do site digite "abinee" e depois clique em "Vendas industriais — videocassetes — qde".

27. FENABRAVE. Federação Nacional da Distribuição de Veículos Automotores. Emplacamento de automóveis de passeio. Disponível em: <http://ipeadata.gov.br>. Acesso em 10 set. 2021. Observação: Ao acessar a página, clique em "Macroeconômico" >> "Temas" >> "Consumo e vendas" >> "FENABRAVE" >> Emplacamento de veículos — autoveículos — unidade — mensal — 1990-2021.06

28. GIRALDI, Renata; SALOMON, Marta. Citação à dentadura rende protestos. *Folha de S.Paulo*, 2 set. 1997. Disponível em: <https://www1.folha.uol.com.br/fsp/1997/9/02/brasil/5.html>. Acesso em 10 set. 2021.

29. CARDOSO, Mayra et al. Edentulismo no Brasil: Tendências, projeções e expectativas até 2040. *Ciência & Saúde Coletiva* [on-line], v. 21, n. 4, p. 1241, 2016. Disponível em: <https://doi.org/10.1590/1413 81232015214.13672015>. Acesso em 10 set. 2021.

30. OMS. Organização Mundial da Saúde. Disponível em: <https://capp.mau.se/country-areas/brazil/>. Acesso em 10 set. 2021.

31. REMDE, Mônica Zanol. *A crise brasileira de 1998-1999, análise sob a ótica do modelo de Krugman*. Dissertação (mestrado em Organizações e Mercados). Universidade Federal de Pelotas, Pelotas, 2013. Disponível em: <http://guaiaca.ufpel.edu.br:8080/handle/prefix/4917>. Acesso em 15 set. 2021.

32. BANCO CENTRAL DO BRASIL. Histórico da Taxa de Juros. Disponível em: <https://www.bcb.gov.br/controleinflacao/historicotaxasjuros>. Acesso em 24 ago. 2021.

33. BALSSIANO, Marcel. 25 anos do Plano Real. *Blog do IBRE*, 23 jul. 2019. Disponível em: <https://blogdoibre.fgv.br/posts/25-anos-do-plano-real>. Acesso em 15 set. 2021.

34. IBGE. Contas Nacionais Trimestrais. Despesas de consumo das famílias. Taxa acumulada no ano (em relação ao mesmo período do ano ante-

rior). Disponível em: <https://sidra.ibge.gov.br/tabela/5932#/n1/all/v/
6563/p/199604,199704,199801,199802,199803,199804/c11255/93404/d/
v6563%201/l/v,p+c11255,t/resultado>. Acesso em 15 set. 2021.

35. Em 1997, foram emplacados, em média, 130 mil veículos por mês; em 1998, este número caiu para 102 mil, uma média mensal menor que a de 1995.

36. IBGE. Pesquisa Mensal de Emprego (série encerrada em dezembro de 2002). Taxa de Desemprego Aberto — 30 dias. Disponível em: <https://sidra.ibge.gov.br/tabela/14#/n110/all/v/all/p/all/d/v9%203/l/v,p,t/resultado>. Acesso em 15 set. 21.

37. IBGE. Calculadora do IPCA. Disponível em: <https://www.ibge.gov.br/explica/inflacao.php>. Acesso em 9 set. 2021.

38. O preço da sopa aumentou 10% no final destes onze meses.

39. Segundo uma publicação da consultoria McKinsey, havia, no máximo, 23% de bancarizados no Brasil. LEWIS, Bill et al. Productivity: The key to an Accelerated Development Path for Brazil. *McKinsey Global Institute*, 1998. Disponível em: <https://www.mckinsey.com/featured-insights/americas/productivity-is-the-key-to-development-path-for-brazil>. Acesso em 3 out. 2021.

40. KUMAR, Anjali (coord.). *Brasil: Acesso a serviços financeiros*. Ipea e Banco Mundial. Rio de Janeiro: 2004, p. 77. Observação: Esta pesquisa foi feita em 1996 e 1997: MENDONÇA, R. (coord.). Access to Financial Services in Brazil: An Empirical Evaluation Based on the Pesquisa sobre Padrões de Vida (PPV 1996/97). Rio de Janeiro. In: SANTOS, D. Nota Técnica, Banco Mundial, jun. 2002.

41. Idem, p. 98.

42. O economista Fernando de Holanda Barbosa descreveu na época, de forma bastante analítica, o imenso fosso que separava pobres e não pobres no contexto de inflação elevada: "As pessoas com rendas mais elevadas podem fugir da moeda e guardar seus ativos financeiros sob a forma de *overnight*, depósitos remunerados, fundos de aplicações financeiras, moeda estrangeira (dólar) etc. Os pobres, quando muito, podem fugir da moeda aumentando seus estoques de feijão, arroz e outros bens não perecíveis, uma vez que não têm acesso a instrumen-

tos financeiros para se protegerem da desvalorização da moeda em virtude de os custos das transações não permitirem aplicações abaixo de certos valores mínimos (estabelecidos pelas instituições financeiras) (...) Como as pessoas de renda mais elevada têm acesso a mecanismos que lhes concedem maior proteção contra a desvalorização da moeda, o imposto inflacionário acaba por ter uma incidência maior nas camadas mais pobres da população, que pagam muito mais que a sua capacidade fiscal, fazendo com que o imposto inflacionário seja totalmente injusto do ponto de vista social." Disponível em: VIEIRA, J. Ribas et al. (orgs.). *Na corda bamba*: doze estudos sobre a cultura da inflação. Rio de Janeiro: Relume Dumará, 1993. p. 39.

43. VEIGA, Luciana Fernandes. *Em busca de razões para o voto*: o uso que o homem comum faz do horário eleitoral. Tese (doutorado em Ciência Política). Instituto Universitário de Pesquisas do Rio de Janeiro. Rio de Janeiro: 2001. p. 100. Disponível em: <http://opiniaopublica.ufmg.br/site/files/biblioteca/Luciana-Veiga-EM-BUSCA-DE-RAZOES-PARA-O-VOTO-O-USO-QUE-O-HOMEM-COMUM-FAZ-DO-HORARIO-ELEITORAL.pdf>. Acesso em 6 nov. 2021.

44. Idem, p. 104.

45. CARREIRÃO, Yan de Souza. *A decisão do voto nas eleições presidenciais no Brasil (1989 a 1998)*: a importância do voto por avaliação de desempenho. Tese (doutorado em Ciência Política). Universidade Federal de Santa Catarina, 2000. p. 187.

46. VENTURI, Gustavo. Imagem pública, propaganda eleitoral e reeleição na disputa presidencial de 1998. *Comunicação e Política*, v.5, n.3, 1998.

47. CARREIRÃO, Yan de Souza. *A decisão do voto nas eleições presidenciais no Brasil (1989 a 1998)*: a importância do voto por avaliação de desempenho. Tese (doutorado em Ciência Política). Universidade Federal de Santa Catarina, 2000. p. 146.

48. Idem, p. 197.

49. Idem, p. 235. Observação: Pesquisa do Datafolha.

50. Idem, p. 143. Observação: Pesquisa da Fundação Perseu Abramo.

51. Idem, p. 148.

2002: A LUVA DO DESEMPREGO

1. *Folha de S.Paulo*, 20 mar. 1998, p A4.

2. *O Globo*, 31 ago. 2001, p. 8. Observação: O aumento do gasto social estava de acordo com a percepção de Fernando Henrique de que o candidato governista deveria estar vinculado à área social do governo.

3. *Folha de S.Paulo*, 30 nov. 2001, p. A7.

4. *Folha de S.Paulo*, 1º dez. 2001, p. A4.

5. A quebra de patentes dos remédios da aids foi tão exitosa e teve um impacto tão forte na opinião pública nacional e internacional que se tornou tema da cúpula ministerial da Organização Mundial do Comércio (OMC) em novembro de 2001. *Folha de S.Paulo*, 18 nov. 2001, p. B2. Jornais muito antigos podem ser encontrados no acervo da *Folha de S.Paulo* em <https://acervo.folha.com.br/index.do>.

6. *Jornal do Brasil*, 9 jul. 2000, p. 2. Observação: Pesquisa contratada pela Confederação Nacional de Transporte (CNT).

7. *O Globo*, 6 nov. 2001, p. 8.

8. *Folha de S.Paulo*, 11 mar. 2001, p. A4.

9. Para se obter mais detalhes sobre o conteúdo destas aparições de Serra, ver *O Globo*, 14 dez. 2001, p. 4.

10. Coincidentemente, no final de 2001, Serra foi capa da revista *Época*, em 26 de novembro, sob o título "Ele vem aí", e emplacou a primeira página da edição de domingo da *Folha de S.Paulo*, em 25 de novembro.

11. *O Globo*, 6 nov. 2001, p. 8.

12. *Folha de S.Paulo*, 11 mar. 2001, p. A4.

13. *Agência Estado*, 6 dez. 2001.

14. *Correio Braziliense*, 20 jul. 2002.

15. ALMEIDA, Alberto. *Por que Lula?* Rio de Janeiro: Record, 2006. cap. 4.

16. IBGE. Pesquisa Mensal de Emprego (série encerrada em dezembro de 2002). Taxa de Desemprego Aberto — 30 dias. Disponível em: <https://sidra.ibge.gov.br/tabela/14#/n110/all/v/all/p/all/d/v9%203/l/v,p,t/resultado>. Acesso em 24 ago. 2021.

17. BACCIOTTI, Rafael; MARÇAL, Emerson Fernandes. Taxa de Desemprego no Brasil em quatro décadas: retropolação da PNAD contínua de 1976 a 2016. *Working paper 522*, Cemap n. 15 e Ceqef n. 54, fev. 2020.

Disponível em <https://bibliotecadigital.fgv.br/dspace/bitstream/handle/10438/28791/TD%20522%20-%20CEMAP%2015%20CEQEF%2054.pdf?sequence=3&isAllowed=y>. Acesso em 23 nov. 2021.

18. PED/SEADE — Boletim de Abril de 2002. Taxa de desemprego atinge 20,4% da PEA. Disponível em: <https://www.seade.gov.br/produtos/midia/boletim-ped/rmsp/rmsp_abr2002.pdf>. Acesso em 24 ago. 2021.

19. ALCKMIN atribui desemprego recorde ao governo de FHC. *Folha de S.Paulo*, 29 mai. 2005. Disponível em: <https://www1.folha.uol.com.br/folha/brasil/ult96u33062.shtml>. Acesso em 27 ago. 2021.

20. HORÁRIO eleitoral: Presidente Brasil (20/08/2002) TV. Disponível em: <https://www.youtube.com/watch?v=HU45_nQD-H8&t=483s>. Acesso em 24 ago. 2021. Observação: a campanha de Serra começa a partir dos dez minutos e 37 segundos do vídeo.

21. SEIDL, Antonio Carlos. Maxidesvalorização do real surpreende consultores. *Folha de S.Paulo*, 31 jan. 1999. Disponível em: <https://www1.folha.uol.com.br/fsp/dinheiro/fi31019915.htm>. Acesso em 24 ago. 2021.

22. IBGE. Índice Nacional de Preços ao Consumidor Amplo (IPCA). Disponível em: <https://sidra.ibge.gov.br/tabela/1737#/n1/all/v/69/p/199812,199912/d/v69%202/l/v,p,t/resultado>. Acesso em 24 ago. 2021.

23. IBGE. Índice Nacional de Preços ao Consumidor Amplo (IPCA). Disponível em: <https://sidra.ibge.gov.br/tabela/636#/n1/all/v/all/p/199901,199902,199903/c72/1327,1491,1789,1827,1843,2640/d/v69%202/l/v,p+c72,t/resultado>. Acesso em 27 ago. 2021.

24. BANCO CENTRAL DO BRASIL. Histórico da Taxa de Juros. Disponível em: <https://www.bcb.gov.br/controleinflacao/historicotaxasjuros>. Acesso em 24 ago. 2021.

25. IBGE. Contas Nacionais Trimestrais. Despesas de consumo das famílias. Taxa acumulada no ano (em relação ao mesmo período anterior). Disponível em: <https://sidra.ibge.gov.br/tabela/5932#/n1/all/v/6563/p/199901,199902,199903,199904,200001,200002, 200003,200101,200102,200103,200104,200201,200202,200203,200204,/c11255,t/resultado>. Acesso em 27 ago. 2021

26. BALSSIANO, Marcel. 25 anos do Plano Real. *Blog do IBRE*, 23 jul. 2019. Disponível em: <https://blogdoibre.fgv.br/posts/25-anos-do-plano-real>. Acesso em 15 set. 2021.

27. IBGE. Pesquisa Mensal de Emprego (série encerrada em dezembro de 2002). Taxa de Desemprego Aberto — 30 dias. Disponível em: <https://sidra.ibge.gov.br/tabela/14#/n110/all/v/all/p/all/d/v9%203/l/v,p,t/resultado>. Acesso em 24 ago. 2021.

28. IBGE. Índice Nacional de Preços ao Consumidor Amplo (IPCA). Disponível em: <https://sidra.ibge.gov.br/tabela/1737#/n1/all/v/69/p/199912,200012,200112,200212/d/v69%202/l/v,p,t/resultado>. Acesso em 24 ago. 2021.

29. IBGE. Contas Nacionais Trimestrais. Despesas de consumo das famílias. Taxa acumulada no ano (em relação ao mesmo período do ano anterior). Disponível em: <https://sidra.ibge.gov.br/tabela/5932#/n1/all/v/6563/p/all/c11255/93404/d/v6563%201/l/v,p+c11255,t/resultado>. Acesso em 1º set. 2021.

30. IBGE. Contas Nacionais Trimestrais. Indústria e exportação de bens e serviços. Taxa acumulada no ano (em relação ao mesmo período do ano anterior). Disponível em: <https://sidra.ibge.gov.br/tabela/5932#/n1/all/v/6563/p/all/c11255/90691,93407/d/v6563%201/l/v,p+c11255,t/resultado>. Acesso em 27 ago. 2021.

31. ARAÚJO, João Lizardo de. A questão do investimento no Setor Elétrico Brasileiro: reforma e crise. *Nova Economia*, [S. l.], v. 11, n. 1, 2009. p. 79, 82 e 83. Disponível em: <https://revistas.face.ufmg.br/index.php/novaeconomia/article/view/382>. Acesso em 29 mai. 2021.

32. BARROS, Guilherme; MEDINA, Humberto. Águas de março definem se falta luz este ano. *Folha de S.Paulo*, 3 mar. 2001. Disponível em: <https://www1.folha.uol.com.br/fsp/dinheiro/fi0303200116.htm>. Acesso em 29 ago. 2021.

33. MEDINA, Humberto. Nível de reservatórios fica abaixo do previsto. *Folha de S.Paulo*, 2 mai. 2001. Disponível em: <https://www1.folha.uol.com.br/folha/dinheiro/ult91u20636.shtml>. Acesso em 29 ago. 2021.

34. CARVALHO, Mario Cesar. Satélite revela avanço da escuridão em SP. *Folha de S.Paulo*, 5 ago. 2001. p. 43. Disponível em: <https://acervo.folha.com.br/leitor.do?numero=15063&anchor=101808&origem=busca&originURL=&pd=0f64773a2e7ac90d9603af3096acc3d0>. Acesso em 30 mai. 2021. Observação: Os 20 milhões de pessoas de referem à população da região em 2001.

NOTAS

35. OLIVEIRA, Isaac de. O que foi o apagão de 2001? A conta de luz subiu? *UOL*, 10 jun. 2021. Disponível em: <https://economia.uol.com.br/faq/o-que-foi-o-apagao-de-2001-risco-racionamento-energia-eletrica.htm>. Acesso em 29 mai. 2021.

36. CUCOLO, Eduardo. Indústrias de alimentos, têxtil e calçados terão cota de energia de 15%. *Folha de S.Paulo*, 25 mai. 2001. Disponível em: <https://www1.folha.uol.com.br/folha/dinheiro/ult91u22640.shtml>. Acesso em 29 mai. 2021.

37. Idem. Comércio e serviços não pagarão sobretaxa de energia. *Folha de S.Paulo*, 25 mai. 2001. Disponível em: <https://www1.folha.uol.com.br/folha/dinheiro/ult91u22634.shtml>. Acesso em 29 mai. 2021.

38. KIT Apagão. *Jornal Hoje*, 15 mai. 2001. Disponível em: <https://g1.globo.com/jornalhoje/0,,MUL1132187-16022,00-KIT+APAGAO.html>. Acesso em 30 mai. 2021.

39. PARENTE assume "ministério do apagão". *Folha de S.Paulo*, 11 mai. 2001. Disponível em: <https://www1.folha.uol.com.br/folha/dinheiro/ult91u21398.shtml>. Acesso em 29 mai. 2021.

40. NOVELA "Porto dos Milagres" terá apagão. *Folha de S.Paulo*, 21 mai. 2001. Disponível em: <https://www1.folha.uol.com.br/folha/dinheiro/ult91u22231.shtml>. Acesso em 30 mai. 2021.

41. Antônio Carlos Magalhães deixava a presidência do Senado Federal após dois mandatos consecutivos. Tido como o principal aliado do governo Fernando Henrique, foi alvo de acusações de violação e fraude do painel eletrônico do Senado. Ver em Memória Globo, "Crise do Painel do Senado". Disponível em: <https://memoriaglobo.globo.com/jornalismo/coberturas/crise-do-painel-do-senado/>. Acesso em 21 mai. 2021. O escândalo ganhou força até que em maio ele foi forçado a renunciar. Em seu discurso final, desferiu diversas críticas ao Presidente da República que até então apoiava.

42. LEIA a íntegra do discurso de renúncia de ACM. *Folha de S.Paulo*, 30 mai. 2001. Disponível em: <https://www1.folha.uol.com.br/folha/brasil/ult96u20577.shtml>. Acesso em 1º set. 2021.

43. IBGE. Índice Nacional de Preços ao Consumidor Amplo (IPCA). Disponível em: <https://sidra.ibge.gov.br/tabela/1737#/n1/all/v/69/p/199912,200012,200112,200212/d/v69%202/l/v,p,t/resultado>. Acesso em 24 ago. 2021.

44. ARAUJO, Flávio. Câmbio: uma história do dólar e do real desde a adoção da taxa flutuante. *ADVFN News*, 14 out. 2020. Disponível em: <https://br.advfn.com/jornal/2020/10/cambio-uma-historia-do-dolar--e-do-real-desde-a-adocao-da-taxa-flutuante>. Acesso em 30 ago. 2021.

45. IBGE. Índice Nacional de Preços ao Consumidor Amplo (IPCA). Disponível em: <https://sidra.ibge.gov.br/tabela/657#/n1/all/v/all /p/200101,200102,200103,200104,200105,200106,200107,200108,200109, 200110,200111,200112/c315/7169,7171,7187,7191,7375,7385,7451,7482,7485, 7511,7627/d/v69%202/1/v,p+c315,t/resultado>. Acesso em 30 ago. 2021.

46. Idem. Contas Nacionais Trimestrais. Indústria e construção. Taxa trimestre contra trimestre imediatamente anterior. Disponível em: <https://sidra.ibge.gov.br/tabela/5932#/n1/all/v/6564 /p/200001,200002,200003,200004,200101,200102,200104,200201,200 202/c11255/90691,90694/d/v6564%201/l/v,p+c11255,t/resultado>. Acesso em 30 ago. 2021.

47. ALMEIDA, Alberto. *Por que Lula?* Rio de Janeiro: Record, 2006. p. 199.

48. Idem, p. 198.

49. YAHII. Dólar comercial oficial, índice diário. Disponível em: <http:// www.yahii.com.br/dolardiario02.html>. Acesso em 3 set. 2021.

50. Os vários aumentos de combustíveis do primeiro semestre tiveram impacto na inflação e fizeram com que o mercado modificasse suas projeções para a inflação anual. Em julho de 2002, já se considerava que o governo iria ultrapassar o limite superior da meta de inflação, que era de 5,5%. *Folha de S.Paulo*, 3 jul. 2002, p. B5.

51. *Folha de S.Paulo* 12 set. 2002, p. A4.

52. Idem, 11 set. 2002, p. B2.

53. IBGE. Índice Nacional de Preços ao Consumidor Amplo (IPCA). Disponível em: <https://sidra.ibge.gov.br/tabela/657#/n1/all/v/all /p/200201,200202,200203,200204,200205,200206,200207,200208,200209 200210,200211,200212/c315/7169,7171,7482,7485,7657,7659/d/v69%20 2/l/v,p+c315,t/resultado>. Acesso em 31 ago. 2021.

54. Idem. Disponível em: <https://sidra.ibge.gov.br/tabela/1737#/n1/ all/v/69/p/199512,199612,199712,199812,199912,200012,200112,20021 2/d/v69%202/l/v,p,t/resultado>. Acesso em 31 ago. 2021.

NOTAS

55. Idem. Calculadora do IPCA. Disponível em: <https://www.ibge.gov.br/explica/inflacao.php>. Acesso em 24 jul. 2021.

56. Idem. Contas Nacionais Trimestrais. Despesas de consumo das famílias. Taxa acumulada no ano (em relação ao mesmo período do ano anterior). Disponível em: <https://sidra.ibge.gov.br/tabela/5932#/n1/all/v/6563/p//p199901,199902,199903,199904,200001,200002,200003,200004,200101,200102,200103,200104,200201,200202,200203,200204/c11255/93404/d/v6563%201/l/v,p+c11255,t/resultado>. Acesso em 27 ago. 2021.

57. O ESEB de 2002 foi coordenado por um dos autores deste livro. Tratou-se de uma pesquisa acadêmica financiada pela Coordenação de Aperfeiçoamento de Pessoal de Nível Superior (CAPES) sob a doação número 09-550/01. A pesquisa foi realizada com a população adulta brasileira acima de 16 anos de idade por meio de uma amostra probabilística sem substituição. Foram entrevistadas 2.514 pessoas. O trabalho de campo teve início em 31 de outubro de 2002 e terminou em 28 de dezembro do mesmo ano. As entrevistas foram face a face e domiciliares. As informações técnicas sobre o ESEB, incluindo a íntegra do questionário e sua base de dados, estão depositadas no Centro de Estudos de Opinião Pública (CESOP) da Unicamp. Quando realizado, em 2002, tratava-se de um estudo inédito no Brasil feito dentro dos padrões internacionais de qualidade para pesquisas acadêmicas daquela natureza. Estudos semelhantes são feitos em vários países do mundo, sendo o mais conhecido o norte-americano National Election Studies (www.umich.edu/~nes/). Resultados de pesquisas deste tipo levadas a cabo em outros países são encontrados em: <www.umich.edu/~cses/>. Acesso em 6 nov. 2021.

58. Debate entre os presidenciáveis, realizado no dia 3 de setembro de 2002.

59. *O Globo*, 3 set. 2002, p. 3.

60. Idem, p. 4.

61. Idem, 11 set. 2002, p. 8.

62. *Folha de S.Paulo*, 16 jun. 2002, p. A10.

63. Idem, 12 jul. 2002, p. A6.

2006: A LUVA DO ACESSO

1. Economia / Poder de Compra / Consumo — Horário Eleitoral Presidente 2006. *Canal Arquivo Eleitoral*. Disponível em: <https://www.youtube.com/watch?v=9Kq4oMGaxqE>. Acesso em 12 dez. 2020.

2. Propaganda eleitoral de Lula — 15 ago. 2006. *Canal Ifcronos*. Disponível em: <https://www.youtube.com/watch?v=jgIzwkgMKjA>. Acesso em 13 dez. 2020.

3. AGÊNCIA BRASIL. Boletim Focus reafirma inflação de 3,11% em 2006. *A Tarde*, 8 jan. 2007. Disponível em: <https://atarde.uol.com.br/economia/noticias/1308325-boletim-focus-reafirma-inflacao-de-3,11-em-2006>. Acesso em 12 dez. 2020.

4. PATU, Gustavo. Lula é presidente mais ortodoxo em 20 anos. *Folha de S.Paulo*, 9 jul. 2006. Disponível em: <https://www1.folha.uol.com.br/fsp/brasil/fc0907200615.htm>. Acesso em 12 dez. 2020.

5. CAMPELLO, Daniela; ZUCCO, Cesar. *The Volatility Curse*: Exogenous Shocks and Representation in Resource-Rich Democracies. Cambridge: Cambridge University Press, 2020.

6. SILVA, Vevila Junqueira da. *O escândalo do Mensalão em revistas semanais: uma análise de enquadramento*. Dissertação (mestrado em Comunicação). Universidade Estadual Paulista, Faculdade de Arquitetura, Artes e Comunicação, 2008. p. 87. Disponível em: <http://hdl.handle.net/11449/89482>. Acesso em 8 nov. 2021. Observação: A declaração de Fernando Henrique foi publicada pela revista *Época* em 13 de junho de 2005.

7. HUNTER, Wendy. *The Transformation of the Worker's Party in Brazil, 1989-2009*. Cambridge: Cambridge University Press, 2010. p. 152.

8. Idem, p. 152. Observação: As despesas com assistência social cresceram por causa do aumento do Programa Bolsa Família.

9. Reforma da Previdência é a primeira grande vitória de Lula. *Terra*, 11 dez. 2003. Disponível em: <https://www.terra.com.br/economia/reforma-da-previdencia-e-a-primeira-grande-vitoria-de-lula,caf9bb6b-4572d3bc5d8bb41926e163fflr91owco.html>. Acesso em 1º fev. 2021.

10. Departamento Intersindical de Estatística e Estudos Socioeconômicos (DIEESE). Nota Técnica, nº 153, dezembro de 2015. p. 4. Disponível em: <https://www.dieese.org.br/notatecnica/2015/notaTec153Salario-Minimo2016.pdf>. Acesso em 28 jun. 2021.

NOTAS

11. "O Benefício de Prestação Continuada (BPC) da Lei Orgânica da Assistência Social (LOAS) é a garantia de um salário mínimo mensal à pessoa com deficiência que comprove não possuir meios de prover a própria manutenção nem de tê-la provida por sua família." Disponível em: <https://www.gov.br/inss/pt-br/saiba-mais/beneficios-assistenciais/beneficio-assistencial-a-pessoa-com-deficiencia-bpc>. Acesso em 1º fev. 2021.

12. KAMEL, Ali. *Dicionário Lula*: um presidente exposto por suas próprias palavras. Rio de Janeiro: Nova Fronteira, 2009. p. 179.

13. BANCO DO NORDESTE. Nordeste: Estratégias de desenvolvimento regional. *Anais do Fórum BNB de Desenvolvimento*. Fortaleza, 2006. p. 24 e 25. Disponível em: <https://www.bnb.gov.br/documents/160445/740794/anais-forum-2006.pdf/42d271cc-bef7-4a4d-8ba5-bfb1a788ae03>. Acesso em 4 fev. 2021.

14. BANCO DO NORDESTE. Quadro macroeconômico Brasil e Nordeste 2000 A 2010. Fortaleza, 2012. p. 12 e 14. Disponível em: <https://www.bnb.gov.br/documents/88765/89729/indicadores_macroeconomicos_brasil_nordeste_fev12.pdf/d6a134e4-99c0-472f-a244-d771397550c5>. Acesso em 4 fev. 2021.

15. Idem, p. 31.

16. Idem, p. 33.

17. Idem, p. 35.

18. IBGE. Pesquisa Nacional por Amostra de Domicílio. Domicílios particulares permanentes, por posse de geladeira. Disponível em: <https://seriesestatisticas.ibge.gov.br/series.aspx?vcodigo=PD279>. Acesso em 5 abr. 2021. Observação: Ao pesquisar, marque "Dados Relativos" na página e escolha as referidas abrangências geográficas; marque também a opção "geladeira-tinham".

19. GONZALEZ, Lauro; DEAK, Mariel; PRADO, Maurício de Almeida. *O Brasil mudou mais do que você pensa: um novo olhar sobre as transformações nas classes CDE*. Rio de Janeiro: FGV Editora (versão Kindle), 2018. p. 110.

20. YACCOUB, Hilaine. A chamada "nova classe média": Cultura material, inclusão e distinção social. *Horizontes Antropológicos*, Porto Alegre, ano 17, n. 36, p. 197-231, jul./dez. 2011. Disponível em: <https://www.scielo.br/j/ha/a/L8Xf89fNGTvgHkLr9X6vfSw/?lang=pt&format=pdf>. Acesso em 1º jul. 2021.

21. GONZALEZ, Lauro; DEAK, Mariel; PRADO, Maurício de Almeida. *O Brasil mudou mais do que você pensa*: um novo olhar sobre as transformações nas classes CDE. Rio de Janeiro: FGV Editora (versão Kindle), 2018. p. 130.

22. IBGE. Pesquisa Nacional por Amostra de Domicílio. Domicílios particulares permanentes, por posse de máquina de lavar roupa. Disponível em: <https://seriesestatisticas.ibge.gov.br/series.aspx?vcodigo=PD280>. Acesso em 30 jun. 2021. Observação: Ao pesquisar, marque "Dados Relativos" na página e escolha as referidas abrangências geográficas; marque também a opção "máquina de lavar-tinham".

23. KAMEL, Ali. *Dicionário Lula*: um presidente exposto por suas próprias palavras. Rio de Janeiro: Nova Fronteira, 2009. p. 196.

24. BANCO CENTRAL DO BRASIL. Tabelas de estatísticas monetárias e de crédito. 2003, Folha 10. Disponível em: <https://www.bcb.gov.br/content/estatisticas/hist_estatisticasmonetariascredito/200311_Tabelas_de_estatisticas_monetarias_e_de_credito.xls>. Acesso em 28 jun. 2021.

25. BANCO CENTRAL DO BRASIL. Tabelas de estatísticas monetárias e de crédito. 2006, Folha 11. Disponível em: <https://www.bcb.gov.br/content/estatisticas/hist_estatisticasmonetariascredito/200612_Tabelas_de_estatisticas_monetarias_e_de_credito.xls>. Acesso em 28 jun. 2021.

26. CASAS Bahia fatura R$ 6 bi em 2003, alta de 43%. *Folha de S.Paulo*, 19 mar. 2004. Disponível em: <https://www1.folha.uol.com.br/fsp/dinheiro/fi1903200425.htm>; Faturamento da Casas Bahia sobe 27,7% e atinge R$ 11,5 bilhões em 2005. *O Globo*, 23 jan. 2006. Disponível em: <https://oglobo.globo.com/economia/faturamento-da-casas-bahia-sobe-277-atinge-115-bilhoes-em-2005-4602409>. Acesso em 6 fev. 2021.

27. BRADESCO e Casas Bahia anunciam parceria estratégica. *Agência Estado*, 25 nov. 2004. Disponível em: <https://economia.estadao.com.br/noticias/geral,bradesco-e-casas-bahia-anunciam-parceria-estrategica,20041125p23886>. Acesso em 6 fev. 2021.

28. 24ª reunião ordinária do Pleno Conselho de Desenvolvimento Econômico e Social — CDES. Brasília/DF, 27 nov. 2007. Ver KAMEL, Ali. *Dicionário Lula*: um presidente exposto por suas próprias palavras. Rio de Janeiro: Nova Fronteira, 2009. p. 195.

NOTAS

29. Telecomunicações referente telefonia sobre acessos móveis em serviço. Disponível em: <ipeadata.gov.br>. Acesso em 25 ago. 2021. Observação: Ao acessar a página, vá em "Macroeconômico" >> "Fontes" >> "Anatel" >> "Telecomunicações" — "telefonia" — "acessos móveis em serviço".

30. MOREIRA, Eduardo. Cinco celulares que marcaram o ano 2006. *TargetHD*, 13 jun. 2016. Disponível em: <https://www.targethd.net/cinco-celulares-que-marcaram-o-ano-2006/>. Acesso em 25 ago. 2021.

31. GONZALEZ, Lauro; DEAK, Mariel; PRADO, Maurício de Almeida. *O Brasil mudou mais do que você pensa*: um novo olhar sobre as transformações nas classes CDE. Rio de Janeiro: FGV Editora (versão Kindle), 2018. p. 201.

32. BRASIL. Biblioteca da Presidência da República. *Pronunciamento à nação do Presidente da República, Luiz Inácio Lula da Silva, após a cerimônia de posse. Parlatório do Palácio do Planalto, 1º de janeiro de 2003.* Disponível em: <http://www.biblioteca.presidencia.gov.br/presidencia/ex-presidentes/luiz-inacio-lula-da-silva/discursos/1o-mandato/2003/01-01-pronun-do-presidente-da-republica-luiz-inacio-lula-da-silva-na-sessao-solene-de-posse-no-cn.pdf/view>. Acesso em 11 fev. 2021.

33. A linha de pobreza aqui considerada é o dobro da linha de extrema pobreza, uma estimativa do valor de uma cesta de alimentos com o mínimo de calorias necessárias para suprir adequadamente uma pessoa, com base em recomendações da FAO e da OMS. Série calculada a partir das respostas à Pesquisa Nacional por Amostra de Domicílios (PNAD/IBGE). Disponível em: <ipeadata.gov.br>. Acesso em 2 jul. 2021. Observação: Clicar na aba "Social>>Temas>>Renda>> Número de indivíduos pobres - Linha de Pobreza Baseada em Necessidades Calóricas>>Unidades: Pessoas".

34. KAMEL, Ali. *Dicionário Lula*: um presidente exposto por suas próprias palavras. Rio de Janeiro: Nova Fronteira, 2009. p. 144.

35. BRASIL. Presidência da República. Secretaria de Estado de Comunicação de Governo. *Real: oito anos construindo o futuro*. Brasília: 2002. p. 40. Disponível em: <http://www.biblioteca.presidencia.gov.br/publicacoes-oficiais/catalogo/fhc/real-oito-anos.pdf>. Acesso em 2 jul. 2021.

36. BRASIL. Ministério da Cidadania. Número de beneficiários do Programa Bolsa Família. Disponível em: <https://aplicacoes.mds.gov.br/sagi/

vis/data3/v.php?q[]=r6JtY42rfbBtxKW25rV%2FfmdhhJFkl21kmK19Z-m11ZXGmaX7KmZO20qfOnJm%2B6IianbSon7Stv8OcaM2SZJp1b-tHtwpl3g6iv5rWTr6TwBM2cy7BTv%2BC7maKxmKM82r%2B3m-KB3xaKKjaXM4r%2BVqalVfOilwK9Xc7jO9hepnL73vW8%3D&dt1=2004-01-01&dt2=2006-12-01>. Acesso em 12 ago. 2021.

37. Idem. Número de beneficiários do Programa Bolsa Família no Nordeste. Disponível em: <https://aplicacoes.mds.gov.br/sagi/vis/data3/v.php?q[]=r6Jty42rfbBtxKW25V%2FfmdhhJFkl21kmK19Zm11ZXGmaX7KmZO20 qfOnJm%2B6IianbSon7Stv8OcaM2SZJp1btHtwpl3g6iv5rWTr6TwBM2cy7BTv%2BC7maKxmKM82r%2B3mKB3xaKKjaXM4r%2BVqalVfOilwK9Xc7jO9hepnL73vW8%3D&dt1=2004-01-01&dt2=2006-12-01&ag=r&sag=2&codigo=99>. Acesso em 12 ago. 2021.

38. Idem. Valor total pago às famílias por meio do Programa Bolsa Família. Fonte: <https://aplicacoes.mds.gov.br/sagi/vis/data3/v.php?q[]q=r6JtY42rfrBtxKW25rV%2FfmdhhJFk121kmK19Zm11ZXGmaX7KmZO215%2BlsaXS4Iiorr2ade9qhIBuaMvTqM94btDwurCSqaGp61nBvauOw4Gjy6SifT7tp1yulqc85rm3mKB30aLcXaDC5LxUoLdViuuotMCYmriBddmppr6bk5WpC%2BKm4prJvnI%3Ddt1=2004-01-01&dt2=2006-12-01&ag=p>. Acesso em 17 ago. 2021.

39. Idem. Valor total pago às famílias por meio do Programa Bolsa Família no Nordeste. Disponível em: <https://aplicacoes.mds.gov.br/sagi/vis/data3/v.php?q[ ]=r6JtY42rfrBtxKW25rV%2FfmdhhJFkl21kmK19Zm11ZXGmaX7KmZO215%2BlsaXS4Iiorr2ade9qhIBuaMvTqM94btDwurCSqaGp61nBvauOw4Gjy6SifT7tp1yulqc85rm3mKB30aLcXaDC5LxUoLdViuuotMCYmriBddmppr6bk5WpC%2BKm4prJvnI%3D&dt1=2004-01-01&dt2=2006-12-01&ag=r&sag=2&codigo=99>. Acesso em 17 ago. 2021.

40. Os pobres nunca estiveram tão bem. Entrevista com Ricardo Paes de Barros. *Época*, 27 fev. 2006. Disponível em: <http://revistaepoca.globo.com/Revista/Epoca/0,,EMI53256-15223,00.html>. Acesso em 10 fev. 2021.

41. WEBER, Demétrio. FH deu bolsa a 5 milhões e Lula a 7 milhões. *O Globo*, 11 fev. 2010. Disponível em: <https://oglobo.globo.com/politica/fh-deu-bolsa-5-milhoes-lula-7-milhoes-3054879>. Acesso em 6 fev. 2021.

42. CONSTANTINO, Luciana. Governo analisa elevar valor do Bolsa Família. *Folha de S.Paulo*, 12 mar. 2006. Disponível em: <https://www1.

folha.uol.com.br/fsp/brasil/fc1203200608.htm>. Acesso em 6 fev. 2021. Observação: corrigindo os 25 reais de março de 2002 apenas pela inflação, o benefício seria de apenas 35 reais em março de 2006. Este cálculo foi realizado utilizando a "Calculadora do IPCA". Ver em <https://www.ibge.gov.br/explica/inflacao.php>. Acesso em 17 ago. 2021.

43. A linha de pobreza aqui considerada é o dobro da linha de extrema pobreza, uma estimativa do valor de uma cesta de alimentos com o mínimo de calorias necessárias para suprir adequadamente uma pessoa, com base em recomendações da FAO e da OMS. Série calculada a partir das respostas à Pesquisa Nacional por Amostra de Domicílios (PNAD/IBGE). Disponível em: <ipeadata.gov.br>. Acesso em 2 jul. 2021. Observação: Clicar na aba "Social>>Temas>>Renda>> Número de indivíduos pobres - Linha de Pobreza Baseada em Necessidades Calóricas>>Unidades: Pessoas".

44. GONZALEZ, Lauro; DEAK, Mariel; PRADO, Maurício de Almeida. *O Brasil mudou mais do que você pensa:* um novo olhar sobre as transformações nas classes CDE. Rio de Janeiro: FGV Editora (versão Kindle), 2018. p. 15.

45. Idem, p. 14.

46. BRASIL. Ministério da Educação. Fundo Nacional de Desenvolvimento da Educação. Dados Físicos e Financeiros do Programa Nacional de Alimentação Escolar. Disponível em: <https://www.fnde.gov.br/index. php/programas/pnae/pnae-consultas/pnae-dados-fisicos-e-financeiros do-pnae>. Acesso em 18 ago. 2021.

47. GOMES, Valter; MACHADO-TAYLOR, Maria de Lourdes; SARAIVA, Ernani. Viana. O ensino superior no Brasil: breve histórico e caracterização. *Ciência & Trópico*, v. 42, n. 1, p. 139, 27 fev. 2018. Disponível em <https://fundaj.emnuvens.com.br/CIC/article/view/1647/1395>. Acesso em 12 fev. 2021.

48. CARVALHO, Cristina Helena Almeida de. Política para a educação superior no governo Lula: expansão e financiamento. *Revista do Instituto de Estudos Brasileiros*, São Paulo, n. 58, p. 209-244, jun. 2014. Disponível em: <http://dx.doi.org/10.11606/issn.2316-901X.v0i58p209-244>. Acesso em 12 fev. 2021. Observação: a informação consta na nota de rodapé número 29, na página 229.

49. BRASIL. Ministério da Educação. Secretaria de Educação Superior. *A democratização e expansão da educação superior no país 2003-2014*. Brasília, 2014. p. 57. Disponível em: <http://portal.mec.gov.br/index.php?option=com_docman&view=download&alias=16762-balanco-social sesu-2003-2014&category_slug=dezembro-2014-pdf&Itemid=30192>. Acesso em 18 ago. 2021.

50. CARVALHO, Cristina Helena Almeida de. Política para a educação superior no governo Lula: expansão e financiamento. *Revista do Instituto de Estudos Brasileiros*, São Paulo, n. 58, p. 139, jun. 2014. Disponível em: <http://dx.doi.org/10.11606/issn.2316-901X.v0i58p209-244>. Acesso em 12 fev. 2021. Observação: A taxa bruta "é a razão entre o número total de alunos matriculados em determinado nível de ensino (independentemente da idade) e a população que se encontra na faixa etária prevista para cursar esse nível".

51. IBGE. Contas Nacionais Trimestrais. Despesas de consumo das famílias. Taxa acumulada ao longo do ano (em relação ao mesmo período do ano anterior). Disponível em: <https://sidra.ibge.gov.br/tabela/5932#/n1/all/v/6563/p/200501,200502,200503,200504,200601,200602,200603,200604/c11255/93404/d/v6563%201/l/v,p+c11255,t/resultado>. Acesso em 9 nov. 2021.

52. IBGE. Índice Nacional de Preços ao Consumidor Amplo (IPCA). Disponível em: <https://sidra.ibge.gov.br/tabela/1737#/n1/all/v/69/p/200212,200312,200412,200512,200612/d/v69%202/l/v,p,t/resultado>. Acesso em 25 ago. 2021.

53. OLIVEIRA, Maria Angélica. Em 2005, vídeo mostrou diretor dos Correios recebendo R$ 3 mil. *G1*, 25 ago. 2007. Disponível em: <https://g1.globo.com/Noticias/Politica/0,,MUL93512-5601,00-CASO+QUE+-GEROU+ MENSALAO+SEGUE+SEM+SOLUCAO.html>. Acesso em 19 ago. 2021.

54. Entrevista de Roberto Jefferson à *Folha* revelou o esquema do Mensalão. *Folha de S.Paulo*, 12 fev. 2020. Disponível em: <https://www1.folha.uol.com.br/folha-100-anos/2020/02/entrevista-de-roberto-jefferson-a-folha--revelou-o-esquema-do-mensalao.shtml>. Acesso em 19 ago. 2021.

55. SILVA, Vevila Junqueira da. *O escândalo do mensalão em revistas semanais: uma análise de enquadramento*. Dissertação (mestrado em Comunicação). Universidade Estadual Paulista, Faculdade de Arquitetura, Artes e

NOTAS

Comunicação. Bauru: 2008. p. 65, 66 e 124. Disponível em: <https://repositorio.unesp.br/bitstream/handle/11449/89482/silva_vj_me_bauru.pdf?sequence=1>. Acesso em 19 ago. 2021.

56. BATISTA, Liz. Cronologia do Mensalão. *Estadão*, 18 set. 2013. Disponível em: <https://acervo.estadao.com.br/noticias/acervo, cronologia--do-mensalao,9271,0.htm>. Acesso em 19 ago. 2021.

57. MESQUITA, Nuno Coimbra. *Mídia e democracia no Brasil: Jornal Nacional, crise política e confiança nas instituições.* Tese (doutorado em Ciência Política). Faculdade de Filosofia, Letras e Ciências Humanas, Universidade de São Paulo. São Paulo: 2008. p. 101. Disponível em: <https://www.teses.usp.br/teses/disponiveis/8/8131/tde-15092008-101013/pt-br.php>. Acesso em 19 ago. 2021.

58. O assessor se chamava José Adalberto Vieira da Silva.

59. BATISTA, Liz. Cronologia do Mensalão. *Estadão*, 18 set. 2013. Disponível em: <https://acervo.estadao.com.br/noticias/acervo, cronologia do-mensalao,9271,0.htm>. Acesso em 19 ago. 2021.

60. MIGUEL, Luis Felipe; COUTINHO, Aline de Almeida. *A crise e suas fronteiras: oito meses de mensalão nos editoriais dos jornais.* Opinião Pública, Campinas, v. 13, n. 1, p. 111 e 112, jun./2007. Disponível em: <https://www.scielo.br/j/op/a/YzvvJQqyFQNLb55DYPLgsML/?lang=pt&format=pdf>. Acesso em 19 ago. 2021.

61. BATISTA, Liz. Cronologia do Mensalão. *Estadão*, 18 set. 2013. Disponível em: <https://acervo.estadao.com.br/noticias/acervo, cronologia--do-mensalao,9271,0.htm>. Acesso em 19 ago. 2021.

62. BRASIL. Biblioteca da Presidência da República. *Discurso do Presidente da República, Luiz Inácio Lula da Silva, na abertura da reunião ministerial. Granja do Torto, 12 de agosto de 2005.* Disponível em: <http://www.biblioteca.presidencia.gov.br/presidencia/ex-presidentes/luiz-inacio-lula-da-silva/discursos/1o-mandato/2005/12-08-2005-discurso-do-presidente-da-republica-luiz-inacio-lula-da-silva-na-abertura-da-reuniao-ministerial?TSPD_101_R0=3115abef8976df8e6f86e3a4118845f8yy00000000000000000a2310cb1ff-ff0000000000000000000000000000611eceef00cf39475b08282a9212ab200042ec6b179d11dc61e1099055d16c3f83cad1ae732fc2de5a3ce3cbde996c300a08e9627be70a2800874ddbecc71b17d3670570a9f7c

A MÃO E A LUVA: O QUE ELEGE UM PRESIDENTE

d164789371bd5d2c155621030df834d735814b0e6a43f8a5f9f85>. Acesso em 19 ago. 2021.

63. Em julho de 2005, Lula disse: "Vamos investigar, apurar e somente os culpados terão que pagar. E o nome dos inocentes que foram mancha-dos pela imprensa do Brasil inteiro, alguém vai ter de pedir desculpa, porque neste país se aprendeu apenas a crucificar e não a pedir perdão quando se comete erros." Ver em: SCOLESE, Eduardo. Alguém terá de se desculpar com inocentes, afirma Lula. *Folha de S.Paulo*, 28 jul. 2005. Disponível em: <https://www1.folha.uol.com.br/fsp/brasil/fc2807200502.htm>. Acesso em 19 jul. 2021.

64. Em agosto de 2005, Lula disse: "Nós achamos que a CPI é um instru-mento importante e vamos fazer com que a CPI tenha todas as facilida-des para funcionar. Tem muito deputado e senador sério querendo fazer apuração. Tem outros que gostam de fazer encenação, mas também estão no seu papel, não vamos achar ruim." Ver em: GUIBU, Fábio; FLOR, Ana. "Vão ter que me engolir", diz Lula, em tom exaltado. *Folha de S.Paulo*, 4 ago. 2005. Disponível em: <https://www1.folha.uol.com. br/fsp/brasil/fc0408200502.htm>. Acesso em 19 jul. 2021.

65. Em novembro de 2005, Lula disse: "O que o PT fez do ponto de vista eleitoral é o que é feito no Brasil sistematicamente. Eu acho que as pessoas não pensaram direito no que estavam fazendo, porque o PT tem na ética uma das suas marcas mais extraordinárias. E não é por causa do erro de um dirigente ou de outro que você pode dizer que o PT está envolvido em corrupção." Ver em: Lula diz que caixa dois é "intolerável" e critica Delúbio. *Folha de S.Paulo*, 7 nov. 2005. Dispo-nível em: <https://www1.folha.uol.com.br/folha/brasil/ult96u73757. shtml>. Acesso em 19 jul. 2021.

66. BRASIL. Biblioteca da Presidência da República. *Entrevista exclusiva concedida pelo presidente da República Luiz Inácio Lula da Silva ao programa Roda Viva da TV Cultura de São Paulo, em 7 de novembro de 2005.* Dis-ponível em: <http://www.biblioteca.presidencia.gov.br/presidencia/ex-presidentes/luiz-inacio-lula-da-silva/entrevistas/1o-mandato/2005/07-11-2005-entrevista-exclusiva-concedida-pelo-presidente-da-republi-ca-luiz-inacio-lula-da-silva-ao-programa-roda-viva-da-tv-cultura-sp/view>. Acesso em 20 jul. 2021.

67. Em julho de 2005, Lula disse: "Vamos investigar, apurar e somente os culpados terão que pagar. E o nome dos inocentes que foram mancha-

dos pela imprensa do Brasil inteiro, alguém vai ter de pedir desculpa, porque neste país se aprendeu apenas a crucificar e não a pedir perdão quando se comete erros." Ver em: SCOLESE, Eduardo. "Alguém terá de se desculpar com inocentes", afirma Lula. *Folha de S.Paulo*, 28 jul. 2005. Disponível em: <https://www1.folha.uol.com.br/fsp/brasil/fc2807200502.htm>. Acesso em 19 jul. 2021.

68. Os dados desta pesquisa podem ser encontrados em <https://albertocarlosalmeida.com.br/dados-de-outras-empresas/>. Alberto Carlos Almeida foi um dos coordenadores da Pulso Brasil entre 2005 e 2008. As pesquisas eram mensais, ocorriam na última semana de cada mês, com método de entrevista domiciliar e face a face e amostra por cotas de 1.000 entrevistas.

69. Os dados desta pesquisa podem ser encontrados em <https://albertocarlosalmeida.com.br/dados-de-outras-empresas/>.

70. Tratava-se de uma pergunta aberta que permitia aos entrevistados mencionar mais de um motivo para a avaliação positiva, por isso a soma dos percentuais sempre excedia 100%. Uma equipe especializada em codificadores classificava as respostas após cada levantamento.

71. INSTITUTO DATAFOLHA. Avaliação governo Lula, 17 a 19 nov. 2010. Disponível em: <http://media.folha.uol.com.br/datafolha/2013/05/02/aval_pres_20122010.pdf>. Acesso em 28 jul. 2021.

2010: A LUVA DO CONSUMO

1. BRUM, Eliane. Uma família no governo Lula. *Época*, 29 dez 2010. Disponível em: <http://revistaepoca.globo.com/Revista/Epoca/0,,EMI198855-15223,00.html>. Acesso em 2 mar. 2021.

2. NUBLAT, Johanna; MARQUES, Lula. A classe C mora ao lado. *Folha de S.Paulo*, p. A10, 12 dez. 2010. Disponível em: <http://acervo.folha.com.br/leitor.do?numero=18505&anchor=5555770&origem=busca&originURL=&pd=230b1bab93602c62b90c30232fa4ccca>. Acesso em 25 nov. 2020.

3. BRUM, Eliane. Uma família no governo Lula. *Época*, 29 dez 2010. Disponível em: <http://revistaepoca.globo.com/Revista/Epoca/0,,EMI198855-15223,00.html>. Acesso em 2 mar. 2021.

4. IBGE. Contas Nacionais Trimestrais. Despesas de consumo das famílias.

Taxa acumulada em quatro trimestres (em relação ao mesmo período do ano anterior). Disponível em: <https://sidra.ibge.gov.br/tabela/5932#/n1/all/v/6562/p/200704,200804,200904,201004/c11255/93404/d/v6562%201/l/v,p+c11255,t/resultado>. Acesso em 11 ago. 2021.

5. BRUM, Eliane. Uma família no governo Lula. *Época*, 29 dez. 2010. Disponível em: <http://revistaepoca.globo.com/Revista/Epoca/0,,E-MI198855-15223,00.html>. Acesso em 2 mar. 2021.

6. IBGE. Pesquisa Nacional por Amostra de Domicílios. Domicílios particulares permanentes, por posse de geladeira. Disponível em: <https://seriesestatisticas.ibge.gov.br/series.aspx?vcodigo=PD279>. Acesso em 13 jul. 2021. Observação: Selecione a abrangência geográfica e a unidade territorial para fazer a pesquisa.

7. Idem. Domicílios particulares permanentes, por posse de televisão. Disponível em: <https://seriesestatisticas.ibge.gov.br/series.aspx?vcodigo=PD282&t=domicilios-particulares-permanentes-posse-televisao>. Acesso em 13 jul. 2021. Observação: Selecione a abrangência geográfica e a unidade territorial para fazer a pesquisa.

8. ANATEL. "Relatório anual 2014". Brasília: 2014. p. 85. Disponível em: <https://sistemas.anatel.gov.br/anexar-api/publico/anexos/download/8c7064749f911bd32cc7f8c3f0daadec>. Acesso em 13 jul. 2021.

9. BRUM, Eliane. Uma família no governo Lula. *Época*, 29 dez. 2010. Disponível em: <http://revistaepoca.globo.com/Revista/Epoca/0,,E-MI198855-15223,00.html>. Acesso em 2 mar. 2021.

10. MESMO sem os eleitores do Norte e do Nordeste, Dilma venceria Serra. *G1*, 1º nov. 2010. Disponível em: <http://g1.globo.com/especiais/eleicoes-2010/noticia/2010/11/mesmo-sem-os-eleitores-do-norte-e-do-nordeste-dilma-venceria-serra.html>. Acesso em 2 mar. 2021.

11. FRENCH, John D. *Lula and His Politics of Cunning:* From Metalworker to President of Brazil. Chapel Hill: University of North Carolina Press, 2020.

12. SARDINHA, Tony Berber. Lula e a metáfora da conquista. *Linguagem em (Dis)curso*, v. 8, n. 1, p. 93-120, abr. 2008. Disponível em: <https://doi.org/10.1590/S1518-76322008000100005>. Acesso em 3 mar. 2021.

13. ZIMMERMANN, Patrícia. Na Granja do Torto, Bush come churrasco e estuda mapa do Brasil. *Folha de S.Paulo*, 6 nov. 2005. Disponível em:

<https://www1.folha.uol.com.br/folha/brasil/ult96u73738.shtml>. Acesso em 3 mar. 2021.

14. KAMEL, Ali. *Dicionário Lula:* um presidente exposto por suas próprias palavras. Rio de Janeiro: Nova Fronteira, 2009. p. 173.

15. RESENDE FILHO, Moisés de Andrade; SOUZA, Karina Junqueira de; LIMA, Luís Cristóvão Ferreira. Crises de segurança do alimento e a demanda por carnes no Brasil. *Revista Economia e Sociologia Rural,* v. 54, n. 3, set. 2016. p. 467. Disponível em: <http://www.scielo.br/scielo.php?script=sci_arttext&pid=S0103-20032016000300459&lng=en&nrm=iso>. Acesso em 3 mar. 2021.

16. MARCUSSO, Eduardo Fernandes; MULLER, Carlos Vitor. *A cerveja no Brasil:* O Ministério da Agricultura informando e esclarecendo. Ministério da Agricultura, Pecuária e Abastecimento, 2018. Disponível em: <https://www.gov.br/agricultura/pt-br/assuntos/inspecao/produtos-vegetal/publicacoes/a-cerveja-no-brasil-28-08.pdf>. Acesso em 3 mar. 2021.

17. JEGUES estão sendo trocados por motos no Nordeste. *Globo Repórter,* 23 nov. 2012. Disponível em: <http://g1.globo.com/globo-reporter/noticia/2012/11/jegues-estao-sendo-trocados-por-motos-no-nordeste.html>. Acesso em 2 mar. 2021.

18. DENATRAN. Estatísticas da frota de veículos. Disponível em: <https://www.gov.br/infraestrutura/pt-br/assuntos/transito/conteudo-denatran/estatisticas-frota-de-veiculos-denatran>. Acesso em 27 jun. 2021. Observação: Selecione o ano de referência e faça o *download* com os referidos dados.

19. Idem.

20. Brazil Takes Off. *The Economist,* 12 nov. 2009. Disponível em: <https://www.economist.com/leaders/2009/11/12/brazil-takes-off>. Acesso em 25 nov. 2020.

21. KAMEL, Ali. *Dicionário Lula:* um presidente exposto por suas próprias palavras. Rio de Janeiro: Nova Fronteira, 2009. p. 254. Observação: Assinatura do convênio entre a Confederação Nacional da Indústria e o Ministério da Educação. 23 mar. 2004, Brasília/DF.

22. MORAES, Gustavo Henrique; ALBUQUERQUE, Ana Elizabeth M. (orgs.). *Cadernos de estudos e pesquisas em políticas educacionais: cenários*

do direito à educação. Brasília: Instituto Nacional de Estudos e Pesquisas Educacionais Anísio Teixeira, 2021, v. 3, n. 4. p. 208 e 210. Disponível em: <http://cadernosdeestudos.inep.gov.br/ojs3/index.php/cadernos/issue/view/491/127>. Acesso em 29 jun. 2021.

23. MERCADANTE, Aloizio. *Plano Nacional de Educação*. Brasília: Ministério da Educação, 2012. Disponível em: <http://portal.mec.gov.br/index.php?option=com_docman&view=download&alias=12039-apresentacao-ministro-senadofederal29-11-pdf&Itemid=30192>. Acesso em 5 mar. 2021.

24. CARVALHO, Cristina Helena Almeida de. Política para a educação superior no governo Lula: expansão e financiamento. São Paulo: *Revista do Instituto de Estudos Brasileiros*, n. 58, p. 223, jun. 2014. Disponível em: <http://dx.doi.org/10.11606/issn.2316-901X.v0i58p209-244>. Acesso em 12 fev. 2021.

25. INEP. Sinopse estatística ENEM 2006. Disponível em: <http://download.inep.gov.br/download/imprensa/2007/tabelas_Enem2006.xls>; Sinopse estatística ENEM 2010. Disponível em: <http://download.inep.gov.br/informacoes_estatisticas/sinopses_estatisticas/sinopses_enem/2010/Sinopse_Enem2010.zip>. Acesso em 27 jun. 2021. Observação: ao descompactar a pasta com os arquivos, clique no arquivo "SinopseEnem2010.xls".

26. BANCO CENTRAL DO BRASIL. Percentual de adultos com relacionamento bancário. Disponível em: <https://dadosabertos.bcb.gov.br/dataset/25126-percentual-de-adultos-com-relacionamento-bancario>. Acesso em 27 jun. 2021.

27. BANCO MUNDIAL. Account Ownership at a Financial Institution or with a Mobile-Money-Service Provider (% of population ages 15+) — OECD members. Disponível em: <https://data.worldbank.org/indicator/FX.OWN.TOTL.ZS?end=2011&locations=OE&start=2011>. Acesso em 27 jun. 2021.

28. BRASIL. Presidência da República. Lei 10.820, de 17 de dezembro de 2003. Disponível em: <http://www.planalto.gov.br/ccivil_03/leis/2003/l10.820.htm>. Acesso em 27 jun. 2021.

29. MORA, Mônica. *A evolução do crédito no Brasil 2003-2010*. Rio de Janeiro: Texto para discussão/ Instituto de Pesquisa Econômica Aplicada

NOTAS

2014. p. 16. Disponível em: <http://repositorio.ipea.gov.br/bitstream/11058/3537/1/td2022.pdf>. Acesso em 27 jun. 2021.

30. BANCO CENTRAL DO BRASIL. Estatísticas monetárias e de crédito. Disponível em: <https://www.bcb.gov.br/content/estatisticas/hist_estatisticasmonetariascredito/201012_Tabelas_de_estatisticas_monetarias_e_de_credito.xls>. Acesso em 27 jun. 2021. Observação: Consulte a folha 34 da planilha.

31. MORA, Mônica. *A evolução do crédito no Brasil 2003-2010*. Rio de Janeiro: Texto para discussão/ Instituto de Pesquisa Econômica Aplicada 2014. p. 18 e 19. Disponível em: <http://repositorio.ipea.gov.br/bitstream/11058/3537/1/td2022.pdf>. Acesso em 27 jun. 2021.

32. O *leasing* funciona como um aluguel com opção de compra. Banco Central do Brasil. Estatísticas monetárias e de crédito. Ver em: BANCO CENTRAL DO BRASIL. Estatísticas monetárias e de crédito. Disponível em: <https://www.bcb.gov.br/content/estatisticas/hist_estatisticasmonetariascredito/201012_Tabelas_de_estatisticas_monetarias_e_de_credito.xls>. Acesso em 27 jun. 2021. Observação: Consulte a folha 10-A da planilha.

33. MORA, Mônica. *A evolução do crédito no Brasil 2003-2010*. Rio de Janeiro: Texto para discussão/ Instituto de Pesquisa Econômica Aplicada 2014. p. 26. Disponível em: <http://repositorio.ipea.gov.br/bitstream/11058/3537/1/td2022.pdf>. Acesso em 27 jun. 2021.

34. IBGE. Despesas com bens e serviços realizadas pelas famílias. Variação percentual do acumulado do ano em relação ao mesmo período do ano anterior. Disponível em: <https://sidra.ibge.gov.br/tabela/5932#/n1/all/v/6562/p/200604,200704,200804,200904,201004/c11255/93404/d/v6562%201/l/v,p+c11255,t/resultado>. Acesso em 6 jul. 2021.

35. Idem. Produto Interno Bruto. Variação em volume por ano. Disponível em: <https://sidra.ibge.gov.br/tabela/6784#/n1/all/v/9810/p/2006,2007,2009,2010/d/v9810%201/l/v,p,t/resultado>. Acesso em 8 jul. 2021.

36. Os EUA entraram no século XXI com a economia muito aquecida e juros baixos. A alta liquidez, disponibilidade de dinheiro na economia estimulou todos os tipos de investidores a buscarem ativos de maior risco. Nesse sentido o investimento em imóveis se tornou uma boa

opção. Para dar conta da enorme procura, as instituições financeiras passaram a oferecer financiamentos imobiliários de alto risco que eram revendidos ao mercado como opções seguras e rentáveis de investimento. Formou-se uma bolha especulativa que ia sendo pressionada na medida em que milhares de pessoas não podiam mais arcar com os compromissos assumidos. Em 15 de setembro de 2008 o banco de investimentos Lehman Brothers, um dos mais antigos bancos de investimento do mundo, abriu falência marcando o ápice de crise que deixou um passivo de trilhões de dólares.

37. GALHARDO, Ricardo. Lula: crise é tsunami nos EUA e, se chegar ao Brasil, será "marolinha". *O Globo*, 4 out. 2008. Disponível em: <https://oglobo.globo.com/economia/lula-crise-tsunami-nos-eua-se-chegar-ao-brasil-sera-marolinha-3827410>. Acesso em 12 ago. 2021.

38. Ministério da Cidadania. Famílias beneficiárias do Programa Bolsa Família. Disponível em: <https://aplicacoes.mds.gov.br/sagi/vis/data3/v.php?q[]=r6JtY42rfbBtxKW25rV%2FfmdhhJFkl21kmK19Zm11ZXGmaX7KmZO20qfOnJm%2B6IianbSon7Stv8OcaM2SZJp1btHtwpl-3g6iv5rWTr6TwBM2cy7BTv%2BC7maKxmKM82r%2B3mKB3xaKKjaXM4r%2BVqalVfOilwK9Xc7jO9hepnL73vW8%3D>. Acesso em 12 ago. 2021.

39. Idem, Valor total pago às famílias por meio do Programa Bolsa Família. Disponível em: <https://aplicacoes.mds.gov.br/sagi/vis/data3/v.php?q[]=r6JtY42rfrBtxKW25rV%2FfmdhhJFkl21kmK19Zm11ZXGmaX7KmZO215%2BlsaXS4Iiorr2ade9qhIBuaMvTqM94btDwurCSqa-Gp61nBvauOw4Gjy6SifT7tp1yulqc85rm3mKB30aLcXaDC5LxUoLd-ViuuotMCYmriBddmppr6bk5WpC%2BKm4prJvnI%3D>. Acesso em 12 ago. 2021.

40. Todos os dados de opinião pública deste capítulo foram obtidos por meio de pesquisas nacionais coordenadas por Alberto Carlos Almeida e realizadas por sua empresa, a Brasilis. Eles podem ser encontrados em: <https://albertocarlosalmeida.com.br/pesquisas-de-2010/>. As pesquisas eram mensais, ocorriam na última semana de cada mês e foram realizadas de janeiro de 2009 até outubro de 2010. As pesquisas foram face a face, domiciliares, com amostra por cotas de 1.000 entrevistas.

NOTAS

41. A pergunta teve a seguinte elaboração: Você sabe dizer quem criou ou fez os seguintes programas ou ações? Como opções de resposta foram dados os nomes de Fernando Henrique, Lula, Itamar Franco e Serra. Os programas testados foram o Plano Real, Avança Brasil, remédios genéricos, consolidação da democracia, Bolsa Família, Bolsa Escola, aumento das exportações, aumento do consumo e ampliação da telefonia. Apenas no caso do Bolsa Família e do Bolsa Escola a porcentagem daqueles que não souberam responder a esta pergunta ficou abaixo de 20%. Por exemplo, 49% não souberam responder quem foi o responsável pela ampliação da telefonia e 43% não atribuíram a ninguém o aumento do consumo.

42. A formulação da pergunta foi a seguinte: Vou ler uma lista de coisas e gostaria que você dissesse para cada uma delas o que melhorou e o que piorou nos últimos quatro anos. Foi aceita também a resposta espontânea "nem melhorou nem piorou". Os itens apresentados foram: comprar coisas como TV, geladeira, DVD; apoio aos mais pobres; os mais pobres podendo entrar na faculdade; conseguir crédito pessoal; abrir conta no banco; telefone celular; custo da cesta básica; inflação; salário; conseguir emprego; telefone fixo; juros; impostos cobrados pelo governo; saúde; segurança pública. Na época, o DVD era um bem de consumo desejado.

43. ALMEIDA, Alberto Carlos. *O voto do brasileiro*. Rio de Janeiro: Record, 2018.

44. Idem.

45. Outros 2% não tinham opinião ou não responderam à pergunta. Por causa do arredondamento, é comum que nem todos os totais sejam 100%, mas, eventualmente, 99% ou 101%.

46. Serra já tinha disputado a eleição de 2002.

2014: A LUVA RASGADA PELA INFLAÇÃO

1. Na época, o MDB se chamava PMDB. A mudança de volta para o nome original ocorreu no final de 2017. O partido será referido no texto simplesmente como MDB.

2. NERI, Marcelo Cortes (coord.). *O lado brilhante dos pobres*. Rio de Janeiro: FGV/CPS, 2010. p. 12. Disponível em: <https://www.cps.fgv.br/cps/ncm/>. Acesso em 5 set. 2021.

3. FGV. Centro de Contas Nacionais. Diversas publicações, período 1947 a 1989; IBGE. Diretoria de Pesquisas. Coordenação de Contas Nacionais. Produto Interno Bruto (PIB) — Variação em volume. Disponível em: <https://www.google.com/url?sa=t&rct=j&q=&esrc=s&source=web&cd=&cad=rja&uact=8&ved=2ahUKEwiv0_S1nqzyAhVkrZUCHfACDTwQFnoECAMQAQ&url=https%3A%2F%2Fagenciadenoticias.ibge.gov.br%2Fmedia%2Fcom_mediaibge%2Farquivos%2F7531a821326941965f1483c85caca11f.xls&usg=AOvVaw3e440-Ytc5hKtc2b9IABbK>. Acesso em 12 ago. 2021.

4. BANCO CENTRAL DO BRASIL. Série Histórica da Taxa de Juros. Disponível em: <https://www.bcb.gov.br/controleinflacao/historicotaxasjuros>. Acesso em 5 jul. 2021.

5. NAIME, Laura. Controle da inflação é fundamental para o país, diz Meirelles. G1, 9 abr. 2010. Disponível em: <http://g1.globo.com/Noticias/Economia_Negocios/0,,MUL1563520-9356,00-CONTROLE+DA+INFLACAO+E+FUNDAMENTAL+PARA+O+PAIS+DIZ+MEIRELLES.html>. Acesso em 27 nov. 2020.

6. IBGE. Índice de Preços ao Consumidor Ampliado (IPCA). Disponível em: <https://sidra.ibge.gov.br/tabela/1737#/n1/all/v/69/p/200612,200712,200812,200912,201012/d/v69%202/l/v,p,t/resultado>. Acesso em 5 jul. 2021.

7. Idem. Índice de Preços ao Consumidor Ampliado (IPCA). Disponível em: <https://sidra.ibge.gov.br/tabela/1737#/n1/all/v/69/p/200212,200312,200412,200512,200612,200712,200812,200912,201012/d/v69%202/l/v,p,t/resultado>. Acesso em 5 jul. 2021.

8. KAMEL, Ali. *Dicionário Lula:* um presidente exposto por suas próprias palavras. Rio de Janeiro: Nova Fronteira, 2009. p. 376.

9. FELLET, João. BC surpreende e reduz Selic, mas Brasil ainda tem juros mais altos do mundo. *BBC Brasil*, 31 ago. 2011. Disponível em: <https://www.bbc.com/portuguese/noticias/2011/09/110831_selic_analise_jf>. Acesso em 27 nov. 2020.

NOTAS

10. IBGE – Contas Nacionais Trimestrais. Despesa de consumo das famílias. Taxa acumulada ao longo do ano (em relação ao mesmo período do ano anterior) (%). Fonte: <https://sidra.ibge.gov.br/tabela/5932#/n1/all/v/6563 /p/201003,201004,201101,201102,201103,201104,201201,201202,201203, 201204,201301,201302,201303,201304,201401,201402,201403,201404/ c11255/93404/d/v6563%201/l/v,p+c11255,t/resultado>. Acesso em 13 jul. 2021.

11. Idem.

12. Idem. Disponível em: <https://sidra.ibge.gov.br/tabela/5932#/n1/all/ v/6563/p/200801,200802,200803,200804,200901,200902,200903,200904/ c11255/93404/d/v6563%201/l/v,p+c11255,t/resultado>. Acesso em 13 jul. 2021.

13. Idem. Índice Nacional de Preços ao Consumidor Amplo (IPCA). Disponível em: <https://sidra.ibge.gov.br/tabela/1737#/n1/all/v/2265/ p/201301/d/v2265%202/l/v,p,t/resultado>. Acesso em 5 jul. 2021.

14. BANCO CENTRAL DO BRASIL. Série Histórica da Taxa de Juros. Disponível em: <https://www.bcb.gov.br/controleinflacao/historico-taxasjuros>. Acesso em 5 jul. 2021.

15. SPINELLI, Evandro; SOARES, Pedro. Dilma pede, e SP e Rio congelam a tarifa de ônibus para conter inflação. *Folha de S.Paulo,* 15 jan. 2013. Disponível em: <http://www1.folha.uol.com.br/mercado/2013/01/ 1214940-dilma-pede-e-sp-e-rio-congelam-a-tarifa-de-onibus-para-conter-inflacao.shtml>. Acesso em 27 nov. 2020.

16. Alta no preço de alimentos chega a 34% nos últimos 12 meses. *Estado de Minas,* 26 mar. 2013. Disponível em: <https://www.em.com.br/app/ noticia/economia/2013/03/26/internas_economia,362797/alta-no-preco-de-alimentos-chega-a-34-nos-ultimos-12-meses.shtml>. Acesso em 24 mar. 2021.

17. Idem. Fala do economista Heron do Carmo.

18. IBGE. Índice Nacional de Preços ao Consumidor Amplo (IPCA). Disponível em: <https://sidra.ibge.gov.br/tabela/1419#/n1/all/ v/2265/p/201303/c315/7173,7175,7176,7195,7212,7215,12222/d/ v2265%202/l/v,p+c315,t/resultado>. Acesso em 13 ago. 2021.

19. DILMA diz ser contra combate à inflação que sacrifique crescimento. *BBC Brasil,* 27 mar. 2013. Disponível em: <https://www.bbc.com/

portuguese/noticias/2013/03/130327_dilma_inflacao_durban_rc>. Acesso em 5 jul. 2021.

20. BANCO CENTRAL DO BRASIL. Decomposição da Inflação de 2012, p. 85. Disponível em: <https://www.bcb.gov.br/content/ri/relatorioinflacao/201303/RELINF201303-ri201303b6p.pdf>. Acesso em 5 jul. 2021.

21. CONTRI, André Luis. Uma avaliação da economia brasileira no governo Dilma. *Indicadores Econômicos FEE*, Porto Alegre, v. 41, n. 4, 2014. p. 11 e 12. Disponível em: <http://200.198.145.164/index.php/indicadores/article/download/3074/3446>. Acesso em 5 jul. 2021.

22. Instituto Brasilis. Dados de pesquisas amostrais realizados com população adulta brasileira nos anos de 2009 e 2013.

23. Valor total pago às famílias por meio do Programa Bolsa Família. Ministério da Cidadania. Disponível em: <https://aplicacoes.mds.gov.br/sagi/vis/data3/v.php?q[]=r6JtY42rfrBtxKW25rV%2FfmdhhJFkl21kmK19Zm11ZXGmaX7KmZO215%2BlsaXS4Iiorr2ade9qhIBuaMvTqM94btDwurCSqaGp61nBvauOw4Gjy6SifT7tp1yulqc85rm3mKB30aLcXaDC5LxUoLdViuuotMCYmriBddmppr6bk5WpC%2BKm4prJvnI%3D>. Acesso em 12 ago. 2021.

24. A taxa líquida "é a razão entre o número total de matrículas de alunos com idade prevista para estar cursando um determinado nível e a população total da mesma faixa etária".

25. GOMES, Valter; MACHADO-TAYLOR, Maria de Lourdes; SARAIVA, Ernani Viana. O ensino superior no Brasil: Breve histórico e caracterização. *Ciência & Trópico*, v. 42, n. 1, 27 fev. 2018, p. 139. Disponível em: <https://fundaj.emnuvens.com.br/CIC/article/view/1647/1395>. Acesso em 12 fev. 2021.

26. Ministério da Saúde. Programa Mais Médicos. Disponível em: <http://maismedicos.gov.br/linha-do-tempo>. Acesso em 29 mar. 2021.

27. MENDES, Priscilla. Dilma confirma redução na conta de luz e critica "pessimistas". *G1*, 23 jan. 2013. Disponível em: <http://g1.globo.com/economia/noticia/2013/01/dilma-confirma-reducao-na-conta-de-luz-e-critica-pessimistas.html>. Acesso em 27 nov. 2020.

28. CHAMIÇO, Eduardo Domingues. *A Nova Matriz Econômica: Uma interpretação*. Dissertação (mestrado). Uberlândia: Universidade Federal

NOTAS

de Uberlândia, Programa de Pós-Graduação em Economia, 2018. p. 44 e 45. Disponível em: <http://dx.doi.org/10.14393/ufu.di.2018.510>. Acesso 5 jul. 2021.

29. "REDUÇÃO artificial" da conta de luz desequilibrou caixa do governo, diz TCU. *Veja*, 14 out. 2015. Disponível em: <https://veja.abril.com.br/economia/reducao-artificial-da-conta-de-luz-desequilibrou-caixa-do-governo-diz-tcu/>. Acesso em 27 nov. 2020.

30. CHAMIÇO, Eduardo Domingues. *A Nova Matriz Econômica: Uma interpretação*. Dissertação (mestrado). Uberlândia: Universidade Federal de Uberlândia, Programa de Pós-Graduação em Economia, 2018. p. 44 e 45. Disponível em: <http://dx.doi.org/10.14393/ufu.di.2018.510>. Acesso em 5 jul. 2021.

31. Manchetômetro. Disponível em: <http://www.manchetometro.com.br/>. Acesso em 28 nov. 2020. Observação: Na página do Manchetômetro, selecione o tópico e o período para fazer a pesquisa.

32. IBGE. Contas Nacionais Trimestrais. Despesa de consumo das famílias. Taxa acumulada ao longo do ano (em relação ao mesmo período do ano anterior) (%). Disponível em: <https://sidra.ibge.gov.br/tabela/5932#/n1/all/v/6563/p/201401,201402,201403,201404/c11255/93404/d/v6563%201/l/v,p+c11255,t/resultado>. Acesso em 13 jul. 2021.

33. Ainda que protestos motivados pelas condições do transporte público tenham ocorrido em outras cidades brasileiras antes de São Paulo, foi a partir do que aconteceu nesta cidade que a mídia nacional passou a noticiar e, em seguida, os movimentos se alastraram pelo país. Na realidade, já havia em outras localidades uma massa crítica organizada e disposta a ir às ruas por causa da situação do transporte público: TAVARES, Francisco Mata Machado; RORIZ, João Henrique Ribeiro e OLIVEIRA, Ian Caetano de. As jornadas de maio em Goiânia: Para além de uma visão sudestecêntrica do junho brasileiro em 2013. *Opinião Pública*: Campinas, vol. 22, nº 1, abril, 2016. p. 140-166. Disponível em: <https://www.scielo.br/j/op/a/tsnXjkTmjzH9fB4RqyfbJpn/?format=pdf&lang=pt>. Acesso em 17 nov. 2021.

34. DATAFOLHA. Avaliação Dilma Rousseff e intenção de voto para presidente, 6 e 7 jun. 2013. Disponível em: <https://datafolha.folha.uol.com.br/opiniaopublica/2013/06/1292647-aprovacao-a-dilma-cai oito-pontos.shtml>. Acesso em 8 jul. 2021.

35. A Brasilis, sob a razão social Virtù Análise e Estratégia Ltda., foi a empresa que venceu a licitação para a realização das pesquisas qualitativas e o Ibope venceu as licitações para as pesquisas quantitativa presencial e telefônica. Todas as pesquisas realizadas no período podem ser encontradas em <http://antigo.secom.gov.br/atuacao/pesquisa/lista-de-pesquisas-quantitativas-e-qualitativas-de-contratos-atuais/lista-de-pesquisas-quantitativas-e-qualitativas-de-contratos-atuais>. Acesso em 29 jul. 2021.

36. O relatório desta pesquisa refere-se ao ano de 2013 e se encontra em <https://albertocarlosalmeida.com.br/dados/a-mao-e-a-luva/pesquisas-qualitativas/>. Participante da classe de consumo CD, de 30 a 39 anos de idade, município de São Paulo.

37. Participante da classe de consumo AB1, de 40 a 55 anos de idade, município do Rio de Janeiro.

38. Participante da classe de consumo CD, de 18 a 25 anos de idade, município do Rio de Janeiro.

39. Quem primeiro detectou este fenômeno foi o grande pensador conservador Alexis de Tocqueville em seu clássico livro *O Antigo Regime e a Revolução*, WMF Martins Fontes, 2016.

40. TEIXEIRA, Antônio Claudio Engelke Menezes. *Internet e democracia*: Cooperação, conflito e o novo ativismo político. Tese (doutorado). Rio de Janeiro: Pontifícia Universidade Católica do Rio de Janeiro, Departamento de Ciências Sociais, 2014. p. 203. Disponível em: <https://www.maxwell.vrac.puc-rio.br/54879/54879_5.PDF>. Acesso em 14 ago. 2021.

41. PIRES, Breno. Em uma semana, quatro protestos contra o aumento da tarifa em São Paulo. *Estadão*, 13 jun. 2013. Disponível em: <https://www.estadao.com.br/infograficos/cidades,em-uma-semana-quatro-protestos-contra-aumento-da-tarifa-em-sao-paulo,196224>. Acesso em 11 dez. 2020.

42. PACETE, Luiz Gustavo; GONÇALVES, Vanessa. Manifestação em São Paulo deixa saldo de jornalistas feridos, presos e agredidos. *Portal Imprensa*, 13 jun. 2013. Disponível em: <https://portalimprensa.com.br/noticias/brasil/59366/manifestacao+em+sao+paulo+deixa+saldo+de+jornalistas+feridos+presos+e+agredidos>. Acesso em 11 dez. 2020.

NOTAS

43. TEIXEIRA, Antônio Claudio Engelke Menezes. *Internet e democracia*: Cooperação, conflito e o novo ativismo político. Tese (doutorado). Rio de Janeiro: Pontifícia Universidade Católica do Rio de Janeiro, Departamento de Ciências Sociais, 2014. p. 203. Disponível em: <https://www maxwell.vrac.puc-rio.br/54879/54879_5.PDF>. Acesso em 14 ago. 2021.

44. SINGER, André. Brasil, junho de 2013, classes e ideologias cruzadas. Novos Estudos CEBRAP, n. 97, 2013. p. 29 e 31. Disponível em: <https://www.scielo.br/pdf/nec/n97/03.pdf>. Acesso em 11 dez. 2020.

45. DATAFOLHA. Avaliação da presidente Dilma Rouseff, 27 e 28 jun. 2013. Disponível em: <https://datafolha.folha.uol.com.br/opiniaopublica/2013/06/1303659-aprovacao-a-governo-dilma-rouseff-cai-27-pontos-em-tres-semanas.shtml>. Acesso em: 14 ago. 2021.

46. Aqueles que não responderam a tais perguntas foram respectivamente 13%, 11%, 12% e 13%.

47. Todos os dados desta seção foram obtidos por meio de pesquisas nacionais coordenadas por Alberto Carlos Almeida e realizadas por sua empresa, a Brasilis. Os dados podem ser encontrados em <https://albertocarlosalmeida.com.br/pesquisas-de-2014/>. As pesquisas eram mensais, ocorriam na última semana de cada mês e foram realizadas de setembro de 2013 até outubro de 2014. As pesquisas foram face a face, domiciliares, com amostra por cotas de 1.000 entrevistas.

48. Em outubro, a pesquisa foi realizada entre o primeiro e o segundo turno.

49. Os relatórios destas duas pesquisas são do ano de 2014 e podem ser encontrados em <https://albertocarlosalmeida.com.br/dados/a-mao-e-a-luva/pesquisas-qualitativas/>. Participante da classe de consumo CD, 18 a 25 anos de idade, município de Belo Horizonte, avaliação ótimo e bom do governo Dilma.

50. Participante da classe de consumo CD, 18 a 25 anos de idade, município de São Paulo, avaliação ruim e péssimo do governo Dilma.

51. Participante da classe de consumo AB1, 35 a 50 anos de idade, município de Porto Alegre, avaliação ótimo e bom do governo Dilma.

52. Disponível em: <https://www.tse.jus.br/imprensa/noticias-tse/2014/Agosto/horario-eleitoral-no-radio-e-tv-comeca-nesta-terca-feira-19>. Acesso em 22 nov. 2021.

2018: O SOCO-INGLÊS NO SISTEMA

1. Três deputados da bancada do PSL foram reeleitos, o campeão nacional de votos, Eduardo Bolsonaro, o Delegado Waldir, por Goiás, e Marcelo Álvaro Antônio, por Minas Gerais. Os três foram para o segundo mandato e tiveram em seus primeiros quatro anos de legislativo atuações discretas.

2. IBGE. Calculadora IPCA. Disponível em: <https://www.ibge.gov.br/explica/inflacao.php>. Acesso em 8 ago. 2021.

3. BALSSIANO, Marcel. 25 anos do Plano Real. *Blog do IBRE*, 23 jul. 2019. Disponível em: <https://blogdoibre.fgv.br/posts/25-anos-do-plano-real>. Acesso em 15 set. 2021.

4. BORGES, Bráulio. Chegou ao fim a quarta pior recessão brasileira dos últimos 150 anos. *Blog do IBRE*, 31 out. 2017. Disponível em: <https://blogdoibre.fgv.br/posts/chegou-ao-fim-quarta-pior-recessao-brasileira-dos-ultimos-150-anos>. Acesso em 8 ago. 2021.

5. IBGE. Pesquisa Nacional por Amostra de Domicílios Contínua Trimestral. Disponível em: <https://sidra.ibge.gov.br/tabela/1616#/n1/all/n2/all/v/4092/p/201501,201502,201503,201504,201601,201602,201603,201604,201701,201702,201703,201704,201801,201802,201803,201804/c1965/40310/l/v,p+c1965,t/resultado>. Acesso em 8 mai. 2021.

6. Idem. Índice Nacional de Preços ao Consumidor Amplo. Variação acumulada no ano. Disponível em: <https://sidra.ibge.gov.br/tabela/1419#/n1/all/v/69/p/201412,201512,201612,201712,201812/c315/7169,7171/d/v69%202/l/v,p+c315,t/resultado>. Acesso em 8 mai. 2021.

7. Metodologia da Cesta Básica de Alimentos. *Dieese*. Disponível em: <https://www.dieese.org.br/metodologia/metodologiaCestaBasica.pdf>. Acesso em 5 ago. 2021.

8. IBGE. Índice Nacional de Preços ao Consumidor Amplo. Variação acumulada no ano. Disponível em: <https://sidra.ibge.gov.br/tabela/1419#/n1/all/v/69/p/201412,201512,201612,201712,201812/c315/7173,7176,7191,7202,7212,7220,7260,7283,7367,7375,7385,7392,12393/d/v69%202/l/v,p+c315,t/resultado>. Acesso em 5 ago. 2021.

9. Idem. Disponível em: <https://sidra.ibge.gov.br/tabela/1419#/n1/all/v/69/p/201412,201512,201612,201712,201812/c315/7169,7482/d/v69%202/l/v,p+c315,t/resultado>. Acesso em 5 ago. 2021.

NOTAS

10. 14 milhões de famílias usam lenha ou carvão para cozinhar, aponta IBGE. *G1*, 22 mai. 2019. Disponível em: <https://g1.globo.com/economia/noticia/2019/05/22/14-milhoes-de-familias-usam-lenha-ou--carvao-para-cozinhar-aponta-ibge.ghtml>. Acesso em 5 ago. 2021.

11. DILMA diz que ajuste fiscal profundo não é necessário. *Exame*, 25 set. 2014. Disponível em: <https://exame.com/brasil/dilma-diz-que-ajuste-fiscal-profundo-nao-e-necessario/>. Acesso em 14 jul. 2021.

12. GUIA básico para entender o que o ajuste fiscal 2015 muda na sua vida. *El País*, 22 mai. 2015. Disponível em: <https://brasil.elpais.com/brasil/2015/05/22/politica/1432322890_723960.html>. Acesso em 16 jul. 2021.

13. *TV BrasilGov*. Dilma faz pronunciamento oficial e anuncia redução nas tarifas de energia elétrica. Disponível em: <https://www.youtube.com/watch?v=uDoKCwrotxE&t=243s>. Acesso em 13 jul. 2021.

14. EM 2013, Dilma anunciou luz mais barata; hoje diz que é preciso pagar mais. *UOL*, 18 nov. 2015. Disponível em: <https://economia.uol.com.br/noticias/redacao/2015/08/11/em-2013-dilma-anunciou-luz-mais-barata-hoje-diz-que-e-preciso-pagar-mais.htm>. Acesso em 19 jul. 2021.

15. IBGE. Índice Nacional de Preços ao Consumidor Amplo. Variação acumulada no ano da Energia Elétrica Residencial. Disponível em: <https://sidra.ibge.gov.br/tabela/1419#/n1/all/n7/all/v/69/p/201412,201512,201612,201712,201812/c315/7169,7485/d/v69%202/l/v,p+c315,t/resultado>. Acesso em 5 ago. 2021.

16. CONTA de luz alta leva brasileiros a retomar uso de ventiladores no verão. *Jornal Nacional*, 6 jan. 2016. Disponível em: <http://g1.globo.com/jornal-nacional/noticia/2016/01/conta-de-luz-alta-leva-brasileiros-retomar-uso-de-ventiladores-no-verao.html>. Acesso em 9 dez. 2020.

17. ANEEL. Painel de perdas não técnicas. Disponível em: <https://app.powerbi.com/view?r=eyJrIjoiNDA1Y2YwNjgtYTZmMC00MjUxLTg-zYjAtOWMxYmIwYjUxN2U4IiwidCI6IjQwZDZmOWI4LWVjYTct-NDZhMi05MmQ0LWVhNGU5YzAxNzBlMSIsImMiOjR9>. Acesso em 5 ago. 2021.

18. LIS, Laís. "Gatos" fazem Brasil perder energia suficiente para abastecer SC por um ano. *G1*, 25 ago. 2018. Disponível em: <https://g1.globo.com/

economia/noticia/2018/08/25/gatos-fazem-brasil-perder-energia-sufi-ciente-para-abastecer-sc-por-um-ano.ghtml>. Acesso em 5 ago. 2021.

19. BORGES, Bráulio. Chegou ao fim a quarta pior recessão brasileira dos últimos 150 anos. *Blog do IBRE*, 31 out. 2017. Disponível em: <https://blogdoibre.fgv.br/posts/chegou-ao-fim-quarta-pior-recessao-brasilei-ra-dos-ultimos-150-anos>. Acesso em 8 ago. 2021.

20. MENEZES, Vitor Matheus Oliveira de. *A estratificação do desemprego no Brasil metropolitano:* Qual a importância dos atributos pessoais? Belo Horizonte: ABEP, 2021. p. 33. Disponível em: <http://www.abep.org.br/publicacoes/index.php/ebook/article/viewFile/3631/3480>. Acesso em 28 jul. 2021.

21. MARTELLO, Alexandre. Dilma sanciona lei que altera regras do se-guro-desemprego com vetos. *G1*, 17 jun. 2015. Disponível em: <http://g1.globo.com/economia/noticia/2015/06/dilma-sanciona-lei-que-alte-ra-regras-do-seguro-desemprego-com-vetos.html>. Acesso em 6 ago. 2021.

22. GUIA básico para entender o que o ajuste fiscal 2015 muda na sua vida. *El País*, 22 mai. 2015. Disponível em: <https://brasil.elpais.com/brasil/2015/05/22/politica/1432322890_723960.html>. Acesso em 16 jul. 2021.

23. MARTELLO, Alexandre. Com alta da inflação, tabela do IR tem maior defasagem em 10 anos em 2015. *G1*, 11 jan. 2016. Disponível em: <http://g1.globo.com/economia/seu-dinheiro/noticia/2016/01/com-al ta-da-inflacao-tabela-do-ir-tem-maior-defasa gem-em-10-anos-em-2015.html>. Acesso em 16 jul. 2021.

24. Idem. Governo sobe IOF sobre crédito, tributos na importação e combustíveis. *G1*, 19 jan. 2015. Disponível em: <http://g1.globo.com/economia/noticia/2015/01/governo-sobe-iof-sobre-credito-tributos-na-importacao-e-combustiveis.html>. Acesso em 7 ago. 2021.

25. CRELIER, Cristiane. Número de pessoas que trabalham em veículos cresce 29,2%, maior alta da série. *Agência IBGE Notícias*, 18 dez. 2019. Disponível em: <https://agenciadenoticias.ibge.gov.br/agencia-no-ticias/2012-agencia-de-noticias/noticias/26424-numero-de-pessoas-que-trabalham-em-veiculos-cresce-29-maior-alta-da-serie>. Acesso em 29 jul. 2021.

NOTAS

26. "As recentes altas podem estar relacionadas ao crescimento dos serviços de transportes de passageiros e de entregas por aplicativos de celular, refletindo as mudanças na economia atual", comentou a pesquisadora do IBGE Adriana Beringuy. Ver em: CRELIER, Cristiane. Número de pessoas que trabalham em veículos cresce 29,2%, maior alta da série. *Agência IBGE Notícias*, 18 dez. 2019. Disponível em: <https://agenciadenoticias.ibge.gov.br/agencia-noticias/2012-agencia-de-noticias/noticias/26424-numero-de-pessoas-que-trabalham-em-veiculos-cresce-29-maior-alta-da-serie>. Acesso em 29 jul. 2021.

27. SÃO Paulo é a cidade com maior número de viagens de Uber no mundo. *Olhar Digital*, 14 ago. 2017. Disponível em: <https://olhardigital.com.br/2017/08/14/noticias/sao-paulo-e-a-cidade-com-maior-numero-de-viagens-de-uber-no-mundo/>. Acesso em 9 dez. 2020.

28. Conforme documento entregue pela empresa para a abertura de capital na bolsa de valores dos EUA. p. F-69. Disponível em: <https://www.sec.gov/Archives/edgar/data/1543151/000119312519103850/d647752ds1.htm>. Acesso em 8 dez. 2020.

29. Trabalho na própria residência aumenta 21,1% (subtítulo). Ver em: CRELIER, Cristiane. Número de pessoas que trabalham em veículos cresce 29,2%, maior alta da série. *Agência IBGE Notícias*. Disponível em: <https://agenciadenoticias.ibge.gov.br/agencia-noticias/2012-agencia-de-noticias/noticias/26424-numero-de-pessoas-que-trabalham-em-veiculos-cresce-29-maior-alta-da-serie>. Acesso em 29 jul. 2021.

30. NASSIF, Vânia Maria Jorge; GHOBRIL, Alexandre Nabil; DO AMARAL, Derly Jardim. Empreendedorismo por necessidade: O desemprego como impulsionador da criação de novos negócios no Brasil. *Pensamento & Realidade*, São Paulo, v.24, n. 1, 2009. Disponível em: <https://revistas.pucsp.br/index.php/pensamentorealidade/article/view/7075>. Acesso em 29 jul. 2021.

31. BALSSIANO, Marcel. PIB recua média anual de 1,2% por ano no período Dilma II/ Temer, queda sem precedentes em 120 anos. *Blog do IBRE*, 1º mar. 2019. Disponível em: <https://blogdoibre.fgv.br/posts/pib-recua-media-anual-de-12-por-ano-no-periodo-dilma-ii-temer-queda-sem-precedentes-em-120>. Acesso em 25 jul. 2021.

32. Idem. 25 anos do Plano Real. *Blog do IBRE*, 23 jul. 2019. Disponível em: <https://blogdoibre.fgv.br/posts/25-anos-do-plano-real>. Acesso em 25 jul. 2021

33. IBGE. Contas Nacionais Trimestrais. Despesa de consumo das famílias. Taxa acumulada em quatro trimestres. Disponível em: <https://sidra.ibge.gov.br/tabela/5932#/n1/all/v/6562 /p/201404,201501,201502,201503,201504,201601,201602,201603,201604,201 701,201702,201703,201704,201801,201802,201803,201804/c11255/93404/d/ v6562%201/l/v,p+c11255,t/resultado>. Acesso em 5 ago. 2021.

34. Idem. Comércio. Taxa acumulada em quatro trimestres (em relação ao mesmo período do ano anterior). Disponível em: <https://sidra.ibge.gov. br/tabela/5932#/n1/all/v/6562/p/201404,201504,201604,201704,201804/ c11255/90697/d/v6562%201/l/v,p+c11255,t/resultado>. Acesso em 6 ago. 2021.

35. Idem. Pesquisa Mensal de Comércio. Índice de volume de vendas no comércio varejista, por tipos de índice e atividades (2014 = 100). Variação acumulada no ano. Disponível em: <https://sidra.ibge.gov.br/tabela/3418#/n1/all/v/564/p/201512,201612,201712,201812/c11046/90669/ c85/2759/d/v564%201/l/v,p+c11046,t+c85/resultado>. Acesso em 6 ago. 2021.

36. FENABRAVE. Emplacamento de automóveis de passeio. Disponível em: <ipeadata.gov.br>. Acesso em 28 jul. 2021. Observação: Ao acessar a página, clique em "Macroeconômico" >> "Temas" >> "Consumo e vendas" >> "FENABRAVE" >> Emplacamento de veículos — autoveículos — unidade — mensal — 1990-2021.06.

37. Em março de 2011, o país tinha 23,4% de famílias com contas em atraso. Em 2014, esse número era de 20,8%. Em 2016, esse número foi para 23,5%. Em março de 2018, o país tinha 25,2% da população com contas em atraso. Um crescimento de 13% entre 2014 e 2016, e outro de 7% entre 2016 e 2018. Entre aqueles que declaravam não ter condições de pagar as dívidas em atraso, eram 5,9% em setembro de 2014, 8,6% em 2015, 9,9% em 2016, 10,9% em 2017 e 9,9% em 2018. Nos biênios 2014-2015, 2015-2016, 2016-2017 e 2017-2018, o crescimento foi, respectivamente, de: 45,7%, 15,2%, 10,1% e um recuo de 9,1%. Fonte: Confederação Nacional do Comércio de Bens, Serviços e Turismo (CNC).

NOTAS 311

Pesquisa de Endividamento e Inadimplência do Consumidor (Peic). Disponível em: <https://www.portaldocomercio.org.br/publicacoes/pesquisa-de-endividamento-e-inadimplencia-do-consumidor-peic-junho-de-2021/363192>. Acesso em 29 jul. 2021. Observação: Clique no link com a opção de download da série histórica da PEIC até junho de 2021. Acesso em 6 ago. 2021.

38. NICOLAU, Jairo. *O Brasil dobrou à direita:* Uma radiografia da eleição de Bolsonaro em 2018. São Paulo: Zahar, 2020. p. 237.

39. SILVA, Érica Anita Baptista. *Corrupção e opinião pública [manuscrito]:* O escândalo da Lava Jato no governo Dilma Rousseff. Tese (doutorado). Belo Horizonte: Universidade Federal de Minas Gerais, Faculdade de Filosofia e Ciências Humanas, 2017. p. 140. Disponível em: <http://hdl.handle.net/1843/BUOS-B6WGBG>. Acesso 6 ago. 2021.

40. EM quatro anos, Lava-Jato já alcançou 14 partidos. *O Globo*, 8 abr. 2018. Disponível em: <https://oglobo.globo.com/brasil/em-quatro-anos-lava-jato-ja-alcancou-14-partidos-22569538>. Acesso em 6 ago. 2021.

41. Idem. Ministro Edson Fachin autoriza inquéritos contra 83 políticos com foro na Corte. Disponível em: <https://oglobo.globo.com/brasil/quem-sao-os-novos-investigados-da-operacao-lava-jato-no-stf-21194175>. Acesso em 6 ago. 2021.

42. FELLET, João. Os 51 políticos investigados na Lava Jato que perderão foro privilegiado se não se reelegerem. *Folha de S.Paulo*, 22 abr. 2018. Disponível em: <https://www1.folha.uol.com.br/poder/2018/04/os-48-politicos-investigados-na-lava-jato-que-perderao-foro-privilegia-do-se-nao-se-reelegerem.shtml>. Acesso em 6 ago. 2021.

43. RODRIGUES, Matheus. TRF-2 decide pela prisão de Jorge Picciani, Paulo Melo e Albertassi. *G1*, 16 nov. 2017 Disponível em: <https://g1.globo.com/rio-de-janeiro/noticia/trf-2-decide-pela-prisao-de-jor-ge-picciani-paulo-melo-e-albertassi-alerj-tera-palavra-final.ghtml>. Acesso em 6 ago. 2021.

44. Ministério Público Federal. Linha do tempo da Lava Jato. Disponível em: <http://www.mpf.mp.br/grandes-casos/lava-jato/linha-do-tempo>. Acesso em 7 ago. 2021.

45. Idem.

46. FONTOURA, Luísa Zanini de. *A Justiça de Curitiba em números*: Uma análise quantitativa das sentenças proferidas pela Operação Lava Jato no Paraná/PR (2014-2018). Dissertação (mestrado). Porto Alegre: Universidade Federal do Rio Grande do Sul, Instituto de Filosofia e Ciências Humanas, Programa de Pós-Graduação em Políticas Públicas, 2019. p. 41. Disponível em: <https://www.lume.ufrgs.br/bitstream/handle/10183/207583/001110220.pdf?sequence=1&isAllowed=y>. Acesso em 7 ago. 2021.

47. SILVA, Érica Anita Baptista. *Corrupção e opinião pública [manuscrito]*: O escândalo da Lava Jato no governo Dilma Rousseff. Tese (doutorado). Belo Horizonte: Universidade Federal de Minas Gerais, Faculdade de Filosofia e Ciências Humanas, 2017. p. 146. Disponível em: <http://hdl.handle.net/1843/BUOS-B6WGBG>. Acesso 6 ago. 2021.

48. Idem, p. 148.

49. ALEGRETTI, Lais; PASSARINHO, Nathalia. Em votação aberta, Senado dá aval à prisão de Delcídio decretada pelo STF. *G1*, 25 nov. 2015. Disponível em: <http://g1.globo.com/politica/noticia/2015/11/em-votacao-aberta-senado-da-aval-prisao-de-delcidio-decretada-pelo-stf.html>. Acesso em 7 ago. 2021.

50. SILVA, Érica Anita Baptista. *Corrupção e opinião pública [manuscrito]*: O escândalo da Lava Jato no governo Dilma Rousseff. Tese (doutorado). Belo Horizonte: Universidade Federal de Minas Gerais, Faculdade de Filosofia e Ciências Humanas, 2017. p. 223. Disponível em: <http://hdl.handle.net/1843/BUOS-B6WGBG>. Acesso 6 ago. 2021.

51. Idem, p. 171.

52. GOBBI, Laura Arantes. *A agenda do Jornal Nacional*: Uma análise da cobertura de casos de corrupção. Dissertação (mestrado). p. 53, 56 e 57. São Carlos: Universidade Federal de São Carlos, Programa de Ciências Políticas, 2018. p. 53, 56 e 57. Disponível em: <https://repositorio.ufscar.br/bitstream/handle/ufscar/10775/GOBBI_Laura_2018.pdf?sequence=6&isAllowed=y>. Acesso em 12 dez. 2020.

53. SILVA, Érica Anita Baptista. *Corrupção e opinião pública [manuscrito]*: O escândalo da Lava Jato no governo Dilma Rousseff. Tese (doutorado). Belo Horizonte: Universidade Federal de Minas Gerais, Faculdade de Filosofia e Ciências Humanas, 2017. p. 172. Disponível em: <http://hdl.handle.net/1843/BUOS-B6WGBG>. Acesso 6 ago. 2021.

NOTAS 313

54. MORO divulga grampo de Lula e Dilma; Planalto fala em Constituição violada. *G1*, 16 mar. 2016. Disponível em: <http://g1.globo.com/politica/noticia/2016/03/moro-divulga-grampo-de-lula-e-dilma-planalto-fala-em-constituicao-violada.html>. Acesso em 19 jul. 2021.

55. BENITES, Afonso. Lava Jato faz denúncia ousada e acusa Lula de ser chefe da "propinocracia". *El País*, 14 set. 2016. Disponível em: <https://brasil.elpais.com/brasil/2016/09/14/politica/1473885781_336741.html>. Acesso em 12 dez. 2020.

56. DIONÍSIO, Bibiana; KANIAK, Thais; VIANNA, José; MAZZA, Malu; COSME, Marcelo. Eduardo Cunha é preso em Brasília por decisão de Sérgio Moro. *G1*, 19 out. 2016. Disponível em: <http://g1.globo.com/pr/parana/noticia/2016/10/juiz-federal-sergio-moro-determina-prisao-de-eduardo-cunha.html>. Acesso em 7 ago. 2021.

57. DUARTE, Hélter; SOARES, Paulo Renato. Ex-governador Sérgio Cabral é preso no Rio de Janeiro. *Jornal Hoje*, 16 nov. 2016. Disponível em: <http://g1.globo.com/jornal-hoje/noticia/2016/11/ex-governador-sergio-cabral-e-preso-no-rio-de-janeiro.html>. Acesso em 7 ago. 2021.

58. JARDIM, Lauro. Dono da JBS grava Temer dando aval para compra de silêncio de Cunha. *O Globo*, 17 mai. 2015. <https://oglobo.globo.com/brasil/dono-da-jbs-grava-temer-dando-aval-para-compra-de-silencio-de-cunha-21353935>. Acesso em 7 ago. 2021.

59. FILMADO recebendo mala de dinheiro, deputado Rocha Loures chega ao Brasil. *G1*, 19 mai. 2017. Disponível em: <https://g1.globo.com/sao-paulo/noticia/filmado-recebendo-mala-de-dinheiro-deputado-rodrigo-rocha-loures-chega-ao-brasil.ghtml>. Acesso em 7 ago. 2021.

60. FERNANDES, Carla Montuori; OLIVEIRA, Luiz Ademir de; CHAGAS, Genira Correia. Diálogos inconvenientes no Palácio do Jaburu: A midiatização do escândalo político no *Jornal Nacional*. *Chasqui Revista Latinoamericana de Comunicación*, n. 146, 2021. p. 283. Disponível em: <https://doi.org/10.16921/chasqui.v1i146.3980>. Acesso em 7 ago. 2021.

61. SARDINHA, Edson. Parlamentares receberam mais de R$ 107 milhões da JBS, segundo delação; veja a lista. *Congresso em Foco*, 22 mai. 2017. Disponível em: <https://congressoemfoco.uol.com.br/especial/noticias/parlamentares-receberam-mais-de-r-107-milhoes-da-jbs-veja-a-lista-dos-financiados-pela-empresa/>. Acesso em 7 ago. 2021.

62. TEMER diz que adiou votação da Previdência para não constranger. *Jornal Nacional*, 15 dez. 2017. Disponível em: <http://g1.globo.com/jornal-nacional/noticia/2017/12/temer-diz-que-adiou-votacao-da-previdencia-para-nao-constranger.html>. Acesso em 16 dez. 2020.

63. FARIA, Thiago; PERÓN, Isadora. Liberação de emendas bate recorde com Temer. *Estadão*, 7 jan. 2018. Disponível em: <https://politica.estadao.com.br/noticias/geral,liberacao-de-emendas-bate-recorde-com-temer,70002141096>. Acesso em 12 dez. 2020.

64. ÁUDIO: Aécio e Joesley Batista acertam pagamento de R$ 2 milhões. *G1*, 19 mai. 2017. Disponível em: <https://g1.globo.com/politica/noticia/audio-aecio-e-joesley-batista-acertam-pagamento-de-r-2-milhoes.ghtml>. Acesso em 7 ago. 2021.

65. CUI Bono: Entenda operação que levou ex-ministro Geddel à prisão. *Veja*, 3 jul. 2017. Disponível em: <https://veja.abril.com.br/politica/cui-bono-entenda-operacao-que-levou-ex-ministro-geddel-a-prisao/>. Acesso em 7 ago. 2021.

66. MALAS que armazenavam R$ 51 milhões em bunker atribuído a Geddel são entregues ao STF. *G1*, 26 jan. 2018. Disponível em: <https://g1.globo.com/ba/bahia/noticia/malas-que-armazenavam-r-51-milhoes-em-bunker-atribuido-a-geddel-sao-entregues-ao-stf.ghtml>. Acesso em 7 ago. 2021.

67. MENDES, Henrique. Ex-ministro Geddel Vieira Lima é preso pela PF na Bahia. *G1*, 3 jul. 2017. Disponível em: <https://veja.abril.com.br/politica/ex-ministro-geddel-vieira-lima-e-preso-pela-pf-na-bahia/>. Acesso em 7 ago. 2021.

68. STF nega habeas corpus contra prisão de Lula; veja como foi o julgamento. *Veja*, 10 dez. 2018. Disponível em: <https://veja.abril.com.br/politica/ao-vivo-stf-julga-habeas-corpus-contra-prisao-de-lula/>. Acesso em 7 ago. 2021.

69. COM prisão decretada, Eduardo Azeredo (PSDB) se entrega à polícia. *Jornal Nacional*, 23 mai. 2018. Disponível em: <http://g1.globo.com/jornal-nacional/noticia/2018/05/com-prisao-decretada-eduardo-azeredo-psdb-se-entrega-policia.html>. Acesso em 7 ago. 2021.

70. RIBEIRO, Diego; KANIAK, Thais. Ex-governador do Paraná, Beto Richa, é preso. *G1*, 11 set. 2018. Disponível em: <https://g1.globo.com/pr/

parana/noticia/2018/09/11/policiais-federais-vao-as-ruas-cumprir-mandados-da-53a-fase-da-operacao-lava-jato.ghtml>. Acesso em 7 ago. 2021.

71. RESENDE, Paula; MORAIS, Raquel; MARTINS, Vanessa. Marconi Perillo é preso pela PF na operação que apura pagamento de R$ 12 milhões em propina pela Odebrecht. *G1*, 10 out. 2018. Disponível em: <https://g1.globo.com/go/goias/noticia/2018/10/10/marconi-perillo-presta-depoimento-a-pf-em-goiania-por-operacao-que-apura-pagamento-de-r-12-milhoes-em-propina.ghtml>. Acesso em 7 ago. 2021.

72. GUIMARÃES, Arthur; LEITÃO, Leslie; SOARES, Paulo Renato; BOECKEL, Cristina. Lava Jato prende o governador Luiz Fernando Pezão. *G1*, 29 nov. 2018. Disponível em: <https://g1.globo.com/rj/rio-de-janeiro/noticia/2018/11/29/pf-esta-nas-ruas-do-rio-para-cumprir-mandados-na-lava-jato.ghtml>. Acesso em 7 ago. 2021.

73. RODRIGO Pacheco (DEM) e Carlos Viana (PHS) são eleitos senadores em Minas Gerais. *Gazeta do Povo*, 17 out. 2018. Disponível em: <https://especiais.gazetadopovo.com.br/eleicoes/2018/resultados/eleitos-senadores-mg-quem-ganhou>. Acesso em 7 ago. 2021.

74. CANZIAN, Fernando. Rejeição a Lula atinge patamar recorde de 57%, segundo Datafolha. *Folha de S.Paulo*, 19 mar. 2016. Disponível em: <https://www1.folha.uol.com.br/poder/2016/03/1751955-rejeicaoa-lula-atinge-patamar-recorde-de-57.shtml>. Acesso em 16 ago. 2021.

75. MENDONÇA, Ricardo. 47% do eleitorado não votaria em Lula em 2018, aponta Datafolha. *Folha de S.Paulo*, 28 nov. 2015. Disponível em: <https://www1.folha.uol.com.br/poder/2015/11/1712461-47-do-eleitorado-nao-votaria-em-lula-em-2018-aponta-datafolha.shtml?cmpid=bn-folha>. Acesso em 16 ago. 2021.

76. O ÍNDICE de rejeição de Lula no período está indicado na matéria com o título: Marina Silva é líder em todos os cenários de 2º turno, aponta Datafolha. *Folha de S.Paulo*, 12 dez. 2016. Disponível em: <https://www1.folha.uol.com.br/poder/2016/12/1840540-marina-silva-lidera-disputa-de-2-turno-para-2018.shtml>. Acesso em 16 ago. 2021.

77. BALTHAZAR, Ricardo. Com ausência de Lula, Bolsonaro e Marina lideram pesquisa Datafolha. *Folha de S.Paulo*, 10 jun. 2018. Disponível em: <https://www1.folha.uol.com.br/poder/2018/06/com-ausencia-de-lula-bolsonaro-e-marina-lideram-pesquisa-datafolha.shtml>. Acesso em 16 ago. 2021.

78. PSDB pede ao TSE auditoria para verificar "lisura" da eleição. *G1*, 30 out. 2014. Disponível em: <http://g1.globo.com/politica/noticia/2014/10/psdb-pede-ao-tse-auditoria-para-verificar-lisura-da-eleicao.html>. Acesso em 10 ago. 2021.

79. INSTITUTO DATAFOLHA. Pesquisa realizada entre 14 e 15 de julho de 2016. Disponível em: <https://datafolha.folha.uol.com.br/opiniaopublica/2016/07/1792812-governo-temer-e-aprovado-por-14.shtml>. Acesso em 14 ago. 2021.

80. Idem. Pesquisa realizada entre 11 e 13 de abril de 2018. Disponível em: <https://datafolha.folha.uol.com.br/opiniaopublica/2018/04/1965050-para-tentar-presidencia-alckmin-deixa-governo-de-sp-aprovado-por-36.shtml>. Acesso em 14 ago. 2021.

81. Os dados são do Datafolha e se encontram no segundo capítulo do brilhante livro de David J. Samuels e Cesar Zucco que trata exclusivamente do assunto da preferência partidária no Brasil, intitulado *Partisans, Antipartisans, and Nonpartisans*, Cambridge University Press, Cambridge, 2018.

82. A Brasilis, sob a razão social Virtù Análise e Estratégia Ltda., foi a empresa que venceu a licitação para a realização das pesquisas qualitativas e o Ibope venceu as licitações para as pesquisas quantitativa presencial e telefônica. Todas as pesquisas realizadas no período podem ser encontradas em <http://antigo.secom.gov.br/atuacao/pesquisa/lista-de-pesquisas-quantitativas-e-qualitativas-de-contratos-atuais/lista-de-pesquisas-quantitativas-e-qualitativas-de-contratos-atuais>. Acesso em 29 jul. 2021.

83. O relatório desta pesquisa refere-se ao ano de 2015 e se encontra em <https://albertocarlosalmeida.com.br/dados/a-mao-e-a-luva/pesquisas-qualitativas/>. Participante da classe de consumo CDE, de 26 a 39 anos, município de Recife.

84. Participante da classe de consumo CDE, de 26 a 39 anos, município do Rio de Janeiro.

85. Participante da classe de consumo CDE, de 18 a 25 anos, município de Salvador.

86. Participante da classe de consumo CDE, de 26 a 39 anos, município do Rio de Janeiro.

NOTAS 317

87. Participante da classe de consumo CDE, de 18 a 25 anos, município de Salvador.

88. Participante da classe de consumo CDE, de 26 a 39 anos, município do Rio de Janeiro.

89. Participante da classe de consumo CDE, de 18 a 25 anos, município de Porto Alegre.

90. Pesquisa coordenada por um dos autores deste livro e realizada por sua empresa, a Brasilis. Os resultados podem ser encontrados em <https://albertocarlosalmeida.com.br/pesquisas-de-2018/>.

91. Os resultados podem ser encontrados em <https://albertocarlosalmeida.com.br/pesquisas-de-2018/>.

92. A soma dos resultados para cada pergunta, 2%, fica abaixo de 100% porque os demais entrevistados não responderam às questões, coincidentemente 4% se abstiveram de fazê-lo nas duas perguntas sobre a inflação e 6% nas duas acerca do desemprego.

93. Pesquisa Pulso Brasil realizada mensalmente pela Ipsos com amostra de 1.200 entrevistados, proporcional às características da população adulta brasileira. Disponível em: <https://albertocarlosalmeida.com.br/dados-de-outras-empresas/>.

94. INSTITUTO DATAFOLHA. Brasil, razões de voto, 2º turno, 19 out. Disponível em: <http://media.folha.uol.com.br/datafolha/2018/10/22/86573009cfde5a6de64bd00cc1bd94a3.pdf>. Acesso em 11 ago. 2021. Observação: Esta pergunta era espontânea e aceitava múltiplas respostas, ou seja, a totalização final é maior do que 100%.

95. HAIDT, Jonathan. *The Righteous Mind:* Why good people are divided by politics and religion. Nova York: Vintage Books, 2012.

96. MERCIER, Hugo. *Not Born Yesterday.* The Science of Who We Trust and What We Believe. Princeton University Press, 2020.

97. INSTITUTO DATAFOLHA. Pesquisa realizada entre 7 e 8 de dezembro de 2016. Disponível em: <https://datafolha.folha.uol.com.br/eleicoes/2016/12/1840614-lula-amplia-vantagem-no-1-turno-mas-perderia-disputa-direta-contra-marina.shtml>. Acesso em 14 ago. 2021.

98. INSTITUTO DATAFOLHA. Pesquisa realizada entre 18 e 19 de setembro de 2018. Disponível em: <https://datafolha.folha.uol.com.br/

eleicoes/2018/09/1982224-em-alta-bolsonaro-lidera-com-28.shtml>. Acesso em 14 ago. 2021.

99. INSTITUTO DATAFOLHA. Pesquisa realizada entre 3 e 4 de outubro de 2018. Disponível em: <https://datafolha.folha.uol.com.br/eleicoes/2018/10/1982940-bolsonaro-mantem-crescimento-e-tem-39-dos-votos-validos.shtml>. Acesso em 14 ago. 2021.

2022: A LUVA DA INFLAÇÃO E DO DESEMPREGO

1. Os resultados podem ser encontrados em <https://albertocarlosalmeida.com.br/pesquisas-de-2018/>.

2. Em março de 2019 outros 11% mencionaram os fatores externos e 15% não responderam a esta pergunta. Em março de 2020, os fatores externos eram a causa da situação econômica para 14% e 18% não souberam responder.

3. Pesquisa nacional realizada pelo Ibope nos dias 13 e 14 de outubro de 2018.

4. Troca de governo traz novo ânimo na economia. *Exame*, 8 nov. 2018. Disponível em: <https://exame.com/revista-exame/novo-animo-na-economia/amp/>. Acesso em 19 out. 2021.

5. O título desta seção é uma frase dita por Bolsonaro em discurso sobre a alta da gasolina e do dólar, proferido em 27 de setembro de 2021 no Palácio do Planalto.

6. PERET, Eduardo. Desocupação cai para 12,3% no ano com recorde de pessoas na informalidade. *Agência IBGE Notícias*, 31 jan. 2019. Disponível em: <https://agenciadenoticias.ibge.gov.br/agencia-noticias/2012-agencia-de-noticias/noticias/23652-desocupacao-cai-para-12-3-no-anocom--recorde-de-pessoas-na-informalidade>. Acesso em 18 out. 2021.

7. Exceto empregados domésticos.

8. PERET, Eduardo. Desocupação cai para 12,3% no ano com recorde de pessoas na informalidade. *Agência IBGE Notícias*, 31 jan. 2019. Disponível em: <https://agenciadenoticias.ibge.gov.br/agencia-noticias/2012-agencia-de-noticias/noticias/23652-desocupacao-cai-para-12-3-no-anocom--recorde-de-pessoas-na-informalidade>. Acesso em 18 out. 2021.

NOTAS

9. CABRAL, Uberlândia. 10,3 milhões de pessoas moram em domicílios com insegurança alimentar grave. *Agência IBGE Notícias*, 19 set. 2020. Disponível em: <https://agenciadenoticias.ibge.gov.br/agencia-noticias/2012-agencia-de-noticias/noticias/28903-10-3-milhoes-de-pessoas-moram-em-domicilios-com-inseguranca-alimentar-grave>. Acesso em 18 out. 2021.

10. Ministério da Saúde. Secretaria de Vigilância em Saúde. Situação do sarampo no Brasil — 2018-2019. p. 1. Disponível em: <https://antigo.saude.gov.br/images/pdf/2019/marco/19/Informe-Sarampo-n37-19mar19aed.pdf>. Acesso em 18 out. 2021.

11. STEVANIM, Luiz Felipe. Revista *Radis* aborda queda da cobertura vacinal no Brasil. *Portal Fiocruz*, 15 jan. 2019. Disponível em: <https://portal.fiocruz.br/noticia/revista-radis-aborda-queda-da-cobertura-vacinal-no-brasil>. Acesso em 18 out. 2021.

12. CALGARO, Fernanda; MAZUI, Guilherme; MARTELLO, Alexandro. Bolsonaro vai ao Congresso e entrega proposta de reforma da Previdência. *G1*, 20 dez. 2019. Disponível em: <https://g1.globo.com/politica/noticia/2019/02/20/bolsonaro-chega-ao-congresso-para-entregar-proposta-de-reforma-da-previdencia.ghtml>. Acesso em 1º nov. 2021.

13. CAVALCANTI, Leandro. Bolsonaro: "Tem político que não quer largar a velha política". *Correio Braziliense*, 23 mar. 2019. Disponível em: <https://www.correiobraziliense.com.br/app/noticia/politica/2019/03/23/interna_politica,744890/bolsonaro-tem-politico-que-nao-quer-largar-velha-politica.shtml>. Acesso em 2 nov. 2021.

14. TUROLLO Jr, Reynaldo; COLETTA, Ricardo Della. Em Brasília, ataques ao STF e ao centrão marcam atos pró-Bolsonaro. *Folha de S.Paulo*, 25 mai. 2019. Disponível em: <https://www1.folha.uol.com.br/poder/2019/05/em-brasilia-ataques-ao-stf-e-ao-centrao-marcam-atos-pro-bolsonaro.shtml>. Acesso em 2 nov. 2021.

15. GUEDES diz que renunciará se Previdência virar "reforminha", segundo revista. *Folha de S.Paulo*, 24 mai. 2019. Disponível em: <https://www1.folha.uol.com.br/mercado/2019/05/guedes-diz-que-renunciara-se-previdencia-virar-reforminha-diz-revista.shtml>. Acesso em 2 nov. 2021.

16. AMARAL, Luciana. Golden shower, paraíba e pau de arara: as frases de Bolsonaro em 2019. *UOL*, 24 dez. 2019. Disponível em: <https://

noticias.uol.com.br/politica/ultimas-noticias/2019/12/24/de-golden-shower-a-pau-de-arara-frases-polemicas-de-bolsonaro-em-2019.htm>. Acesso em 2 nov. 2021.

17. FERNANDES, Talita; COLETTA, Ricardo Della. "Se presidente da OAB quiser saber como pai dele desapareceu na ditadura, eu conto", diz Bolsonaro. *Folha de S.Paulo*, 29 jul. 2019. Disponível em: <https://www1.folha.uol.com.br/poder/2019/07/se-presidente-da-oab-quiser--saber-como-pai-dele-desapareceu-na-ditadura-eu-conto-diz-bolsonaro.shtml>. Acesso em 1º nov. 2021.

18. EM 10 dias, declarações de Bolsonaro têm preconceito, dados falsos e sarcasmo; relembre. *Folha de S.Paulo*, 29 jul. 2019. Disponível em: <https://www1.folha.uol.com.br/poder/2019/07/em-10-dias-declara-coes-de-bolsonaro-tem-preconceito-dados-falsos-e-sarcasmo-relembre.shtml>. Acesso em 2 nov. 2021.

19. Idem.

20. MONTESANTI, Beatriz. Maia: "Bolsonaro é produto de nossos erros, e a pergunta é: onde erramos?". *UOL*, 8 ago. 2019. Disponível em: <https://noticias.uol.com.br/politica/ultimas-noticias/2019/08/08/maia-diz-que-bolsonaro-e-produto-de-nossos-erros.htm>. Acesso em 2 nov. 2021.

21. APÓS vídeo de Bolsonaro com crítica ao STF, ministro diz que "atrevimento" parece não ter "limites". *G1*, 29 out. 2019. Disponível em: <https://g1.globo.com/politica/noticia/2019/10/29/apos-bolsonaro-postar-video-com-critica-ao-stf-ministro-diz-que-atrevimento-parece--nao-ter-limites.ghtml>. Acesso em 2 nov. 2021.

22. CALCAGNO, Luiz; BITTAR, Bernardo. Bolsonaro é o presidente que menos aprovou propostas no primeiro ano. *Correio Braziliense*, 9 jan. 2020. Disponível em: <https://www.correiobraziliense.com.br/app/noticia/politica/2020/01/09/interna_politica,819223/bolsonaro-e-o-presidente-que-menos-aprovou-propostas-no-primeiro-ano.shtml>. Acesso em 2 nov. 2021.

23. MAZIEIRO, Guilherme; BRANT, Danielle. Líder do centrão, Lira diz que governo Bolsonaro tem articulação nula. *UOL*, 6 dez. 2019. Disponível em: <https://noticias.uol.com.br/politica/ultimas-noti-cias/2019/12/06/lider-do-centrao-lira-diz-que-governo-bolsonaro-tem--articulacao-nula.htm>. Acesso em 2 nov. 2021.

NOTAS   321

24. GOPINATH, Gita. The Great Lockdown: Worst Economic Downturn Since the Great Depression. International Monetary Fund: *IMFBlog*, 14 abr. 2020. Disponível em: <https://blogs.imf.org/2020/04/14/the-great-lockdown-worst-economic-downturn-since-the-great-depression/>. Acesso em 30 out. 2021.

25. CHEIBUB, Jose Antonio; HONG, Ji Yeon Jean; PRZEWORSKI, Adam. *Rights and Deaths:* Government Reactions to the Pandemic. 2020. Disponível em: <https://ssrn.com/abstract=3645410>. Acesso em 11 nov. 2021.

26. ENGLER, Sarah; BRUNNER, Palmo; LOVIAT, Romane; ABOU-CHADI, Tarik; LEEMANN, Lucas; GLASER, Andreas; KÜBLER, Daniel. Democracy in Times of the Pandemic: Explaining the Variation of COVID-19 Policies Across European Democracies. *West European Politics*, 44:5-6, 2021. p. 1077-1102. Disponível em: <https://www.tandfonline.com/doi/full/10.1080/01402382.2021.1900669>. Acesso em 11 nov. 2021.

27. FORSTER, Timon; HEINZEL, Mirko. Reacting, Fast and Slow: How World Leaders Shaped Government Responses to the COVID-19 Pandemic. *Journal of European Public Policy*, 28:8, 2021. p. 1299-1320. Disponível em: <https://www.tandfonline.com/doi/full/10.1080/135 01763.2021.1942157>. Acesso em 11 nov. 2021.

28. RELEMBRE o que Bolsonaro já disse sobre a pandemia, de gripezinha e país de maricas a frescura e mimimi. *Folha de S.Paulo*, 5 mar. 2021. Disponível em: <https://www1.folha.uol.com.br/poder/2021/03/relembre-o-que-bolsonaro-ja-disse-sobre-a-pandemia-de-gripezinha-e pais-de-maricas-a-frescura-e-mimimi.shtml>. Acesso em 19 out. 2021.

29. COM necrotério lotado, caminhões transportam caixões de Bergamo para crematórios de outras cidades. *O Globo*, 18 mar. 2020. Disponível em: <https://oglobo.globo.com/saude/coronavirus/com-necroterio-lotado-caminhoes-transportam-caixoes-de-bergamo-para-cremato-rios-de-outras-cidades-24314132>. Acesso em 19 out. 2021.

30. CUMULATIVE confirmed COVID-19 deaths. *Our World in Data*. Disponível em: <https://ourworldindata.org/explorers/coronavirus-data-explorer?zoomToSelection=true&facet=none&hideControls=true&Metric=Confirmed+deaths&Interval= Cumulative&Relative+to+Population=false&Align+outbreaks=fal-

se&country=OWID_WRL~BRA~European+Union>. Acesso em 19 out. 2021.

31. BRASIL tem 1.180 mortes por coronavírus em 24 horas, mostra consórcio de veículos de imprensa; são 55.054 no total. *G1*, 25 jun. 2020. Disponível em: <https://g1.globo.com/bemestar/coronavirus/noticia/2020/06/25/casos-e-mortes-por-coronavirus-no-brasil-25-de-junho-segundo-consorcio-de-veiculos-de-imprensa.ghtml>. Acesso em 19 out. 2021.

32. RELEMBRE o que Bolsonaro já disse sobre a pandemia, de gripezinha e país de maricas a frescura e mimimi. *Folha de S.Paulo*, 5 mar. 2021. Disponível em: <https://www1.folha.uol.com.br/poder/2021/03/relembre-o-que-bolsonaro-ja-disse-sobre-a-pandemia-de-gripezinha-e-pais-de-maricas-a-frescura-e-mimimi.shtml>. Acesso em 19 out. 2021.

33. Observatório do Legislativo Brasileiro. Balanço de 2020 na Câmara dos Deputados. Disponível em: <https://olb.org.br/balanco-de-2020-na-camara-dos-deputados/>. Acesso em 20 out. 2021.

34. CABRAL, Uberlândia. Número de desempregados chega a 14,1 milhões no trimestre até outubro. *Agência IBGE Notícias*, 29 dez. 2020. Disponível em: <https://agenciadenoticias.ibge.gov.br/agencia-noticias/2012-agencia-de-noticias/noticias/29782-numero-de-desempregados-chega-a-14-1-milhoes-no-trimestre-ate-outubro>. Acesso em 20 out. 2021.

35. IBGE. Contas Nacionais Trimestrais. Despesas de Consumo das Famílias. Taxa Trimestral em relação ao mesmo período do ano anterior. Disponível em: <https://sidra.ibge.gov.br/tabela/5932#/n1/all/v/6561/p/202001,202002,202003,202004/c11255/93404/d/v6561%201/l/v,p+-c11255,t/resultado>. Acesso em 20 out. 2021.

36. RELEMBRE o que Bolsonaro já disse sobre a pandemia, de gripezinha e país de maricas a frescura e mimimi. *Folha de S.Paulo*, 5 mar. 2021. Disponível em: <https://www1.folha.uol.com.br/poder/2021/03/relembre-o-que-bolsonaro-ja-disse-sobre-a-pandemia-de-gripezinha-e-pais-de-maricas-a-frescura-e-mimimi.shtml>. Acesso em 19 out. 2021.

37. SENADO aprova auxílio emergencial de R$ 600. *Senado Notícias*, 30 mar. 2020. Disponível em: <https://www12.senado.leg.br/noticias/materias/2020/03/30/coronavirus-senado-aprova-auxilio-emergencial-de-r-600>. Acesso em 20 out. 2021.

NOTAS

38. APROVADO pelo Congresso, auxílio emergencial deu dignidade a cidadãos durante a pandemia. *Senado Notícias*, 30 dez. 2020. Disponível em: <https://www12.senado.leg.br/noticias/materias/2020/12/30/aprovado-pelo-congresso-auxilio-emergencial-deu-dignidade-a-cidadaos-durante-a-pandemia>. Acesso em 20 out. 2021.

39. RODRIGUES, Elina. Aprovado pelo Congresso, auxílio emergencial deu dignidade a cidadãos durante a pandemia. *Senado Notícias*, 30 dez. 2020. Disponível em: <https://www12.senado.leg.br/noticias/materias/2020/12/30/aprovado-pelo-congresso-auxilio-emergencial-deudignidade-a-cidadaos-durante-a-pandemia>. Acesso em 20 out. 2021.

40. GOVERNO do Brasil. Seis milhões de mulheres chefes de família receberão Auxílio Emergencial. Disponível em: <https://www.gov.br/pt-br/noticias/assistencia-social/2020/04/seis-milhoes-de-mulheres-chefe-de-familia-receberao-auxilio-emergencial>. Acesso em 21 out. 2021.

41. Idem. Auxílio Emergencial chega a 60% da população brasileira. Disponível em: <https://www.gov.br/pt-br/noticias/financas-impostos-egestao-publica/600-dias/arquivos-de-600-dias/cidadania-auxilio-emergencial-chega-a-60-da-populacao-brasileira>. Acesso em 20 out. 2021.

42. Idem. Governo Federal divulga calendário da extensão do Auxílio Emergencial para mais 1,2 milhão de pessoas. Disponível em: <https://www.gov.br/pt-br/noticias/assistencia-social/2020/12/governo-federal-divulga-calendario-da-extensao-do-auxilio-emergencial-para-mais-1-2-milhao-de-pessoas>. Acesso em 20 out. 2021.

43. Ministério da Cidadania. Auxílio Emergencial 2020. Disponível em: <https://aplicacoes.mds.gov.br/sagi/vis/data3/index.php?g=2>. Acesso em 20 out. 2021.

44. MAIS de 76% dos recursos do Auxílio Emergencial alcançaram os estratos de renda mais baixos em maio. *Agência IBGE Notícias*. Disponível em: <https://agenciadenoticias.ibge.gov.br/agencia-noticias/2012-agencia-de-noticias/noticias/28077-mais-de-76-dos-recursos-do-auxilio-emergencial-alcancaram-os-estratos-de-renda-mais-baixos-em-maio>. Acesso em 21 out. 2021.

45. CHIARA, Márcia de. Com auxílio, consumo de alimentos por mais pobres cresceu 8% em 2020. *Estadão*, 7 mar. 2021. Disponível em: <https://economia.estadao.com.br/noticias/geral,com-auxilio-consumo-de-alimentos-por-mais-pobres-cresce-8-em-2020,70003638721>. Acesso em 21 out. 2021.

46. Pesquisa exclusiva da consultoria Kantar encomendada pelo jornal *O Estado de S. Paulo*. Ver: CHIARA, Márcia de. Com auxílio, consumo de alimentos por mais pobres cresceu 8% em 2020. *Estadão*, 7 mar. 2021. Disponível em: <https://economia.estadao.com.br/noticias/geral,com-auxilio-consumo-de-alimentos-por-mais-pobres-cresce-8-em-2020,70003638721>. Acesso em 21 out. 2021.

47. NERY, Carmen. Em julho, vendas no varejo crescem 5,2%. *Agência IBGE Notícias*, 10 set. 2021. Disponível em: <https://agenciadenoticias.ibge.gov.br/agencia-noticias/2012-agencia-de-noticias/noticias/28841-vendas-no-varejo-crescem-5-2-em-julho-e-comercio-segue-em-recuperacao>. Acesso em 21 out. 2021.

48. Rendas per capita menores que ½ salário mínimo.

49. NERI, Marcelo Cortes (coord.). Qual foi o impacto imediato da pandemia da Covid sobre as classes econômicas brasileiras?. Rio de Janeiro: FGV/CPS, 2010. Disponível em: <https://cps.fgv.br/destaques/fgv-social-lanca-o-estudo-qual-foi-o-impacto-imediato-da-pandemia-do-covid-sobre-classes>. Acesso em 21 out. 2021.

50. IBGE. Índice Nacional de Preços ao Consumidor Amplo. Disponível em: <https://sidra.ibge.gov.br/tabela/1737#/n1/all/v/63/p/202004,202005,202006,202007,202008,202009,202010,202011,202012/d/v63%202/l/v,p,t/resultado>. Acesso em 22 out. 2021.

51. BARROS, Alerrandre. Inflação acelera em dezembro e chega a 4,52% em 2020, a maior alta desde 2016. *Agência IBGE Notícias*, 12 jan. 2021. Disponível em: <https://agenciadenoticias.ibge.gov.br/agencia-noticias/2012-agencia-de-noticias/noticias/29871-inflacao-acelera-em-dezembro-e-chega-a-4-52-em-2020 a-maior-alta-desde-2016>. Acesso em 22 out. 2021.

52. Estoques públicos. CONAB. Companhia Nacional de Abastecimento. Disponível em: <https://www.conab.gov.br/estoques/gestao-dos-estoques-publicos>. Acesso em 22 out. 2021.

NOTAS

53. VASCONCELLOS, Hygino. Brasil esvazia estoques de alimentos e perde ferramenta para segurar preços. UOL, 19 set. 2020. Disponível em: <https://economia.uol.com.br/noticias/redacao/2020/09/19/estoques-publicos-conab-alimentos-reducao.htm>. Acesso em 22 out. 2021.

54. Saiba aqui quanto custa enfrentar a Covid-19. UNICAMP. Universidade Estadual de Campinas. Disponível em: <https://www.unicamp.br/unicamp/coronavirus/quanto-custa>. Acesso em 23 out. 2021.

55. PASSARINHO, Nathalia. 80% dos intubados por Covid-19 morreram no Brasil em 2020. *BBC Brasil*, 19 mar. 2021. Disponível em: <https://www.bbc.com/portuguese/brasil-56407803>. Acesso em 23 out. 2021.

56. Ver: CoronaVac: GARRETT Jr., Gilson. Vacina do Butantan custa 10 dólares por dose e será paga pelo SUS. *Exame*, 14 dez. 2021. Disponível em: <https://exame.com/brasil/vacina-do-butantan-custa-10-dolares-por-dose-e-sera-paga-pelo-sus/>; Pfizer: Governo recusou oferta da vacina da Pfizer pela metade do preço pago por EUA e Reino Unido. *O Globo*, 7 jun. 2021. Disponível em: <https://oglobo.globo.com/politica/governo-recusou-oferta-da-vacina-da-pfizer-pela-metade-do-preco-pago-por-eua-reino-unido-25050068>; AstraZeneca: Fiocruz mantém negociação com instituto indiano para importar vacinas prontas. Portal Fiocruz, 5 jan. 2021. Disponível em: <https://portal.fiocruz.br/noticia/fiocruz-mantem-negociacao-com-instituto-indiano-para-importar-vacinas-prontas>; Vacina da AstraZeneca e Oxford vai custar de US$ 3 a US$ 4 a dose. Valor Econômico, 24 nov. 2020. Disponível em: <https://valor.globo.com/empresas/noticia/2020/11/24/vacina-da-astrazeneca-e-oxford-vai-custar-de-us-3-a-us-4-a-dose.ghtml>. Acesso em 23 out. 2021.

57. ALMEIDA, Cristina. Eficácia: saiba os dados atuais de CoronaVac, AstraZeneca, Pfizer e Janssen. *UOL*, 25 ago. 2021. Disponível em: <https://www.uol.com.br/vivabem/noticias/redacao/2021/08/25/eficacia-das-vacinas-coronavac-astrzeneca-pfizer-e-janssen.htm>. Acesso em 23 out. 2021.

58. A partir do segundo semestre de 2021, quando o Brasil passou a adquirir em massa as doses de vacinas, o ritmo de vacinação se tornou um dos mais velozes dentre todos os países do mundo. Estes dados se

59. A pesquisa foi realizada conjuntamente por ORB International e Vaccine Confidence Project entre 21 de outubro e 16 de dezembro de 2020. Os dados podem ser encontrados em: WOUTERS, Oliver J. *et al*. Challenges in Ensuring Global Access to COVID-19 Vaccines: Production, Affordability, Allocation, and Deployment. *The Lancet*, vol. 397, número 10278, *2021*. Disponível em: <https://www.thelancet.com/journals/lancet/article/PIIS0140-6736(21)00306-8/fulltext>. Acesso em 30 out. 2021.

60. TEMPORÃO, José Gomes. O Programa Nacional de Imunizações (PNI): Origens e desenvolvimento. *História, Ciências, Saúde — Manguinhos*, v. 10, suppl. 2, 2003. p. 601-617. Disponível em: <https://www.scielo.br/j/hcsm/a/XqLKLcj6NYjHdywSF6XPRZs/?lang=pt#ModalArticles>. Acesso em 23 out. 2021.

61. SILVA, Rafael. De "jacaré" a "vacina do Doria": Relembre frases de Bolsonaro sobre vacinação. *A Gazeta*, 19 jan. 2021. Disponível: <https://www.agazeta.com.br/es/politica/de-jacare-a-vacina-do-doria-relembre-frases-de-bolsonaro-sobre-vacinacao-0121>. Acesso em 23 out. 2021.

62. Idem.

63. Idem.

64. Idem.

65. GOVERNO do Brasil. Brasil anuncia acordo para produção de vacina contra Covid-19. Disponível em: <https://www.gov.br/pt-br/noticias/saude-e-vigilancia-sanitaria/2020/06/brasil-entra-em-parceria-para--producao-de-vacina-contra-covid-19>. Acesso em 23 out. 2021.

66. BOEHM, Camila. Vacinas da AstraZeneca chegam ao Brasil. *Agência Brasil*, 22 jan. 2021. Disponível em: <https://agenciabrasil.ebc.com.br/saude/noticia/2021-01/vacinas-da-astrazeneca-chegam-ao-brasil>. Acesso em 26 out. 2021.

67. CPI da Covid. Leia a íntegra do relatório final. *G1*, 19 out. 2021. Disponível em: <https://g1.globo.com/politica/cpi-da-covid/noticia/2021/10/19/leia-a-integra-da-minuta-do-relatorio-da-cpi-da-covid.ghtml>. Acesso em 26 out. 2021. Observação: Relatório atualizado em 26/10/21.

68. Idem. Com 768 mortes por Covid-19 em 24 horas, Brasil passa de 190 mil. Disponível em: <https://g1.globo.com/bemestar/coronavirus/noticia/2020/12/24/casos-e-mortes-por-coronavirus-no-brasil-em-

24-de-dezembro-segundo-consorcio-de-veiculos-de-imprensa.ghtml>. Acesso 22 out. 2021.

69. GAGLIONI, Cesar. Como são feitas as estimativas de mortes evitáveis na pandemia. *Nexo*, 25 jun. 2021. Disponível em: <https://www.nexo-jornal.com.br/expresso/2021/06/25/Como-são-feitas-as-estimativas-de-mortes-evitáveis-na-pandemia>. Acesso em 24 out. 2021.

70. BADDINI, Bruna; FERNANDES, Daniel. Primeira pessoa é vacinada contra Covid-19 no Brasil. *CNN Brasil*, 17 jan. 2021. Disponível em: <https://www.cnnbrasil.com.br/nacional/primeira-pessoa-e-vacina-da-contra-covid-19-no-brasil/>. Acesso em 24 out. 2021.

71. LEVANTAMENTO das secretarias de Saúde aponta que 60.381.020 de pessoas tomaram a primeira dose e 24.085.577 a segunda, num total de mais de 84,4 milhões de doses aplicadas, segundo dados do consórcio de veículos de imprensa que divulga diariamente os dados de imunização no país. *G1*, 17 jun. 2021. Disponível em: <https://g1.globo. com/bemestar/vacina/noticia/2021/06/17/vacinacao-no-brasil-mais--de-28percent-tomaram-a-primeira-dose-de-vacinas-contra-a-covid. ghtml>. Acesso em 24 out. 2021.

72. Centro de Estudos Estratégicos da Fiocruz. Combate à epidemia de H1N1: Um histórico de sucesso. FIOCRUZ. Disponível em: <https:// cee.fiocruz.br/?q=node/1314>. Acesso em 24 out. 2021.

73. RELEMBRE o que Bolsonaro já disse sobre a pandemia, de gripezinha e país de maricas a frescura e mimimi. *Folha de S.Paulo*, 5 mar. 2021. Disponível em: <https://www1.folha.uol.com.br/poder/2021/03/ relembre-o-que-bolsonaro-ja-disse-sobre-a-pandemia-de-gripezinha-e-pais-de-maricas-a-frescura-e-mimimi.shtml>. Acesso em 19 out. 2021.

74. Boletim Extraordinário do Observatório Covid-19 — maio 2021. FIOCRUZ Disponível em: <https://portal.fiocruz.br/documento/ boletim-extraordinario-do-observatorio-covid-19-maio-2021>. Acesso em 24 out. 2021.

75. LOPES, Raquel. Ao menos 72 mil pessoas internadas morreram por Covid-19 fora de um leito de UTI. *Folha de S.Paulo*, 14 mar. 2021. Disponível em: <https://www1.folha.uol.com.br/equilibrioesaude/2021/03/ ao-menos-72-mil-pessoas-internadas-morreram-por-covid-19-fora-de-um-leito-de-uti.shtml>. Acesso em 24 out. 2021.

76. VIECELI, Leonardo. Vendas do comércio caem 1,7% em junho. *Folha de S.Paulo*, 11 ago. 2021. Disponível em: <https://www1.folha.uol.com.br/mercado/2021/08/vendas-do-comercio-caem-17-em-junho.shtml>. Acesso em 24 out. 2021.

77. CONSUMO das famílias recua e põe em risco a retomada. *Valor Econômico*, 29 set. 2021. Disponível em: <https://valor.globo.com/opiniao/noticia/2021/09/29/consumo-das-familias-recua-e-poe-em-risco-a-retomada.ghtml>. Acesso em 25 out. 2021.

78. VIECELI, Leonardo. Número de brasileiros que trabalham menos do que gostariam bate recorde. *Folha de S.Paulo*, 30 jul. 2021. Disponível em: <https://www1.folha.uol.com.br/mercado/2021/07/desemprego-ficaem-146-e-atinge-148-milhoes-no-brasil.shtml>. Acesso em 25 out. 2021.

79. IBGE. Contas Nacionais Trimestrais. Disponível em: <https://sidra.ibge.gov.br/tabela/5932#/n1/all/v/6564/p/last%206/c11255/90707/d/v6564%201/l/v,p+c11255,t/resultado>. Acesso em 24 out. 2021.

80. Ministério da Cidadania. Auxílio Emergencial 2021. Disponível em: <https://aplicacoes.mds.gov.br/sagi/vis/dash/painel.php?d=176&pr=mes,2021-04|2021-10>. Acesso em 24 out. 2021.

81. IBGE. Índice Nacional de Preços ao Consumidor Amplo. Disponível em: <https://sidra.ibge.gov.br/tabela/1737#/n1/all/v/63,2265/p/last%206/d/v63%202,v2265%202/l/v,p,t/resultado>. Acesso em 24 out. 2021.

82. SILVEIRA, Daniel; ALVARENGA, Darlan. A inflação teve alta de 1,16% em setembro, a maior para o mês desde 1994. *G1*, 8 out. 2021. Disponível em: <https://g1.globo.com/economia/noticia/2021/10/08/ipca-inflacao-oficial-fica-em-116percent-em-setembro.ghtml>. Acesso em 24 out. 2021.

83. VIECELI, Leonardo. Inflação da cesta básica encosta em 16% em 12 meses. *Folha de S.Paulo*, 21 out. 2021. Disponível em: <https://www1.folha.uol.com.br/mercado/2021/10/inflacao-da-cesta-basica-encosta-em-16-em-12-meses-veja-lista.shtml>. Acesso em 24 out. 2021.

84. IBGE divulga retrato da dificuldade financeira de milhões de brasileiros para se alimentar. *Jornal Nacional*, 19 ago. 2021. Disponível em: <https://g1.globo.com/jornal-nacional/noticia/2021/08/19/ibge-divulga-retrato-da-dificuldade-financeira-de-milhoes-de-brasileiros-para-se-alimentar.ghtml>. Acesso em 24 out. 2021.

NOTAS

85. IBGE. Índice Nacional de Preços ao Consumidor Amplo. Disponível em: <https://sidra.ibge.gov.br/tabela/7060#/n1/all/v/2265/p/202108/c315/7169,7385/d/v2265%202/l/v,p+c315,t/resultado>. Acesso em 24 out. 2021.

86. Idem. Disponível em: <https://sidra.ibge.gov.br/tabela/7060#/n1/all/v/2265/p/202108/c315/7173,7176,7191,7202,7212,7220,7260,7300,7392,10 7617/d/v2265%202/l/v,p+c315,t/resultado>. Acesso em 24 out. 2021.

87. SALÁRIO mínimo nominal. *Debit*. Disponível em: <https://www.debit.com.br/tabelas/tabela-completa.php?indice=salario_minimo>. Acesso em 24 out. 2021.

88. LEVANTAMENTO mensal feito pelo Núcleo de Inteligência e Pesquisas do Procon-SP em convênio com o Departamento Intersindical de Estatísticas e Estudos Socioeconômicos (Dieese). Disponível em: <https://www.procon.sp.gov.br/cesta-basica-de-setembro-alta-de-165/>. Acesso em 24 out. 2021.

89. Idem. Disponível em: <https://www.procon.sp.gov.br/cesta-basica-tem-alta-de-029-em-setembro/>. Acesso em 24 out. 2021.

90. BRIGATTI, Fernanda. Reajuste salarial perde para inflação em quase 70% dos acordos fechados em setembro. *Folha de S.Paulo*, 22 out. 2021. Disponível em: <https://www1.folha.uol.com.br/mercado/2021/10/reajuste-salarial-perde-para-inflacao-em-quase-70-dos-acordos-fechados-em-setembro.shtml>. Acesso em 25 out. 2021.

91. GOMBATA, Marsílea. Crise energética do Brasil poderia ter sido evitada, se tivessem ouvido cientistas, diz físico Paulo Artaxo. *Valor Econômico*, 12 ago. 2021. Disponível em: <https://valor.globo.com/brasil/noticia/2021/08/12/crise-energetica-do-brasil-poderia-ter-sido-evitada-se-tivessem-ouvido-cientistas-diz-fisico-paulo-artaxo.ghtml>. Acesso em 25 out. 2021.

92. AMATO, Fábio. Energia gerada por termelétricas é recorde em julho; geração de hidrelétricas é menor desde 2002. *G1*, 15 set. 2021. Disponível em: <https://g1.globo.com/economia/noticia/2021/09/15/energia-gerada-por-termeletricas-e-recorde-em-julho-geracao-de-hidreletricas-e-menor-desde-2002.ghtml>. Acesso em 25 out. 2021.

93. IBGE. Índice Nacional de Preços ao Consumidor Amplo. Disponível em: <https://sidra.ibge.gov.br/tabela/7060#/n1/all/v/2265/p/202108/c315/7484/d/v2265%202/l/v,p+c315,t/resultado>. Acesso em 24 out. 2021.

94. SANT'ANA, Jéssica. Governo anuncia bandeira tarifária "escassez hídrica"; custo será de R$ 14,20 a cada 100 kWh. *G1*, 31 ago. 2021. Disponível em: <https://g1.globo.com/economia/crise-da-agua/noticia/2021/08/31/governo-anuncia-criacao-da-bandeira-tarifaria-escassez-hidrica-acima--da-vermelha-patamar-2.ghtml>. Acesso em 25 out. 2021.

95. PAULO Guedes: "Qual o problema de a energia ficar um pouco mais cara?". *Estado de Minas*, 25 ago. 2021. Disponível em: <https://www.em.com.br/app/noticia/economia/2021/08/25/internas_economia,1299482/paulo-guedes-qual-o-problema-de-a-energia-ficar-um-pouco-mais-cara.shtml>. Acesso em 25 out. 2021.

96. IBGE. Índice Nacional de Preços ao Consumidor Amplo. Disponível em: <https://sidra.ibge.gov.br/tabela/7060#/n1/all/v/2265/p/last%201/c315/7482,7657,7658,7659/d/v2265%202/l/v,p+c315,t/resultado>. Acesso em 24 out. 2021.

97. CHIARA, Márcia de; MOTODA, Érika. Inflação se espalha por mais produtos e já castiga famílias de todas as faixas de renda. *Estadão*, 25 ago. 2021. Disponível em: <https://economia.estadao.com.br/noticias/geral,inflacao-se-espalha-por-mais-produtos-e-ja-castiga-familias-de-todas-as-faixas-de-renda,70003821100>. Acesso em 25 out. 2021.

98. BANCO CENTRAL DO BRASIL. Taxa Selic. Disponível em: <https://www.bcb.gov.br/controleinflacao/taxaselic>. Acesso em 25 out. 2021.

99. BOLSONARO insufla manifestantes com discurso golpista em atos pró-voto impresso pelo país. *Folha de S. Paulo*, 1º ago. 2021. Disponível em: <https://www1.folha.uol.com.br/poder/2021/08/em-ato-por-voto-impresso-bolsonaro-novamente-coloca-eleicao-de-2022-em-duvida.shtml>. Acesso em 3 nov. 2021.

100. Bolsonaro ameaça o STF de golpe, exorta a desobediência à Justiça e diz que só sai morto. *Folha de S.Paulo*, 7 set. 2021. Disponível em: <https://www1.folha.uol.com.br/poder/2021/09/na-paulista-bolsonaro-repete-ameacas-golpistas-ao-stf-e-diz-que-canalhas-nunca-irao-prende-lo.shtml>. Acesso em 3 nov. 2021.

101. Crise de confiança afasta investidores do Brasil. *Jornal Nacional*, 19 ago. 2021. Disponível em: <https://g1.globo.com/jornal-nacional/noticia/2021/08/19/crise-de-confianca-afasta-investidores-do-brasil.ghtml>. Acesso em 25 out. 2021.

NOTAS

102. Idem.

103. ZAFALON, Mauro. Soja e milho, com preços altos, avançam sobre áreas de arroz, feijão e cana. *Folha de S.Paulo*, 13 set. 2021. Disponível em: <https://www1.folha.uol.com.br/colunas/vaivem/2021/09/soja-e--milho-com-precos-altos-avancam-sobre-areas-de-arroz-feijao-e-cana.shtml>. Acesso em 25 out. 2021.

104. NUNES, Ronayre. Ana Maria Braga é criticada após falar de "benefícios" do pé de galinha. *Correio Braziliense*, 27 set. 2021. Disponível em: <https://www.correiobraziliense.com.br/diversao-e-arte/2021/09/4952047-ana-maria-braga-e-criticada-apos-falar-de-beneficios-do-pe--de-galinha.html>. Acesso em 25 out. 2021.

105. NERI, Marcelo. *Desigualdade de impactos trabalhistas na pandemia*. Rio de Janeiro: FGV CPS. Disponível em: <https://cps.fgv.br/DesigualdadePandemia>. Acesso em 25 out. 2021.

106. Idem.

107. GRANER, Fábio. Índice de miséria dispara e é o maior em nove anos. *Valor Econômico*, 18 jun. 2021. Disponível em: <https://valor.globo.com/brasil/noticia/2021/06/18/indice-de-miseria-dispara-e-e-o-maior-em-nove-anos.ghtml>. Acesso em 25 out. 2021.

108. PEREIRA, Bruna Barbosa; MEDEIROS, José. A pé em busca de ossos. *UOL*. Disponível em: <https://noticias.uol.com.br/reportagens-especiais/a-pe-em-busca-de-ossos-cuiaba/>. Acesso em 25 out. 2021.

109. MAZZEI, Beatriz; CANATO, Reinaldo. Em SP, famílias relatam comer descartes de supermercado, mesmo passando mal depois. *UOL*. Disponível em: <https://noticias.uol.com.br/reportagens-especiais/tem-dia-que-e-so-isso-sao-paulo/#cover>. Acesso em 25 out. 2021.

110. OLIVEIRA, Aline; XEREZ, Gioras. "Só tenho inveja de uma coisa: quando vejo uma pessoa vindo do trabalho", diz mulher que pega comida em caminhão de lixo em Fortaleza. *G1*, 24 out. 2021. Disponível em: <https://g1.globo.com/ce/ceara/noticia/2021/10/24/so-tenho-inveja-de-uma-coisa-quando-vejo-uma-pessoa-vindo-do-trabalho-diz-mulher-que-pega-comida-em-caminhao-de-lixo-em-fortaleza.ghtml>. Acesso em 25 out. 2021.

111. SOUZA, Vivian. Carne de ossos: carcaça temperada, pé de galinha, pescoço e outros cortes de terceira também ficaram mais caros. *G1*, 13 out. 2021. Disponível em: <https://g1.globo.com/economia/agronegocios/noticia/2021/10/13/carne-de-ossos-carcaca-temperada-pe-de-galinha-pescoco-e-outros-cortes-de-terceira-tambem-ficaram-mais-caros.ghtml>. Acesso em 25 out. 2021.

112. NUNES, Fernanda; AMORIM, Daniela. Brasileiro já usa mais lenha do que gás na cozinha. *UOL*, 10 out. 2021. Disponível em: <https://economia.uol.com.br/noticias/estadao-conteudo/2021/10/10/brasileiro-ja- usa--mais-lenha-do-que-gas-na-cozinha.htm>. Acesso em 25 out. 2021.

113. FRENCH, John D. *Lula and His Politics of Cunning*. University of North Carolina Press, 2020. p. 120.

114. Idem. Capítulo 13, seção intitulada "We've Been Robbed!".

115. NOLAND, Marcus; ZHANG, Yiwen Eva. *COVID-19 and the 2020 US Presidential Election: Did the Pandemic Cost Donald Trump Reelection?* Peterson Institute for International Economics Working Paper, n. 21-3, 2021. Disponível em: < https://ssrn.com/abstract=3807255>. Acesso em 12 nov. 2021.

116. FRAGA, Érica. PIB caiu menos em países que reagiram rápido à pandemia. *Folha de S.Paulo*, 13 mar. 2021. Disponível em: <https://www1.folha.uol.com.br/mercado/2021/03/pib-caiu-menos-em-paises-que-reagiram-rapido-a-pandemia.shtml>. Acesso em 1º nov. 2021.

117. Média das seguintes pesquisas públicas: Atlas, CNN/Big Data, XP/Ipespe, Exame/Ideia e PoderData. Brancos, nulos, indecisos e não sabe/não responde somados pontuaram 7%.

118. Média das seguintes pesquisas públicas: Paraná Pesquisa, XP/Ipespe, Atlas, PoderData e Datafolha. Brancos, nulos, indecisos e não sabe/não responde somados atingiram 11%.

119. Média das seguintes pesquisas públicas: CNT/MDA, G/Quaest, PoderData, XP/Ipespe, Datafolha, Orbis/JovemPan, Futura/Modalmais, Paraná Pesquisa e Atlas. Brancos, nulos, indecisos e não sabe/não responde totalizaram 11%.

120. Média das seguintes pesquisas públicas: Atlas, Datafolha, Ipespe, IPEC, PoderData. Brancos, nulos, indecisos e não sabe/não responde somaram 9%.

NOTAS

121. Pesquisa Ipespe contratada pela corretora XP.

122. Corrupção pontuou 6%, violência, 3%, meio ambiente, 2%, outro problema, 5% e não responderam à pergunta, 1%. A totalização das respostas foi 76% porque foi apresentado apenas o resultado para a primeira menção da lista de problemas.

123. Todos os dados de população são do IBGE e, portanto, há divergência em relação aos dados de eleitorado registrados no Tribunal Superior Eleitoral (TSE). Nesta análise, o mais relevante é a população que esteve presente durante os governos Lula e sobreviveu até 2022.

A LUVA DE OCCAM

1. OLIVEIRA, Dimas. Lula fez o que podia fazer. Agora é com Dilma!. *Blog Demais*. Disponível em: <https://oliveiradimas.blogspot.com/2010/04/lula-fez-o-que-podia-fazer-agora-e-com.html?m=1>. Acesso em 30 jul. 2021.

2. Pesquisas mensais realizadas pela Brasilis. Os dados de 2010 podem ser encontrados em <https://albertocarlosalmeida.com.br/pesquisas-de-2010/>.

3. A reeleição passou a ser permitida a partir de 1994.

4. As informações de avaliação de governo são públicas. No caso dos governadores os dados são de pesquisas do Ibope e de presidente do Datafolha. A maior parte de tais dados está depositada no banco de dados do Centro de Estudos de Opinião Pública (CESOP). Disponível em: <https://www.cesop.unicamp.br/por/banco_de_dados>. As pesquisas do Datafolha podem ser encontradas em <https://datafolha.folha.uol.com.br/>. Acesso em 12 nov. 2021.

5. Há mais vitoriosos com avaliação positiva elevada (35) do que derrotados com avaliação positiva baixa (15) porque muitos governadores com avaliação positiva pequena se abstêm de disputar a reeleição ao preverem sua derrota graças às pesquisas feitas no ano eleitoral.

6. O pressuposto desta análise é que todas as pesquisas mediram corretamente a avaliação de governo.

7. RENN, Jurgen. A física clássica de cabeça para baixo: Como Einstein descobriu a teoria da relatividade especial. *Revista Brasileira de Ensino*

de Física, 2005. Disponível em: <https://www.scielo.br/j/rbef/a/Kpd-mhFh7HFfNFTqmnBR6WFD/?lang=pt>. Acesso em 31 jul. 2021.

8. INSTITUTO DATAFOLHA. Pesquisa realizada em 27 e 28 de setembro de 1994. Dados obtidos na base de dados do Centro de Estudos de Opinião Pública (CESOP) da Universidade de Campinas. Disponível em: <https://www.cesop.unicamp.br/por/banco_de_dados>. Acesso em 12 nov. 2021.

9. Idem. Pesquisa realizada em 17 e 18 de setembro de 1998.

10. Idem. Pesquisa realizada em 9 de setembro de 2002.

11. Idem. Pesquisa realizada em 19 de setembro de 2006.

12. Idem. Pesquisa realizada em 13, 14 e 15 de setembro de 2010.

13. A fim de facilitar a comparação, cabe assinalar que as conversões de ótimo e bom em voto foram, respectivamente: 85% e 73% na reeleição de Fernando Henrique, 90% e 74% na reeleição de Lula, e apenas 75% e 50% quando um governo Lula bem-avaliado apoiou Dilma.

14. INSTITUTO DATAFOLHA. Pesquisa realizada em setembro de 2014. Dados obtidos na base de dados do CESOP. Disponível em: <https://www.cesop.unicamp.br/por/banco_de_dados>. Acesso em 12 nov. 2021.

15. Há três razões que fazem da escala "ótimo, bom, regular, ruim e péssimo" melhor do que a escala que usa "aprova e desaprova" para avaliar o desempenho do governo. A primeira é que se trata de uma escala utilizada no Brasil há muito tempo nas mais diversas eleições. Isso faz com que o número de casos seja bem maior do que o da escala dicotômica. Como se sabe, quanto maior o número de casos, melhor será a qualidade da análise (considerados constantes os demais fatores que têm impacto sobre a inferência científica). O segundo motivo é que a escala com cinco pontos — de ótimo a péssimo — diferencia melhor as opiniões do que a escala com somente dois pontos — aprova e desaprova. Isso é de grande relevância para a compreensão da opinião pública. Por fim, as noções de aprovação e desaprovação, no Brasil, estão mais associadas a avaliações em provas escolares e universitárias do que em avaliações de eventos, situações ou serviços. Sempre se pergunta no Brasil se uma experiência foi boa ou ruim, jamais se foi aprovada

ou reprovada. Assim, para quem responde uma pesquisa, do ponto de vista cognitivo, faz muito mais sentido a terminologia da escala de cinco pontos, o que sugere que ela pode oferecer resultados mais fidedignos ao que as pessoas de fato acham acerca de um governo.

16. INSTITUTO DATAFOLHA. Pesquisa realizada em setembro de 1997. Dados obtidos na base de dados do CESOP. Disponível em: <https://www.cesop.unicamp.br/por/banco_de_dados>. Acesso em 12 nov. 2021.

17. Média das seguintes pesquisas públicas: XP/Ipespe, Paraná, Ipec, e duas do PoderData.

18. Média de duas pesquisas do PoderData, uma do Datafolha e uma do Ipespe.

19. Os resultados da pesquisa podem ser encontrados em <https://alberto-carlosalmeida.com.br/wp-content/uploads/2021/11/Pesquisa-morali-dade-e-pol%C3%ADtica.pdf>. Em que pesem as limitações da amostra, as conclusões acerca das relações entre variáveis — moralidade como variável independente e simpatia política como variável dependente — são validadas externamente por resultados de pesquisas feitas com o mesmo questionário em diversos países e regiões do mundo.

20. Ciro Gomes e Marina Silva não ficaram predominantemente associa-dos a uma ou a outra moralidade. Isto significa que eles não têm uma identidade clara para os eleitores.

Este livro foi composto na tipografia Dante MT Std,
em corpo 12/16, e impresso em
papel off-white no Sistema Cameron da
Divisão Gráfica da Distribuidora Record.